JN273662

渡辺尚志 著

幕末維新期の名望家と地域社会

同成社

目次

幕末維新期の名望家と地域社会

序章　近世・近代転換期村落史研究の到達点と課題

本書は、近世・近代転換期（幕末維新期）における地域社会の構造と変容を、地方名望家と村に焦点をあわせて解明しようとするものである。その際、地方名望家の活動を、一般村民・村・地域・国家との関わりにおいて検討する。

本書は、大きく三章にわかれる。第一章では武蔵国大里郡大麻生《おおあそう》村（現埼玉県熊谷市）と同村の地方名望家古沢花《はな》三郎《さぶろう》を、第二章では相模国大住郡上粕屋《かみかすや》村（現神奈川県伊勢原市）と同村の地方名望家山口左七郎《さしちろう》を、第三章では河内国丹南郡岡村（現大阪府藤井寺市）と同村の地方名望家岡田伊左衛門をそれぞれ対象として、前記の課題を検討する。各章ともに、対象を限定して、それを具体的に分析したものである。

このように、関東と近畿に事例を求めて、地方名望家の多彩なあり方を明らかにし、そこから各名望家の活動と、それを通じてみえてくる研究史上の論点について考えていくというのが本書のねらいである。また、当該分野の研究史の厚さに鑑み、研究史の丁寧なフォローに努めた。村落史研究の活性化のためには、研究史の再検討が不可欠だと考えたからである。したがって、本書は、史料に立脚した実証と、論点発見的な研究史整理の両面から、近世・近代転換期の村と百姓について考察するものである。

まず、序章では、本論に関わる研究史の到達点と課題について、国民国家論を軸に整理しておきたい。

一　国民国家論と地方名望家

近世・近代転換期の全体像を考えるうえでは、国民国家論の問題提起を避けては通れない。一時のブームは去ったものの、国民国家論が提起した諸論点は現在でも重く受け止める必要がある。代表的論者である西川長夫の主張を瞥見しよう。

（1）明治維新は、日本社会に「革命」という用語にふさわしい急激で大きな変化をもたらした。すなわち、国民国家の形成である。西川は、「『国民国家（文明化）』は、『国民』と呼ばれる存在がそれ以前の住民とは全く異なる人間として形成されるということを示しています。思考や言語、習俗、服装などから時間感覚や身のこなし、味覚や音感までを含めて、まるで別種の動物のように作り変えられる。これは明治維新の日本人が実際に経験したことです(1)」という。

（2）自由民権運動については、「新聞や演説会でそういう政治的公共性が創り出されていく、つまりアンダーソンのいう『想像の共同体』が創り出されていくということ自体、すでにこの運動（自由民権運動―引用者註）が国民国家形成の動きのなかに巻き込まれていることを意味していると思います。それが反体制の運動であるから国民国家批判になるかといえばそうではないわけで、むしろ反体制の運動であるからこそ民衆を巻き込んで国民国家形成を助ける。ナショナリズムを強化するような機能・効果をもってしまったということになると思います(2)」との評価を行なう。

こうした評価は、自由民権運動研究者に大きな衝撃を与えた。たとえば、新井勝紘は次のようにいう。「ここ十数年間、自由民権運動をめぐる言説のなかで私がもっとも気になるのは、西川長夫氏が提起されている、明治政府と対抗してさまざまな運動を展開したこの運動が、じつは『国家の体制と共犯関係になってしまうシステムと構造を持っていた』ということがあげられる。……国民国家批判を射程に入れたこの論は、これまでの自由民権運動史観に強烈なパンチを与えたといえるだろう……研究者の間で自由民権運動研究の停滞が叫ばれて久しいが、こうした新しい問題提起をどう受け止めたらいいのか、自分の研究とどうつなげて考えたらいいのか、基盤が揺らいでしまっている。民権一〇〇年からすでに二〇年という歳月が経過してしまっているが、民権研究史でいえば、まだこの余震のなかにいるといった状況だろうか。私も含めて民権研究者がこの提起に、きちんと答えることができないでいるともいえるだろう(3)」。

国民国家論にどうむきあうかは、自由民権運動研究者のみならず、近世・近代転換期を研究する者すべてにとって切実な問題であろう。当然、当該期の研究者のなかからは、さまざまな反応が生まれている。

牧原憲夫は、国民国家論の意義を次のように述べる。

……最近の国民国家論はいわば政治文化論的な国家論で、近代的な国家機構ができれば自動的に国民国家が生まれるのではなく、民衆の帰属意識＝国民的一体感・国民意識（ナショナル・アイデンティティ）の形成が決定的に重要で、そのためには、社会史が明らかにした民衆の非近代的な心性・行動様式を改変しなければならない、と考える。それはまた、前近代と近代の差異を強調することでもあって、政治文化論からすれば市民革命は無視できない。この点で社会史と異なる。ただし、フランス人権宣言にいう「個人」は現実には家長としての成人男性であったし、近代国家は封建制からの解放と同時に新たな秩序と抑圧のシステムに民衆を包摂したとみなされる（これは社会史と共通する）。おおよそ、こういう関係になるでしょう。

大事なのは、こうした国民国家論は、支配される側の自発性・内発性を重視するもので、社会史からもう一度政治史を復権させる試みでもあるわけです(4)。

適切な評価であろう。

大門正克は、「西川氏の議論をつきつめると、近代という時代が進めば進むほど国民の拘束性が強まるという時代認識になってしまわないか。はたしてこの時代認識は当を得ているのだろうか。私は、近代が『国民の拘束の歴史』としてしか描かれなくなったところに、西川氏の国民国家論の隘路があるように思う」と批判する。これに対しては、西川が、大門も参加した討論のなかで、「人びとが持っているさまざまな願いや欲望と、国民としてやらなければならないこと、のあいだには大きな矛盾がある。国民は非常に矛盾した存在ですね。そこのところが大事なので、そこを捨象してしまうと、国民国家論の一番大事なところが消えてしまう」、「……国民国家の圧力は圧倒的だけれど国民国家が一元化されることはありえないと思います。国民国家自体が矛盾したものですから、矛盾をつくり出しながら、ある意味ではその矛盾によって生き長らえていくようなものであって、それ自体が一元化するということはありえないと思います」などと応答しており、認識の溝は一定埋められたように思われる。

では、近世村落史研究者である私が、国民国家論から受け止めるべき課題は何か。とりあえず、以下の三点をあげておきたい。

第一は、近世後期から日清戦争後に至る時期における、国民国家に回収されない多様な可能性の存在を、近世社会の固有の特質を重視しつつ、一つひとつ丹念に明らかにしていくことである。

この点は、西川自身も、「……フランス革命にしろ自由民権運動にしろ、私は国家に回収される以前のカオス的可能性に関心があって、それをどうやってとりだすかを考えているのですが、この点ではフランス革命研究は日本の民衆史に学ぶことが多いと思います」、「国民統合という視角は、当然、統合されたもの、統合から排除されたもの、統合の進んだ部分と遅れた部分、あるいは統合に対する反抗という観点を含みます。フランス革命は無限の可能性を秘めた巨大な矛盾体でした。革命が国民統合の方向に進むということは、それに合致しない数多くの可能性が排除されたことを意味します。いま私の関心を占めているのは、むしろそのようにして排除されたさまざまの可能性のことです」などと述べて、その重要性を指摘している(7)。

第二は、大門正克が「……人ひとりのなかの『様々な自分』は矛盾的関係にあること、また人と人の関係も矛盾的関係にあること、この矛盾的関係こそが関係論的視点にとって決定的に大事なのではないか。私は以上のように考え、『様々な自分』という視点ではなく、人ひとりについても、人と人の関係についても、『つながり』の中で矛盾する存在』として考えるべきだと思うようになった(8)」といい、牧原憲夫が「民衆との絶えざるせめぎあい＝相互浸透の過程として、あるいは政府内部・政治的社会的中間層を含めた多様な志向が錯綜し競合する『さまざまな場』として、近代国民国家は存在しているのではなかろうか(9)」というような、個人という場、もしくは社会関係のなかにおける両義性への着目である。この視点は、「層」ではない個人への注目を要請する。個人から出発した階層・階級論構築の必要性といってもよい。本書では、豪農層・地方名望家層と括る前に、個々の豪農・名望家の生きた軌跡を跡づけることを心がけた。

第三は、経済過程・社会構造の重視である。西川は、国民統合の前提と諸要素の一つとして経済統合をあげ、交通網・土地制度・租税などをそこに含めているが、西川やその後の国民国家論の立場に立つ諸研究が、村落の社会・経済構造を重点的に深めてきたとはいい難く、この点の追究が必要だと考える。

二　民衆史・民衆運動史研究と地方名望家

一九六〇年代に、豪農層に焦点をあわせて、民衆史研究の大きな流れをつくり出したのが色川大吉である。色川は、幕末から日清戦後にかけての豪農意識の変遷を、以下のように総括する(10)。

①幕末期……世直し騒動などの突きあげのなかで、危機意識を深め、しだいに局地的な地主＝村役人の意識から、普遍的な一国民的意識へと開眼してゆく。

②維新後、豪農層は「まもなく新政権と村民との板ばさみの中で苦しみ、裏切られ、かれらのある者は地租改正反対一揆や地方民会闘争の先頭に立つようになる。こうして農民階級の新しい指導者としてめざめた明治の豪農は、明治十年前後から『民権思想』を受容する下地を創り出してくる」。

③「民権思想」は広汎に発芽し、豪農層の伝統的教養は近代的に再解釈されて、「伝統の革新」が起こる。ここに、豪農民権家が誕生し、彼らの熱情的な学習欲時代が展開する。

④「こうして自由民権運動の自覚的な働き手、にない手となった豪農民権家は、その機能主体としての変革的な側面を強め、実践を深めれば深めるほど、壁（かれら自身の存在形態）につきあたり、その矛盾の解決を迫られる。また、そうした矛盾に直面し、内的緊張が高まれば高まるほど、受容思想は深化され、かれらを先験的《ア・プリオリ》にとらえてきた古い思惟様式との違和感を生みだす（という筋道になる）。彼らがまったく新しい創造主体として、生まれ変りうべき可能性がそこにあらわれる」。

⑤「だが、運動が数年のうちに早急に挫折してしまうと、一般的には豪農層の民権思想は未成熟のうちに退潮し、前記のような深化・発展の条件を失ってゆく。そしてさらに、かれらが運動から離脱し、現体制のなかでの自己保存にこもるか、地方統治機構の末端につながる村落支配者として上昇転化するやいなや、その民権意識は急速に変質し、体制イデオロギーのもとに包摂されてゆく」。

⑥「しかし、すべての豪農層がそのコースをたどったわけではない。なお、明治二十年代の前期においては、かなりの数の豪農が、民党の支持基盤として政府攻撃の社会勢力を形成する。……かれらはこの段階ではじめて、かれら自身の要求を、つぎつぎと政治の中央舞台に提出させる。だが、その間、価値意識の転換（「変革の根本原理から

離れ、私的な価値意識に立脚したかれら自身の地方的利害による要求」を追求するようになること、四七〇頁―引用者註）の過程で、下からの体制変革的な思想の契機を、なしくずしに喪失してゆく。民権意識は、豪農層の寄生地主化の進行につれて、新たな地方統治の基盤に転化したかれら自身の「存在形態」にはばまれ、その清新さと活力を喪失してゆく」。

⑦「こうして二十年代前半の権力との相対的な確執期を経て、日清戦争による『挙国一致』運動を画期に、かれらの民主的な指導層としての歴史的生命は終りを告げる。それと同時に在野的なナショナリズムも、これ以後、しだいに体制の国家主義と融合し、あらたな帝国主義段階のもっとも主要な社会意識となる」。

色川の『新編　明治精神史』は、その膨大な新発掘史料を駆使した斬新な方法と叙述の魅力によって研究史に多大な影響を与えたが、色川自身が同書のなかで残された課題について言及している。

（1）　色川は、豪農層の思想、意識を重視して「民衆の精神動態」に迫ろうとしたのは当然であるとしつつも、「だが、果してそれだけで、真に底辺民衆の精神に達することができるだろうか。いかに資料的な制約があっても、直接にかれらの心の深部や動態に迫る歴史学の方法がないものであろうか。農民一揆や秩父暴動のような激しい直接行動を起したときには、まだしもかれらの心を知る手がかりはある。ところが、平和な時代には、いまのところ中間層を媒介とするか民俗学などの力を借りずに、民衆の深部に直接入りこんでゆく方法を見いだしえないでいる。その点が、この本に今なお投げかけられている難問なのである[11]」と述べる。これは、今日においても大きな課題である。

（2）　また、色川は、「近世思想史をよく理解していたら旧版『明治精神史』の豪農思想の研究は、かれらの全思惟構造に即したはるかにリアルなもの、はるかにダイナミックな分析になっていたろうし、方法的にもみのりのある成果をあげえていただろうと思う。そして、その批判にこたえるはずの本書において、それがどれほど実現されているか、みずからかえりみて忸怩たらざるをえない[12]」ともいう。近世村落史研究への目配りの弱さが自覚されていたのである。

色川と西川長夫の影響を受けつつ、独自の民衆運動論を展開しているのが鶴巻孝雄である[13]。鶴巻は、色川の議論を継承しつつも、次の諸点を批判する。①色川は、困民党を下からの近代の担い手であるとして、困民党に豪農民権を乗り越える近代的な政治変革思想の可能性を期待するが、こうした評価と困民党の実態との間にはギャップがある。②色川には、困民党の主張の歴史的根拠を近世社会のなかに探るという視角がない。③色川の民衆像は、豪農中心のものである。④色川は、困民党の独自性を主張しつつも、それを自由民権運動との関わりのなかでしかとらえていない。

そして、鶴巻は、自らの研究を、「私の研究の意義は、近代に直面した一地域の『自由・権利』と『制限・規制（あるいは統制）』をめぐる葛藤を、困民党事件をとおして、一八八四年の地域の実態として描いたことにあり、それはまた、在地自由民権派・上層富裕農民・地域行政担当者と民衆の具体的姿との関係の、社会的・経済的意味を解き明かしたことにあったのだろう。また、もう一つの意味は、民衆の願望としての社会的平等主義と、その前提としての民衆的な生存権理念の出所の解明にあったのだと思う。つまり、近代成立期の民衆運動が、近代的な社会・経済原理に対抗する理念・論理をどのように構築したのかを、武相困民党がもった『貸借』をめぐる対抗図式—苛酷な貸借と道徳上の貸借—を手がかりに、土地貸借の慣行と共同体的関係の実態をとおして明らかにしたことにあった[14]」と位置づける。民権派・富裕農民と民衆・困民党との敵対・対立、断絶・雁行、パラレルな関係を重視するのである。

地域指導層（行政担当者・知識人）については、次のような評価をしている。彼らは、維新後の新たな国家を「開明進歩之盛世」と認識していた。それは、身分によって編成されていた幕藩制国家が崩壊し、人民が国家の一員としての〝権利〟を与えられ、国家の行く末に責任をもつ〝国民〟として位置づけられた、ということを背景としていた。彼らは、明治国家の開化政策を確実に受けとめ、地域の問題を国家的課題に対応させて対処しようとした。彼らは、民衆にも国民としての自覚をもたせるために、愚昧な民衆生活の改変に積極的だった、と。[15]

その後、鶴巻は中間層の具体的分析を深め、幕末期の多摩の事例から以下のように論じている。[16]

幕末期には、近藤勇らにより、〈国家の語り〉が地域にもたらされても、〈国家〉が、地域指導層の行動・観念にとっての規範的な位置を、十分に獲得したわけではなかった。いくら国家が語られても、地域指導者たちの最大の関心事は、地域における内外の課題（外から来る浪人・博徒らと、内なる博打・訴訟・遊興・奢侈など）の解決であった。この課題は、戊辰戦争後も、文明開化期も、あいかわらずもっとも重要な問題として、指導層の行動を規定し続けた。だが、〈国家〉が語られはじめると、地域の危機と国家的な危機との連関性が意識されるようにもなる。文明開化期には、文明的な国家形成が国家的な課題として浮上してくる。そして、文明国家（近代的な国民国家）を構成する文明人としての〈国民〉の形成が求められるようになると、地域的な課題は文明を体現する〈国民形成〉の課題のなかに収斂し、幕末以来あらためて地域課題と国家的な課題が連携することになる。

以上の論者の議論をふまえて、今後は、幕末期から明治十年代にかけての地域指導層の意識と行動の変化を、中間層内部の諸類型にも配慮しつつ、さらに追究することが望まれる。

なお、稲田雅洋も、鶴巻と共通する視角から近代成立期の民衆運動を扱っているが[17]、稲田の場合には、地方名望家についてのまとまった言及はなされていないようである。

三　地方名望家の定義

ここでは、まず、地方名望家の概念規定について、先学の説をみておこう。

安在邦夫は、地方名望家の属性として、①中世以来の由緒ある家柄であること、そして本人もこの家系を誇りに思い大切にしていること、②近世においては中間層としての（郷士身分を含む）位置を確保し、さまざまな特権を有していること、③明治維新によってある程度従来の特権を喪失はしたが、豊かな経済力を保持していること、④戸長や町長を経験するなど、地域での名声と信頼があること、⑤前項と関連するが、行政能力を有し物事を円満・果断に処理・解決できる才覚をもっていること、⑥あくまでも地域に身を置き、郷土への関心が高いこと、⑦文化人的教養と資質をもち、地域文化の担い手となっていること、⑧慈恵的行為をつねに怠らないこと、⑨多くの名誉職を兼ね務めていること、⑩地域産業への関心が深く、その発展のため積極的に関与していることをあげている[18]。

山中永之佑は、「……地方名望家とは、一定の地域のなかで、豊かな財産、経済力を基礎として、家柄、英雄的行動、慈善的行為、指導力、活動力等々、何らかの理由によって地域の住民から信頼と支持をえており、そのことによって、地域住民の代表となることができる資質、能力を有し、また地域の行政にもたずさわることができる資質、能力と可能性をもつことが期待されているという意味において、地域住民から高い尊敬をうける名誉と人望をもつ人々である、ということができよう。……このような地方名望家は、主に自由民権期に存在し、基本的には、豪農（豪商）層に属する人々であったと考えられる」と概念規定する。そして、彼らは、人民（一般町村＝地域住民）の信頼と支持をえていたが、松方デフレ政策は豪農（豪商）層の存在形態に大きな変化をもたらし、それ以降、彼らは寄生地主やそれと連繋する大地主として、一般町村＝地域住民と基本的には対立するようになり、他方、政府の側からは、支配体制に組み入れ、地方行政を担当させることを期待される新地方「名望」家へと変質していく、と述べている[19]。

石川一三夫は、（地方）名望家とは、主として近代の町村レベルにおいて一定の名声や人望があり、社会的政治的に有力な人、すなわち、①本業のかたわら町村の名誉職に継続的に携わることができるような経済的状態にある者、②どのようなことが原因であってもよいが、町村内において社会的尊敬を受けているために同輩の信任などにより名誉職を占有する機会をもつ者、③あるいは、実態はともあれ、右の二条件を満たしていると国家や町村から期待されている者、のことであるとする。そして、名望家とはある特定の階級を表す概念であり、実態のない名望家も名望家の一員に属しているとし、幕末から近代にかけての豪農・寄生地主層がそれに該当すると述べている[20]。

筒井正夫は、名望家とは、「単に財産と教養を有した名門の資産家という謂いにとどまらず何等かの社会的行為によって民衆から尊敬や名誉・名望を勝ち得ていた者をさす[21]」と定義している。

各氏の定義はそれぞれに有効性をもつと思うが、私は、簡にして要をえた筒井の定義にしたがっておきたい。

四　地方名望家をめぐる多様な視角

引き続き、地方名望家をめぐる何人かの論者の主張をみていこう。

今西一[22]は、近代日本成立期の民衆運動を分析する方法として〈複合運動〉論を提唱する。すなわち、自由民権運動と他の民衆諸運動との〈複合運動〉を分析することにより、従来の民権期に起こった全ての民衆運動を自由民権運動とする見解や、最近の自由民権運動と民衆運動との対立の側面だけを強調する見解の両偏向を批判し、民衆運動の〈自律性〉と〈結合〉との有機的な連関を考えるべきだと提言する。

そして、丹後における地価修正運動の分析から、次のようにいう。①「高額地租が著しく農業経営を圧迫している一八七〇～一八八〇年代の基本矛盾は、あくまで明治政府対全耕作者農民であり、一部の人々のように豪農と貧農＝半プロレタリア層の矛盾を過大に評価するのには反対である」（今西『近代日本成立期の民衆運動』六五頁）。②「一八八〇年前後は、農村でも新しい民衆の『政治文化』（＝『政治的公共性』）を作る可能性があったこと、その可能性が運動への弾圧や、豪農層の『利益集団』化による一般農民との断絶、帝国議会の開設過程で消滅していったことを指摘した。一八八〇年前後の地租軽減＝地価修正運動は、経済民主主義（『租税共議権』）と政治的民主主義（参政権）とが結合しながら前進していった」（同二二二頁）。③「地方『名望家』層が、中央の利益誘導による『利益集団』に転換していく第一の契機が、一八八四年の『松方デフレ』期にあった」。次いで、「高米価とも相伴って八九年地価修正は、豪農層の寄生地主化を促迫し、豪農層を体制の側に組み込むことに大きな成果をあげた」。さらに、初期議会下の地価修正運動では、経済民主主義と政治的民主主義とが切断され、要求が「物取り主義」になり、組織が「名望家」層の「請負い主義」となってしまった（同二一九頁）。

今西は、自由民権運動期の自由懇親会の広がりのなかに、民権家と一般農民との交流、その仲介者としての「名望家」の積極的役割があり、民権家と一般農民の具体的な「結合」の姿があるとする。そして、自立的な民衆結社や演説会などによって、民衆はさまざまな政治思想と接触し、それらを通して民衆のなかには確実に新しい〈政治文化〉が生まれようとしていた、と評価している（同一五二頁）。しかし、氏の叙述のなかからは、具体的な一般農民・民衆の姿がみえてこない憾みがある。〈複合運動〉論は、いまだ具体的事例に即して十分に論証されているとはいい難い。

次に、高久嶺之介の主張をみよう[23]。高久は、国民国家論に関わって次のようにいう。

最近の「国民国家論」の盛況は、われわれに新たな視点を提示した。ただ、一方で、日本における国民国家の形成が、その実証レベルになると国家の政策による差別性と排除性が強調され、また民衆の伝統的規範が崩されていくことが強調される。その点はある程度事実である。しかし、少なくとも全国つつうらうらに二万以上に及ぶ小学校が建設されたことを考えると、そのことを国家の強制だけで説明することはできない。地租改正事業についても、地価の設定をめぐって地域の軋轢を引き起こしたとはいえ、一方で私的土地所有権の公認が歓迎されたことも事実である。時期からいっても、これらの事業を国家の「統合」作用で説明できる段階ではない。むしろ、地域への「国」の登場を「進歩」として歓迎する人びと（地域有力者）が数多くの地域で多数存在し、積極的に小学校の開設や地租改正事業を推進していたと考えるほうが、あれほど短期間に小学校が開設され、地租改正事業が完遂されていった理由を説明するのにわかりやすい。また、明治国家はまだできたばかりであったから、国家の政策は徴税・徴兵・教育などを除けばストレートに地域に入ったわけではなく、……従来の地域行政運営を根本的に大きく変えずに、徐々に「国」が地域に入っていったと考えるほうがわかりやすい。……なお、「国」が地域に入っていったとき、地域有力者層と民衆との軋轢があったこともよく指摘されることであるが、筆者は、数が少ないとはいえ、これまで近畿地方の明治前期の村のしくみをみてきた経験からして、そのことを強調したり一般化することには疑問がある。明治前期は、とくに地域差が歴然としてあった（高久『近代日本の地域社会と名望家』一二～一三頁）。

高久の明治期のイメージは、以下のようなものである。

文明開化という大変革は、多くの地域で相対的に抵抗なく受け入れられていった。その要因としては、国の政策自体が身分制の解体などの解放の側面をもっていたこと、そのため地域への「国」の登場は、地域の人々、とりわけ地域の有力者にとって、江戸期の割拠性を打ち破り、自らが国の構成員として国の仕事に参加していくというきわめて進歩と躍動感に満ちた時代の到来と意識されたこと、などがあげられる（同二二～二三頁）。

地域への「国」の登場と文明開化の諸現象が、名望家層の国政参加の希求と条件を生みだした。そこから、彼らは自由民権運動に参加し、彼らの国政参加への希求は、松方デフレなどによっても途切れることなく、明治二十年代初頭、明治二十三年の衆議院議員選挙を意識した政治運動に連なっていく。「運動は連続していたのである」（同一四～一五頁）。

高久は、地方名望家について、丹波国山国郷の河原林義雄を事例に論じているが、高久自身も認めるように、河原林義雄の政治意識を知る史料が少ないため、推測による記述が各所にみられ、さらなる検討の余地があるといえよう。

高久の歴史像は、一言でいえば、調和的・連続的歴史像だといえようか。高久は、「階層性の限界を強調することは、多くの名望家層が地域の振興に果たした役割をあるがまま正当に評価することを阻害することになろう」（同一二頁）とも述べている。共感できるが、他方、私は、大門正克の「……様々にあらわれる矛盾的関係の歴史的性格を分析するところにこそ歴史研究の本領があるのであり、矛盾を見つめる視点が弱くなったりなくなってしまうと、描かれた民衆像はどうしてもステレオタイプ化された一方通行的なものになってしまう」という文章[24]や、牧原憲夫の「……矛盾のないところに運動・生命はないわけで、矛盾が完全に解決し解消することはありえない。矛盾・対立のないユートピアは死の世界であって、絶対的管理の世界、どうしようもない世界だという思いがぼくのなかにはあります[25]」との発言にも多大の説得力を感じる。たとえ顕在化はしなくとも、地域に伏在する矛盾やせめぎ合いの具体相を丹念に解き明かしていく作業が求められよう。

続いて、丑木幸男の主張をみよう[26]。丑木は、従来の研究史においては、「近世では『豪農』、近代では『地方名望家』という、ともに概念規定の明確でない用語が使用されていることに象徴されるように、近世・近代移行期に地方政治を担った主体の性格をとらえ切れていない。近世史研究と近代史研究との断絶が指摘されて久しいが、いまだに克服はされていない」（丑木『地方名望家の成長』七～八頁）、「近世史研究と近代史研究との断絶が豪農と名望家に関する理解を混乱させる要因となっている。……地域社会の形成をめぐり、国家、豪農、民衆の三者によるせめぎあいにより近代化は進行したのであり、地域ごとに特色のある多様な近代化を試み、次第に国家主導の近代化が浸透したのである。近代史研究は中央集権国家による政策とその変化の解明に研究の力点を置いたため、国家に対抗しながら豪農、地方名望家、民衆の政治的機能の変化を、地域社会に視点を据えて検討する研究の蓄積は十分でなかった。そのために近世史研究と近代史研究との断絶が永く続いたのである。……本書では豪農、地方名望家の村落・地域社会における活動に視点を据えて、地域社会の近代化を近世から明治憲法体制の確立期までを視野に入れて検討したい」（同一三〜一四頁）と述べる。こうした視点は重要であろう。

丑木の描く歴史像は、以下のようなものである。①「自由民権運動と時期的に重なる一八八〇年代前半期までは、豪農の政治的力量が強まり明治政府の推進しようとした近代化に対決して、豪農の指導のもとに地方自治、地域振興をめぐって自生的な近代化を推進し、政府と地方とのせめぎ合いにより、自生的改革が実現する可能性があった時期であった」（同二九九頁）。②「しかし、明治一四年の政変後、再び上からの地域社会を形成する連合戸長制を強化した一八八四年の地方制度改革を豪農は受け容れた。それを基礎にした町村合併は一部に抵抗はあったもののほぼ円滑に推進され、一八八四年前後に地方自治のうえでは自生的近代化が挫折した。産業、地方自治ともに豪農の指導する地域社会の自生的近代化は困難になり、政府主導の近代化に追随するようになる」（同二九九頁）。③市制町村制施行以降は、豪農は「政府の近代化政策に基本的に同調して近代化を推進するようになった。政府の資金による近代化を進め、その地方利益獲得のルートとして政党が地方に浸透することにより、明治憲法体制下の地方政治体制が確立したのである。地方名望家は政策を執行する官僚に圧力をかけて地域の近代化をはかったが、圧力をかけるルートとして個人的コネクションを多く持ち、地方利益を導入することにより地方政治に影響力を持った有力者が地方名望家となった」（同三〇一頁）。④日清・日露戦争期に、明治憲法体制のもとで政党を通じて地方利益実現を追求する地方名望家体制が確立した。「地方名望家体制は明治憲法体制を前提として確立したものであり、政党本部→地方支部→地方名望家のルートで地方利益を実現するとともに、名望家の地域支配を確立し、その代償として政党は本部による統制強化および党勢拡大と、選挙における得票を要求した」（同三〇一〜三〇二頁）。⑤地域社会の自生的近代化が困難となった政治的中間層は、「豪農」から「地方名望家」へ変化し、政党と結合して地方名望家体制を確立したのである（同三〇二頁）。

さらに、明治後期を主要な考察対象とした研究においても、重要な論点が提出されている。ここでは、筒井正夫[27]・石川一三夫の二人をとりあげよう。

筒井は、①交通網の整備による地域利益の追求は、地域社会が外国市場向け生産も含めて、日本資本主義の構造的一角にブロック・インされていく過程でもあること、②「地域利益誘導策はそれへの欲求が強まれば強まるほど地域間対立を生み、いわゆる金権政治や党弊を地方政治に蔓延せしめた[28]」こと、③農会活動による農業生産力の上昇が、地域利益誘導とともに、寄生地主の村落支配の安定化を支え、軍拡と資本主義育成という国家的課題の遂行を可能にするという役割を担っていたこと、などを指摘している。筒井の議論は、全国的な経済・市場構造や国家の政策との関連において、地域の動向を考察することの重要性を示している。

筒井は、「初期議会」期（一八八九〜一八九三年）については、「地域の豪農・自作農にとって公共に奉仕するとは、なによりも自部落の共同体的諸事業に尽くすことであり、また政府の強制する増税をはねのけ自主的に商品社会への対応を図ることによって部落住民全体の公益を増すことにほかならなかった」「土木費についても増額要求はほとんどみられず、行政村よりはむしろ各部落レベルでの里道等の修築に重点がおかれていたといってよい[29]」と述べているが、国会開設前の地域社会の実態についてはさらなる追究の必要があろう。その際、豪農層の地域利益追求の動きを、豪農層の側に視点をおいて、彼らの意識と行動に即して考察することが求められる。

石川一三夫[30]は、名誉職自治制度についての考察を行ない、「わが国においてはなぜ名誉職自治の観念が定着しなかったのか」という問題意識から、官治的集権制に対する抵抗体としての役割を果たすべき地方名望家層のリーダーシップが脆弱であったために、結果として近代日本における自治的秩序形成力は随所に弱さを露呈するに至った、という点を明らかにした。

そして、明治十年代の名望家像について、従来の研究が描き出している村の隅々にまで伝播した文明開化の息吹を感じさせるような名望家像、活動的で明るいイメージの名望家像とは異なり、①法令の趣旨を人民に解説できない蒙昧な名望家、②行政能力に欠ける名望家、③家業に専念するばかりで公務に冷淡な名望家、④俸給の少なさや官位の低さを不満に思う名望家、⑤住民の意向によって左右されやすい名望家、⑥戸長や衛生委員・勧業委員になることをとかく回避しようとする名望家など、要するに、町村の行政に対して無関心ないしは非協力的な名望家像を付け加えている。彼らは、自由民権運動に主体的に参加した闘う豪農民権家〈抵抗〉とも、また官僚機構の末端に連なって小役人風を吹かす権威主義者〈順応〉とも違い、あるいはむさぼるように新知識を求めてやまなかった開明的知識人〈進歩〉ともいいがたく、全体のために計って物事を円満に処理することを得意とした在地指導者〈保守〉ともいいがたいような人たちであり、いわば〈抵抗と順応〉〈進歩と保守〉の中間にあって両者の性格を兼ね備えつつも、そのいずれにも徹しきれずに動揺して、陰に陽に不満と反発を示すタイプであった。

彼らは、量的という意味では名望家層の主流をなしており、「近代日本の名望家層の大半は、どちらかといえば進取の気性に富んでいたとはいいがたく、公共に奉仕する観念に乏しくて、ついぞ活力ある自治の源泉にはなりえなかった」。

明治十年代における戸長の辞任問題には相当深刻なものがあり、薄給で多忙、しかも権威のない戸長職に就くことを厭う空気が強かった[31]。

石川が明らかにした以上のような名望家像は、ともすると顕著な活躍をした名望家の分析に赴きがちな研究動向に一考を促すものである。地方名望家の包括的な考察が必要とされている。

最後に、近世・近代転換期の治水・水利史に関する先行研究を概観して、今後の課題について確認するとともに、第一章理解の一助としたい。

五　治水・水利史研究の現状と課題

1　渡辺洋三の説

渡辺[32]は、法社会学の立場から、近世の農業水利権について次のようにいう。

二個以上の水利用者が共同して同一の水源ないし水路等を使っている場合、これら水源や水路等の地盤に対する所有（抽象的支配権としての）意識は、近世においてはいまだ存在せず、ただこれらのものに対する具体的支配のみが存在していた（渡辺『農業水利権の研究（増補版）』一八五頁）。

近世において、地盤に対する抽象的支配権としての所有は、水利権と内的に関連しておらず、水利権と結合していたのは、具体的な占有であり管理であった（同一九七頁）。すなわち、近世においては、水路の地盤に対する所有権は未成立であった。そして、明治維新によっても近世的水利秩序に基本的な変化は生じなかった。農業水利秩序のゲヴェーレ的構造は、明治の革命によっても基本的には変革されなかったばかりでなく、絶対主義国家権力によって慣習法として暗黙のうちに容認されることになった。こうした、国家権力による、ゲヴェーレの法体系維持の方向性は、明治以降今日まで根本的変化を示していない（同一〇四～一〇五頁）。一連の法制（町村制、水利組合法、耕地整理法）の、上からの近代化にもかかわらず、現実に存在する農業水利権の主体は、依然として旧来の生活共同体としての水利組合の手中にあった（同二五三頁）。水利関係の法形態の近代化により、二重の意味における権利主体の重畳

（共同体と個人、土地所有者と耕作者）は、法の観念の世界では否定されるに至ったが、水利関係の現実の共同体的・ゲヴェーレ的構造は、明治以降も基本的には変革されないままにとどまった（同三三三頁、四七八頁）。水利慣行の社会的現実的基礎は、土地所有の半封建的権力支配を基礎として成り立つ部落共同体であり、したがって国家権力による水利慣行の公認とは、半封建的土地所有、共同体の公認を客観的には意味している（同三八〇頁）。

このように、渡辺は、農業水利権のゲヴェーレ的構造を強調し、明治以降における法形態の近代化の意義をおさえつつも、ゲヴェーレ的構造が基本的に存続したことの方を重視している。

渡辺は、国家権力の絶対主義的性格と、農業水利団体に対する国家の支配統制・介入の強化（同三八〇〜三八二頁、三八四頁）を指摘し、「近代的法形態のもとで、共同体的水利秩序は地主的土地所有に従属するに至」り（同三五七頁）、近代の「共同体は、地主層を中心とする部落の有力者層の権力支配を条件づける基礎構造」となったとする（同三五九頁）。そこから、「農業水利の共同体的秩序は、農村社会における民主主義的合理的秩序の形成を阻む重要なファクターである」（同二八七頁）との評価が生まれる。

そして、同書の重要な欠陥として、「歴史的分析に欠けていること、とくに明治以降の変化の跡づけを精密にしていないこと」があげられる、と自ら述べている（同「はしがき」二頁）。

2　永田恵十郎の説

永田[33]は、農業経済学の立場から、「近世において形成された灌漑形態が、基本的に現代まで持続している」（永田『日本農業の水利構造』二八・二九頁）、「水利施設体系の基本骨格もまた、近世的遺産を継承したものである」（同四〇頁）、「水利施設体系においては、近世的な形態・機能が基本的な変革をみないまま、近代以降も継承された。用水管理機構においても、共同体的とさえいわれる伝統的な慣行水利秩序が温存された」（同五五頁）などと述べて、近世的水利秩序の近代への連続性を重視しており、この点は渡辺洋三と共通している[34]。

ただし、「明治以降の土地改良事業による水利施設の改良的更新は、既存の慣行的水利秩序を一定の範囲内で改良した」（同四七頁）、「部落秩序の弛緩、解体化傾向などの水利用における諸条件の変化も考慮に入れなければならない」（同五五頁）というように、明治以降の変化についても配慮しているが、議論の基調はあくまで連続性の強調である。

集団的水利用から個別的水利用への変化（同一一六頁など）ということが永田の大きなシェーマであるが、それについても、「集団的水利秩序は、大正末期以降、変化・変容への第一歩を踏み出し、この変化は戦後、とりわけ昭和三十年以降広く一般化する」（九〇～九一頁）として、明治維新における変化については重視していない。

3　玉城哲の説

水と村についての独自の理論を展開したのが、玉城哲[35]である。彼は、「耕地の分散錯圃により、近代以降も近世的な『村の用水』という水利構造が維持されざるをえなかった」（②一二五～一二六頁）、「近世以来の、部落による水と施設の管理システムは、高度成長期まで基本的に維持された」（②一三五～一三七頁）、明治期以後の日本農業と農村社会の変化は相対的であり、けっして根底的なものではなかった（③五〇頁）、との認識を示す。より具体的には、次のように述べる。

近代の水利組合の実質上の組織的構成単位は部落であった。用水の配分調整は原則として部落を単位に行なわれ、議員の選出も多くの場合部落を母体としており、議員は各部落の利益代表であった。よって、水利組合は、近世における「村々組合」的用水組織の性格を継承したといわなければならない。名目的には、私的な土地所有者個人を構成員としながら、実質的には部落を単位構成組織とするという二重性格は、水利組合のもつ日本的組織原理であった

（②一一五頁）。

地主を主な議員として運営された水利土功会・水利組合も、事実上「部落総代」という機能をもった地主たちの主張する地域的利害の調整を主要な任務とした「部落連合」的組織たらざるをえなかった。近世における用水組合の組織原理が、土地の私有制の確認にもかかわらず継承されたのである（①三〇九〜三一〇頁）。

新しい水利組合制度は、土地私有権の確認を前提として、土地所有者を組合員とするものであり、これは近世の用水組合が村々組合であったこととは大きく異なる。しかし、実際には、水利組合の組合員（地主・自作農）は、私的土地所有者としての利害動機を秘めながらも、同時に自分が属する村落全体の利害に基づいて行動せざるをえなかった。役員選出における「小選挙区」制の採用もあって、水利組合は、「村々組合」的実質を多分に持続するものであった。

すでに濃密に形成されていた慣習法的秩序は、新しい近代法的制度の制定にもかかわらず、ほとんど重大な影響を受けなかった。近世において形成された用水慣行は、原則としてそのまま維持された。明治政府はこの秩序を大きく変革するような措置を全くとらなかったし、農村内部からも、秩序の変革を求める動きはほとんど生まれなかった（以上、③二一八〜二一九頁）。

このように、玉城は、水利組合における二重構造の存在を重視し、形式における近代性と実質における近世との連続性の両面をおさえていた。

さらに、玉城は、ⅰ明治前期の政府は、一貫して用水施設の維持管理費用を民間の負担としたこと（①三〇四頁）、ⅱ明治期の土地改良事業は地主の指導性のもとに進められ、その多くは部落的規模の用排水改良であったが（①三〇八頁）、明治末期以降、地主の寄生化の進行とともに、地主の積極的役割は後退し、土地改良事業は国の補助金によって推進されるようになったこと（①三一〇頁）、ⅲ農業水利事業に対する国家の積極的介入は、大正十二年（一九二三）の用排水幹線改良事業により、本格的に開始されたこと（③三二一〜三三三頁）なども指摘している。

4　有泉貞夫の説

有泉[36]は、山梨県をフィールドに、治水費用の負担をめぐる国と地方との関係について重要な考察を行なった。彼は、i 廃藩置県から明治十一年（一八七八）地方三新法施行までの時期、明治政府は地方に対しひたすら収奪者であったこと（有泉『明治政治史の基礎過程』三五頁）、ii 地租改正時の地価算定では、機械的に地租の三分の一（地価の百分の一）を「村入費」として控除し、治水費はこれに含まれるとみる以外は一切配慮されず、この無理を緩和するために、「官費定額金」が支給されたこと（同七頁）、iii 明治十三年十一月の太政官布告四八号により、府県土木費への国庫下渡金（旧官費定額金）が明治十四年度以降廃止されたこと（同三六頁）、iv 四八号布告固守の態度は、明治十四年十月の政変以降動揺しはじめ、当面布告には手をつけないまま、「民心」を考慮しながら地方土木費国庫補助を個々のケースにつき例外的に認めていく方向が取られたこと（同四九、五二頁）、v 国庫補助金は、明治十五〜十六年には申請が却下されるケースが少なくなかったのが、十八年には件数も増加し、しかもほとんど認可され、長期計画の承認も増えていること（同一四三頁）、vi 水害復旧費への特別詮議による国庫補助金給付は、政府・地方官に対する豪農・名望家層の態度を大きく変化させる効果をもったこと（同五五頁）、vii 地方的利益欲求が地方政治状況を規定する要因として登場するのは、明治十七〜二十六年ころであること（同二頁）、などの諸点を指摘している。

5　貝塚和実の説

貝塚[37]は、明治二〜四年の岩鼻県（のち埼玉県）を対象に、i 同時期の県政が、権力を行使し、地域対立の一方的な解決者として自らの主体性を示そうとしたこと、ii しかし、維新政権によりそうした方向性は否定されたこと、

iii 以後の県政は根本的な治水政策の構想を放棄し、伝統的秩序を再編して、地域対立の調停者としての役割を強めていくこと、などを主張した。

しかし、貝塚論文は、扱う時期が三年ほどと短く、近世と明治四年以降とで権力のあり方にどのような質的転換がみられたのか今一つ明らかではない。

以上を概観したうえでまずもって指摘したいのは、近年、治水・水利史に関する専論が少ないことである。近年盛行している地域社会論のなかでもあまり言及されていないのである。この背景には、農業生産・経済構造などへの研究関心の後退があるものと思われる。

次に、先行研究の多くにおいて、明治維新における変化の意義があまり評価されていないことが指摘できる。永田・喜多村両氏は、近世的慣行が明治以降も継続するとし、渡辺・玉城両氏は、変わったのは上辺だけで実態は不変であるとする二重構造論の立場に立っている。近代以降も近世的なあり方が色濃く継承されたことは事実としても、明治維新における連続と断絶の関係については、さらに立ち入った考察が必要であろう(38)。

なお、以上の議論に対しては、近代における共同体の解体を強調する岩本由輝の批判があるが(39)、岩本にしても幕末〜明治十年代について立ち入った検討をしているわけではない。

さらに、上述の点と関わって、家・村・地域の実態に即した検討が不足している点があげられる。個別具体的なケーススタディを大きな枠組みの議論につなげていくことが、現在求められているといえよう。

以上、近世・近代転換期における地方名望家を中心とする地域秩序と、同時期の治水・水利史に関する先行研究を概観し、若干のコメントを加えてきた。こうした先行研究の成果を念頭に置きつつ、以下、本論に入っていきたい。

註

（1）西川長夫『国民国家論の射程』（柏書房、一九九八年）九三頁。
（2）同右、一三五～一三六頁。
（3）新井勝紘「あとがき」（同編『日本の時代史二二　自由民権と近代社会』吉川弘文館、二〇〇四年）。
（4）牧原憲夫「私にとっての国民国家論」（『人民の歴史学』一三九号、一九九九年）二～三頁。
（5）大門正克「歴史意識の現在を問う」（『日本史研究』四四〇号、一九九九年）八六頁。
（6）牧原憲夫編『〈私〉にとっての国民国家論』（日本経済評論社、二〇〇三年）一四五～一四六頁。
（7）前掲西川長夫註（1）書一四六、一九五頁。なお、西川は、同「序　日本型国民国家の形成」（西川長夫・松宮秀治編『幕末・明治期の国民国家形成と文化変容』新曜社、一九九五年）三六～三七頁において、次のようにも述べている。「……開国という外圧や、維新という『革命』が『王政復古』という形式をとるといった歴史過程が日本型国民国家の特徴づけをしているが、同時に国民国家の前史である江戸期の性格が決定的な要因となっていることはいうまでもない。フランスの国民国家形成は一六世紀から論じられ、革命前の絶対主義と呼ばれる時代を前期国民国家としてとらえて、その時代との連続と断絶が問題とされるのであるが、日本の場合にも徳川時代を前期国民国家としてとらえることはますます説得的になっている。……維新期の国民国家形成への素早い反応や世界システムへの対応能力をみても、江戸期にかなりの近代的成熟を想定せざるをえないだろう」。
（8）前掲大門正克註（5）論文、九三頁。
（9）牧原憲夫『客分と国民のあいだ』（吉川弘文館、一九九八年）二三二頁。
（10）色川大吉『新編　明治精神史』（中央公論社、一九七三年）四五六～四五七頁。
（11）同右、「はしがき」vii頁。
（12）同右、五五四頁。
（13）鶴巻孝雄『近代化と伝統的民衆世界』（東京大学出版会、一九九二年）。
（14）同右、二七〇頁。

（15）同右、二五二〜二五三頁。
（16）鶴巻孝雄「〈国家の語り〉と〈情報〉」（新井勝紘編『民衆運動史四　近代移行期の民衆像』青木書店、二〇〇〇年所収）三〇七〜三〇八頁。
（17）稲田雅洋『日本近代社会成立期の民衆運動』（筑摩書房、一九九〇年）。
（18）安在邦夫「自由民権期における地方名望家の存在形態」（鹿野政直・由井正臣編『近代日本の統合と抵抗　一』日本評論社、一九八二年所収）。
（19）山中永之佑『近代日本の地方制度と名望家』（弘文堂、一九九〇年）第五章。引用箇所は二一五頁。
（20）石川一三夫『近代日本の名望家と自治』（木鐸社、一九九一年）二五、二六頁。
（21）筒井正夫「農村の変貌と名望家」（『シリーズ日本近現代史二　資本主義と「自由主義」』岩波書店、一九九三年所収）二五一頁。
（22）今西一『近代日本成立期の民衆運動』（柏書房、一九九一年）。
（23）高久嶺之介『近代日本の地域社会と名望家』（柏書房、一九九七年）。なお、高久は、「本書では使宜上、地方名望家というときには、郡レベル以上で経済力を有する政治行政上の有名人という程度のことを考えているし、地域有力者や地域名望家というときは、それより小さいエリアの人びとを想定している」（同一六頁）とか、地方名望家とは、「充分な金力と時間をもち、松方デフレをも克服しえた『上昇型豪農』」である（同一四六頁）、と述べている。
（24）前掲大門正克註（5）論文、九三頁。
（25）前掲牧原憲夫註（6）編著、二九九頁。
（26）丑木幸男『地方名望家の成長』（柏書房、二〇〇〇年）。以下の引用は、すべて同書による。なお、豪農と地方名望家との関係についての私見は、渡辺尚志編著『近代移行期の名望家と地域・国家』（名著出版、二〇〇六年）終章を参照。
（27）①筒井正夫「日本産業革命期における名望家支配」（『歴史学研究』五三八号、一九八五年）、②筒井止夫「近代日本における名望家支配」（『歴史学研究』五九九号、一九八九年）。
なお、筒井は②論文で、名望家層を一〇町前後の在村中小地主層以上の部分として理解している。

(28) 前掲筒井正夫註(27)②論文、一三八頁。
(29) 同右、一三〇、一三一頁。
(30) 前掲石川一三夫註(20)書。
(31) 同右、五七～五八、六七～六八、八四、二四七頁。
(32) 渡辺洋三『農業水利権の研究(増補版)』(東京大学出版会、一九六三年)。
(33) 永田恵十郎『日本農業の水利構造』(岩波書店、一九七一年)。
(34) この点に関しては、喜多村俊夫も、「革命の称呼さへも使はれた明治の改革も、日本農業の内部構造に関する限りは、手を触れるに至らずして単に表面的たるに止り、農村内部の封建的構造関係を不変の儘に放任し来つたことに在り、それが今日幾多の不合理を認められつゝも、未だに旧い用水の慣行が機能を有してゐる原因をなすであらう」(同『日本灌漑水利慣行の史的研究　総論篇』(岩波書店、一九五〇年、四九三～四九四頁)と、渡辺・永田と同様の評価をしている。
(35) 玉城哲・旗手勲『風土』(平凡社、一九七四年、以上①とする)、玉城哲『風土の経済学』(新評論、一九七六年、以上②)、同「日本農業の近代化過程における水利の役割」(玉城哲・旗手勲・今村奈良臣編『水利の社会構造』東京大学出版会、一九八四年所収、以上③)。
(36) 有泉貞夫『明治政治史の基礎過程』(吉川弘文館、一九八〇年)。
(37) 貝塚和実「明治維新期における直轄県政と民衆」(『歴史学研究』五四八号、一九八五年)。
(38) 私自身がこの点について考察したものに、渡辺尚志『豪農・村落共同体と地域社会』(柏書房、二〇〇七年)第五章がある。
(39) 岩本由輝『村と土地の社会史』(刀水書房、一九八九年)。

第一章　武蔵国の村・地域と古沢花三郎—近世・近代転換期の用水と村々—

はじめに

本章は、水をめぐる諸問題を通して近世・近代転換期の歴史像を描こうとするものである。この問題に関する研究史については、序章で指摘したように、現在では、明治前期の水利をめぐる諸関係を具体的事例に即して明らかにし、そこにみられる連続と変化の諸側面を総合的に把握することが求められているといえよう。本章は、そのための一つの試みである。

まず、明治期における治水・水利関係法規の変遷と、本章が対象とする埼玉県における農業水利管理機構の変化の過程を略述しておこう。

明治期の河川・水利行政は、明治政府の成立以降しばらくの間は基本方向が未確定のまま動揺をくり返した。埼玉県では、明治四年（一八七一）の廃藩置県以降は、県が県下の水利組合を管轄した。明治政府は、明治三年頃から水利費の民費負担の方針をとっており、明治六年八月の大蔵省布達「河港道路修築規則」では、原則として、用水路工事費の全額が受益農民の負担とされた。特例として明治七年以降も官費支給を認められていた水利組合においても、明治十三年には官費支給がうち切られた。

明治十三年（一八八〇）、区町村会法の制定により、受益農民が水利土功に関する集会規則を設ける場合、戸長または郡長が起草して、府知事または県令の裁可を受けるべきことが決められた。これによって、埼玉県内の各地に町村の範囲を越えた連合集会が設けられた。また、地方税規則改正、国庫下渡金廃止により、地方の水利土木費の負担が増大することとなった。こうして、近世の官費官営水利体制から、明治初年の民費官営の段階を経て、民費民営の時代がはじまったのである。

明治十七年（一八八四）、区町村会法改正により、府知事・県令に水利土功会の設置権限が与えられ、翌年には水利土功会規則が発布された。水利土功会は近世の用水組合を継承しながら、民間の経費負担によりつつ、行政的監督下に運営されるべきものとされた。

明治二十三年（一八九〇）、水利組合条例が制定され（埼玉県では明治二十六年施行）、それにもとづいて水利土功会に代わって普通水利組合が結成された。これは、私的な土地所有者の負担によって農業用排水施設の維持管理を行なう団体で、組合員は土地所有者に限られ、小作農は組合員たりえなかった。また、組合議員の大部分は地主であった。普通水利組合設置は、旧慣を維持しつつ、水利組織と行政組織との分離を図ったものであり、このとき水利関係経費の民間負担の原則も確定した。ただし、組合設置後も、部落レベルでは旧慣にもとづく「申し合わせ組合」が優勢であった。その後、明治四十一年（一九〇八）に水利組合条例が廃止され、水利組合法が制定された。こうして、水利組合は、しだいに機構的に民費民営の実態を整えていった。

明治二十九年（一八九六）、河川法の成立により慣行水利権が確定し、それまでは単なる慣習に過ぎなかった用水配分の秩序が、曲がりなりにも近代的な法体系のなかの権利として公認された。同時に、水利権の確定により、水田における私的土地所有権が確立した。逆にいえば、私的土地所有権確立のためには、地租改正だけでは不十分だったのである。

明治三十二年（一八九九）、耕地整理法が公布され、地主を中心とした水田の土地改良事業に法的裏付けが与えられた。明治四十二年（一九〇九）には耕地整理法が改正され、耕地整理事業の主体として法人格のある耕地整理組合を設立することが認められた。以後、耕地整理の主眼は、区画整理から用排水改良へと移行した(1)。

ここで、本章で分析対象とする大麻生《おおあそう》村と古沢家について概観しておこう。

大麻生村は、近世には武蔵国大里郡に属した、荒川沿岸の畑勝ちの純農村であり、中山道熊谷宿の助郷を務めた。明和元年（一七六四）の「村明細帳」によれば、村高五四六石八斗二升四合（村高は慶長年間の検地により確定）、反別六四町五反余、家数一二八軒（明治五年には一一一軒）、人数四七五人、馬四七頭であり、諸稼ぎとしては、大工七人、屋根屋・「付ケ木屋」各三人、左官二人、「酒造売買」・建具屋・「板割」・「磨打」各一人などがあった。寺は臨済宗正光寺・真言宗宝蔵寺の二寺、神社は稲荷二社、赤城・天神・霊宮・駒方・八荒神各一社、計七社であった。明治七年（一八七四）における大麻生村の産物を示したのが表1である。表1をみると、米・麦・豆などが全産額の約三分の一を占め、繭・中絹・桑・蚕卵紙などの養蚕・製糸業関係の産物も三分の一程度に及んでいる。ただし、蚕糸業がさかんになったのは、幕末開国以降であった。また、蚕種製造から養蚕・製糸・織物製造までを一貫して村内で行なっていた。表2は、大麻生村民の所持地面積による階層構成を示したものである。零細な土地所持者が多く、大地主はいない。

同村の支配の変遷を示したのが表3である。十九世紀においては、村高五四六石余のうち五〇〇石分は、知行高五〇〇〇石の旗本大久保氏の知行地であり、同氏は、大麻生村のほかに、近隣の榛沢《はんざわ》郡上敷免《じょうしきめん》村・幡羅《はたら》郡新井村・明《あけ》戸《と》村・久保島村に合わせて二五〇〇石ほどの知行地をもっており、この五か村は知行所組合をつくっていた。

村高のうち四一石一斗八升四合分は、一九世紀初頭には旗本戸田氏領であったが、天保十二年（一八四一）幕府領、同十四年旗本筒井氏（知行高一二〇〇石）領となり、さらに明治元年（一八六八）武蔵知県事管下となった。明治三

表１　大麻生村産物

品　目	数　量	金　額	構成比	品　目	数　量	金　額	構成比
	石	円	%		石	円	%
現米上	85.2	622.98	7.9	胡桃	1斗5	0.22	0
中	136	960.43	12.2	塩漬梅	85樽	1.12	0
下	57.8	393.73	5.0	煙草	17貫5	5.83	0.1
大麦上	98	142.92	1.8	藍葉	165	16.50	0.2
下	152	190	2.4	製茶	4.9	10.41	0.1
小麦上	23	76.66	1.0	桑	1243駄	497.20	6.3
下	42	128.44	1.6	薪	1286駄	192.90	2.5
大豆上	25	125	1.6	竹	125束	19.23	0.2
下	62.5	294.81	3.7	藁縄	5530房	33.18	0.4
小豆上	1.95	9.75	0.1	莚	462枚	25.41	0.3
下	5.3	25	0.3	釘		54.62	0.7
胡　麻	1.15	4.10	0.1	清酒上	20石	126	1.6
菜　子	15.75	52.50	0.7	中	44	264	3.4
蕎　麦	12.5	41.66	0.5	下	18.2	103.75	1.3
粟	20.4	51	0.6	味　噌	253樽	506	6.4
蜀黍	3.55	5.46	0.1	麺　粉	49石5	153.25	1.9
玉蜀黍	2100房	6.30	0.1	蕎麦粉	6.5	49.60	0.6
木綿	75貫	88.23	1.1	豆　粉	1.3	6.66	0.1
大角豆	19.5	4.50	0.1	繭	56.4	941.66	12.0
蘿蔔	4597貫	36.77	0.5	下等繭	6.1	55.75	0.7
牛蒡	185.7	10.92	0.1	蚕卵紙	1239枚	247.80	3.1
胡蘿蔔	93.5	5.50	0.1	中　絹	350疋	743.75	9.4
芋	38石7	64.50	0.8	出殻繭	21石	133	1.7
茄子	1124貫	19.83	0.3	屑　糸	5貫	30	0.4
胡瓜	53	2.65	0	木綿縞	315反	236.25	3.0
栗	1斗35	1.68	0	横太織	85反	46.75	0.6
茶子	4.55	3.03	0	鶏	235羽	19.07	0.2
生柿	15貫	0.52	0	同　卵	3450個	13.80	0.2
				惣計		7872.70	100

注　（「明治七年物産書上帳下タ」整理番号259より作成）。
『武蔵国大里郡大麻生村古沢家文書目録（その一）』（国文学研究資料館、1992年）「解題」（丑木幸男執筆、以下「解題」と略称）より転載。

年には一一戸の百姓がいた。

五石六斗四升分は、幕府領と松平氏（はじめ川越藩、のち前橋藩）領とを交互にくり返し、明治四年に入間県に編入された。ここには土地のみあって、百姓はいなかった。

大久保知行所は上組・下組にわかれ、それぞれに村役人が置かれていた。明治三年には、上組が二〇六石四斗、二四町四反三畝、戸数五三戸、下組が二九三石六斗、三〇町八反九畝二六歩、五〇戸であった。古沢家は上組

表２　大麻生村階層表　　単位＝人

	上　組			下　組		合　計	
階　層	安政５年	明治３年	明治４年	嘉永７年	明治３年	文政12年	明治３年
20反以上					1		1
10～20未満	3	5	3	7	5	9	10
９～10未満	0	0	0	2	0	3	0
８～９未満	2	1	2	3	0	2	1
７～８未満	3	7	3	0	1	5	8
６～７未満	4	4	4	3	3	7	8
５～６未満	4	3	3	6	5	4	8
４～５未満	9	6	10	5	5	13	12
３～４未満	8	3	8	4	3	20	8
２～３未満	6	3	6	16	8	21	13
１～２未満	21	13	22	12	9	30	22
１未満	14	8	11	22	10	17	23
合計	74	53	72	80	50	131	114
合計反別（畝）	2443	2443	2443	3086	3064	5069	5940

注　（「宗門人別帳」「反別名寄帳」、整理番号1130・1140・1142・1147・2889・2893・2895より作成）。「解題」より転載。

の名主を務めることが多かった。十九世紀には、文政十二（一八二九）～安政四年（一八五七）と文久元（一八六一）～明治元年の時期に名主役を離れている。下組では、最大の土地所持者である須永家が名主を世襲していた。

文政十年に改革組合村が結成された際には、久保島・三《み》ケ尻《かじり》・広瀬・小島・川原明戸《かわらあけと》の五か村と組合をつくり、久保島村が寄場になった。

明治三年に浦和県に編入された際には、武体《ぶたい》・小島・広瀬・原島・代《だい》・小曽根《おぞね》・北川原・今井・上中条《かみちゅうじょう》の九か村とともに上中条組合に編成された。明治四年の戸籍法制定にともない、上中条組合は浦和県の戸籍区第一一区になった。

大麻生村は明治四年から入間県に属したが、翌五年には大区小区制が施行され、同村は第八大区二小区に属した。同区は、三ケ尻・久保島・新堀《にいぼり》新田・十六間・代・新堀・高柳・新島・広瀬・原島・小島・川原明戸・川原明戸新田・大麻生の一四か村で構成された。

大麻生村は、明治六年六月から熊谷県に属したが、大区小区の区画は従来のままで、名称のみ南第八大区二小区と

表3　大麻生村所領変遷表

年　月	領　主　名		
天正 18年	城和泉守		
慶長 元年	幕府領		
寛永 3年	酒井讃岐守忠勝		
11年	幕府領		
	(500石)	(46石9斗8升)	
正保 4年	大久保豊前守忠貞	幕府領	
		(41石1斗8升4合)	(5石6斗4升)
寛文 3年		戸田藤兵衛吉政	幕府領
6年	大久保彦兵衛忠重		
延宝 2年	大久保豊前守忠重		
貞享 元年	大久保彦兵衛忠庸		
元禄 9年	大久保豊前守忠庸		
享保 5年	大久保彦兵衛忠宜		
6年			松平大和守（川越藩）
11年	大久保豊前守忠宜		
宝暦 12年	大久保彦兵衛忠烈		
明和 元年		戸田数馬	幕府領
安永 6年	大久保彦兵衛忠温		
寛政 元年	大久保豊前守忠温		
文政 2年	大久保上野介		
6年		戸田平左衛門	
9年			松平大和守
天保 12年	大久保駿河守	幕府領	幕府領
14年		筒井紀伊守政信	
嘉永 元年			松平大和守
明治 元年	大久保与七郎	武蔵知県事	
2年		大宮県	前橋藩
3年	浦和県	浦和県	
4年	入間県	入間県	入間県

注　「解題」より転載。

なった。明治九年八月からは埼玉県第八大区二小区に属した。明治前期の同村の村役人名を表4に掲げた。明治二十二年には、大麻生・広瀬・小島・武体・川原明戸の五か村が合併して大麻生村となった。

次に、古沢家について。同家は、武蔵七党の一つ横山党の分裔で忍《おし》城の成田氏に仕えていたが、忍城落城後大麻生村に土着したという。同家の所持地面積の推移を表5に示した。文政期に所持地を増大させたが、文政九年には所持地約四町三反のうち七反五畝一歩を小作に出しているだけであり、手作地主としての性格が強かった。文政五年に六人（男四人、女二人）、文政八年に五人（男三人、女二人）の下人を抱えていた。安政四年には質屋を開業し、明治期まで営業を続けた。しかし、幕末期には所持地を減少させ、明治二年には一町三畝八歩まで減らした。

明治期の当主花三郎は、明治元年一五歳で名主見習となり、同三年に名主、五年副戸長、六年戸長になった。明治十三年に戸長を辞職し、大麻生村筆生（戸長の後見役）となった。同十四年に「大里幡羅榛沢男衾郡傭」、十五年「大里幡羅榛沢男衾郡書記」、十八年「北足立新座郡書記」、二十年「埼玉県属」となったが、同年辞職した。明治二十二年以降大麻生村村会議員を務めた。明治期には蚕種業・養蚕業・馬車鉄道による運輸業・鉱山経営・土建業などを営んだ。自由民権運動にも参加し、民権結社七名社の有力メンバーとして活動した。

古沢家文書は、同家の当主が名主・戸長を務めた際に作成・授受された文書と、同家の私文書からなる。同文書は、現在、人間文化研究機構国文学研究資料館と埼玉県立文書館に収蔵されており、国文学研究資料館所蔵分の総点数は一四八五五点である。国文学研究資料館所蔵分については、『武蔵国大里郡大麻生村古沢家文書目録』（その一）〜（その三）（国文学研究資料館史料館、一九九二、一九九六、二〇〇三年）として目録が刊行されており、以上の記述は目録（その一）の丑木幸男氏による「解題」に依拠している。

さて、大麻生村は荒川に面しており、久保島・小島・広瀬・石原（用元・担当人の居村）の四か村とともに大麻生堰用水組合をつくっていた。大麻生堰の上・下流のそう遠くない所に、玉井《たまのい》・奈良・御正《みしょう》・成田・吉見《よしみ》の各堰があ

表4　大麻生村村役人名簿（明治期）

年　月	戸　長	副 戸 長	百 姓 代
	副戸長	**准副戸長**	**小前惣代立会人**
明治5年8月	須永吉郎兵衛 **古沢花三郎**	伊佐山兼次郎・伊佐山文八・馬場重平・高田佐五左衛門・中村金輔・斎藤磯治郎・小川宇之助	
11月	**古沢花三郎**		小川宇之助・古沢伊三郎
12月	須永吉郎兵衛		斎藤磯治郎
6年1月	**古沢花三郎**	馬場重平・中村金輔・ 伊佐山兼次郎	小川宇之助・古沢伊三郎 金子時二郎・増田森十郎 斎藤磯二郎・鈴木浜二郎
4月	**古沢花三郎** 須永政義		
	戸長	**副戸長**	**立会人**
9月	**古沢花三郎**	馬場重平	斎藤磯次郎
7年2月	須永政義	伊佐山文八	中村金輔
8月	**古沢花三郎** 須永政義	馬場重平・高田佐五左衛門・伊佐山文八・伊佐山兼次郎	松本為吉・伊佐山万吉・金子將興・中村金助・斎藤磯二郎・古沢光義・小川幸年
8年10月	須永政義 **古沢花三郎**	新井清太郎	
9年5月	須永政義	新井清太郎	小川幸年
10年3月	**古沢花三郎** 須永政義	新井清太郎・馬場重平 高田佐五左衛門・伊佐山悦次郎・伊佐山兼次郎	中村金助・小川幸年・斎藤磯次郎・平川平蔵・黒田恵太郎・伊佐山保太郎
11年5月	須永政義 **古沢花三郎**	馬場重平・高田佐五左衛門・伊佐山悦次郎・伊佐山兼次郎	
	戸長	**副戸長**	**総代人**
12年1月	須永政義（当番） **古沢花三郎**	新井清太郎・馬場重平・高田佐五左衛門・伊佐山悦次郎・伊佐山兼次郎	飯田惣右衛門・松本源三郎・古沢善左衛門・増田勇吉・松本弁太郎
13年2月	**古沢花三郎**		
17年1月	須永政義		

注　ゴチックの人名は古沢家。「解題」より転載。

り、大麻生堰と合わせて「荒川通六堰」と呼ばれていた。六堰の位置関係については、図1を参照されたい。各堰から取水する村々はそれぞれに用水組合を結成しており、その構成村は表6に示したとおりである。

大麻生堰用水は、本田村の領域内で荒川から分水し、川原明戸《かわらあけと》村で玉井堰用水を分け、さらに大麻生村地内に入って久保島用水、上川原堀、小島堀、八反田堀を枝分かれさせた。そして、大麻生堰用水の本流は、広瀬村・石原村を

表5　古沢家持高推移表

単位＝畝―歩

年	当主名	上組分	下組分	その他分	合　計
天正　2年	与五右衛門	221–12			
慶安　元年	金右衛門	183–16			
4年	〃	182–15			
寛文　11年	与五右衛門	137–21			
正徳　元年	善兵衛	147–08		22–15	169–27
享保　13年	〃	193–04			
15年	金右衛門	146–25	37–20		
元文　4年	善兵衛	200–24			
宝暦　6年	〃		36–06	70–08	
安永　3年	〃	200–24			
天明　元年	勇次郎	144–22			
寛政　3年	善兵衛		72–07		
13年	〃	138–27			
文政　7年	清　吉	208–05			
9年	〃	258–27	119–29	44–11	429–21
12年	〃	175–00			
13年	〃	193–03			
天保　5年	〃	196–16			
弘化　4年	〃	193–03	87–11		
嘉永　6年	〃	190–10	28–11		
安政　5年	〃	74–14	9–16		
元治　2年	〃	28–24			
明治　2年	花三郎				103–08
4年	〃	74 14	28 24		
8年	〃				164–15

注　（「反別名寄帳」「持高帳」、整理番号1110・1112・1117・1119～1121・1123・1124・1129～1132・1139～1144・1147・1155・1172・1173・1180・1181・1189・1193～1195・2889より作成）。「解題」より転載。

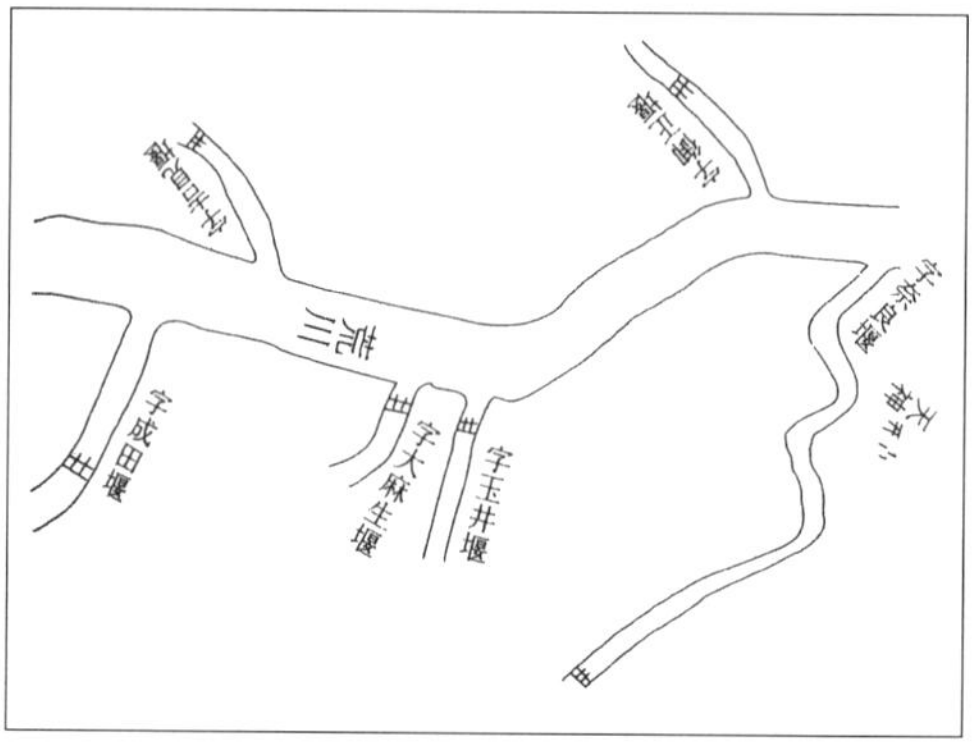

図１　六堰取水口略図

注　「四堰組合村々水論騒立始末書物」(『新編埼玉県史　通史編４　近世２』)をもとに作成。

経て成田堰用水に合流した（六四五〇）[2]。大麻生堰用水は慶長七年（一六〇二）の開削といわれ、三二四町三反余の水田を灌漑し、組合五か村の草高は三四四八・二七八石であった。同用水は、関係村々の支配関係の別を越えて、忍藩の統一的管轄下にあり、忍藩が幕府普請役と連携しつつ用水管理の任にあたっていた[3]。

一　近世における用水利用関係

まず、近世の用水利用関係から話をはじめよう。

享保二年（一七一七）の渇水のとき、成田堰と奈良・玉井・御正・吉見四堰との間で争論となり、幕府の裁許が下されて、各堰とも新規に堰元を埋め立てたり、用水路を荒川本流より深く掘り下げたりしないことが定められた（三五二二）。

その後しばらくは問題が起きなかったが、天保八年（一八三七）に渇水となったとき、玉井堰組合玉井村が頭取になって騒ぎを起こし、大麻生堰組合の久保島村からも同調者が出た（三六八八）[4]。

嘉永六年（一八五三）一月に、成田堰組合側が新たに大麻生村内に水路を通そうとしたため、それに反対する大麻生村は領主大久保氏や忍藩に訴え出た。大麻生村側の主張の主旨は次のようなものであった。①村内に新たに用水路を通されては水害に遭う危険性が増す。成田堰組合側が用水路に予定している土地は、現在大麻生村が芝永を上納している土地である。また、水害の危険性は田畑にも及び、「御年貢筋ニも抱」る事態である。さらに、熊谷宿から大麻生村を通って秩父方面に至る秩父往還の道筋にも被害が及びかねない。②成田堰側からきちんとした掛けあいがなされず、幕府普請役の見分についても事前に何の通知もなかった。③成田堰のうち荒川からの取水に頼っている村は水上の五か村にすぎない。

すなわち、大麻生村は、水害の危険性、年貢・芝永上納への支障、話の進め方の不手際などを理由に反対したのである。

こうした反対にもかかわらず、成田堰側は「領主（忍藩松平氏）掛り其外御普請役見分済」であることを楯にとって工事に取りかかろうとした。幕府と忍藩の承認を後ろ盾にして工事を強行しようとしたのである。

そこで、大麻生村は、嘉永六年一月二十六日に忍藩に呼び出された際に難渋を訴え、さらに同月晦日に領主大久保氏に訴え出た。大久保氏は大麻生村の訴えに接して、「新規之義」は許可しないとの原則に立って大麻生村側を支持し、同村に関係各方面に掛けあうよう命じた。二月八日には大麻生村村役人が、石原村において、大麻生堰の見分に来た忍藩役人に訴え出た。藩役人は、一月二十六日に藩側が幕府普請役の出張しだい翌日にも工事をはじめるなどと本当にいったとしたら大久保氏も立腹するだろうが、当方はそのようにいった覚えはないと弁明し、今後大久保氏から申し渡された内容はこちらにも伝えてほしいと頼んだ。しかし、村役人は、地頭所の意向もあるので、それは約束できないと答えた。すると、藩役人は、大麻生村地内を掘り立てる意図はなく、大石を拾い取るだけのつもりだったので、これまで掛けあわなかったのだと説明した。

大麻生村側は一応それで引き取ったが、藩役人のいったことを信用してはおらず、二月十五日に再度大久保氏に新規井筋差し止めを願っている。ほぼ同時期に、廻村中の幕府普請役藤井重吉郎は、大麻生村村役人を呼びだして、工事には支障ない旨の請書を取ろうとしたが、村方では日延べを願い、その旨を二月十九日に大久保氏に訴えている。

二月二十二日に藤井は、芝永上納の場所を水路とされては迷惑であろうし、もはや普請の時機を失しかけているので、

表６　荒川六堰用水組合一覧

①　奈良堰用水御普請組
荒川分水大堰　１か所　組合石高110,478石６斗１升２合　村数　７か村

	石　合		石　合		石　合
下奈良村	1,266.240	西別府村 共	2,015.733	新堀村	856.019
		下増田村		三ケ尻村	1,349.454
中奈良村 共	2,738.300				
上奈良村		東別府村	1,748.186		
奈良新田	504.700				

②　玉井堰用水御普請組
荒川分水堰　１か所　地所河原明戸村吉見領御正堰向ニ当ル　圦樋　１か所　長８間、横２間、高５尺　組合石高8,548石２斗２升５合　村数　８か村

	石　合		石　合		石　合
玉井村	1,392.697	小曽根村	327.700	四方寺村	327.000
新島村	172.000	今井村	1,631.500	柿沼村	517.000
代村 共	1,163.803	上中条村	3,016.525		
原島村					

③　大麻生堰用水御普請組
荒川分水大堰　１か所　組合石高4,109石７斗７升５合　村数　５か村

	石　合		石　合		石　合
石原村	1,261.333	広瀬村	503.136	久保島村	1,317.774
大麻生村	546.980	小島村	480.584		

④　成田堰用水御普請組
荒川分水大堰　１か所　圦樋　１か所　長６間、横１丈、高５尺　組合石高44,788石９斗３升９合　村数　40か村

	石　合		石　合		石　合
佐間村	1,572.527	池上村 共	1,773.304	安養寺村	520.585
埼玉村	1,590.901	小敷田村		市縄村	247.510
渡柳村	463.834	上之村 共	3,786.225	川面村	391.885
利田村	358.120	箱田村		寺谷村	447.710
広田村	545.440	持田村 共	3,709.200	三ツ木村	219.321
野　　村	933.171	前谷新田		箕田村 共	
屈巣村	1,933.398	鎌塚村	800.671	八幡田村	2,539.504
谷　　郷	1,801.370	太井四か村	2,585.899	中井村	167.220
長野村	2,870.600	戸出村	596.600	宮前村	216.840
白川戸村	550.554	平戸村	917.054	中野村	57.865
和田村	749.306	下忍村	1,359.695	登戸村	108.321
池守村		堤根村・同		前砂村	348.688
上中下三か村	1,634.955	新田・樋上	917.410	肥塚村	892.685
皿尾村	558.032	村共		佐谷田村	1,955.592
中里村	812.848	袋　　村	676.378	熊谷町	2,024.542
		北根村	1,087.027		
		赤城村	142.211		

⑤　御正堰用水普請組（弘化４年）
荒川通御正堰　１か所　組合石高2,494石８斗３升７合５勺　村数　６か村

	石　合		石　合		石　合
押 切 村	768.630	御正新田村	377.622	成 沢 村	368.241
春野原村	189.528	三ッ本村	509.085	樋ノ口村	281.731

⑥　吉見堰用水普請組（安政４年）
荒川通吉見堰　１か所　組合石高11,153石６斗５升８合　村数　48か村

	石　合		石　合		石　合
万 吉 村	690.418	沼 黒 村	389.371	中新井村	702.937
村 岡 村	562.556	高 本 村	328.897	今 泉 村	188.781
手 島 村	263.273	相 上 村	293.371	北下砂村	190.326
小 泉 村	688.055	玉 作 村	616.374	古 名 村	180.387
平 塚 村	150.074	箕 輪 村	510.231	丸 貫 村	294.793
原新田村	130.508	中 山 村	389.718	谷 口 村	307.151
和 田 村	99.081	小八ッ林村	318.886	上銀谷村	149.410
下恩田村	352.800	中曽根村	398.591	下銀谷村	304.182
中恩田村	299.507	上 砂 村	574.006	万光寺村	185.190
上恩田村	156.503	一ッ木村	290.149	大和田村	508.270
中曽根村	709.160	地頭方村	578.214	蚊斗谷村	116.633
江川下久下村	25.500	本 沢 村	255.598	荒 子 村	444.059
屈 戸 村	228.451	山之下村	213.297	久保田村	1,037.933
津田新田村	503.872	松 崎 村	376.128	下細谷村	854.272
津 田 村	1,027.097	上細谷村	290.297		
向 谷 村	236.731	小新井村	163.296		
吉所敷村	186.556	黒 岩 村	217.954		

注　「忍領十万八千石余御掛場御普請組合記」（野中家文書）、弘化４年２月「武蔵荒川通御正堰組合六か村村高書上帳」（『江南古文書学習会史料集』１）より作成。荒川総合調査報告書『荒川』人文Ⅰ（埼玉県、1987年）より転載。

成田堰の水路変更は中止する旨をいい渡した（五三二、三五三八）。

　このように大麻生村側は大久保氏を頼み、成田堰側は幕府と忍藩を後ろ盾としていたが、結局幕府・忍藩は、地元村の合意が得られず、大久保氏も反対している以上、工事の強行はできなかったのである。

　嘉永六年以降は年々渇水が続き、安政三年（一八五六）暮に成田堰組合から願い出があり、幕府勘定直井倉之助・普請役・忍藩掛役から「享保度御裁許状写継添六ケ堰一紙御請印」を命じられ、翌年請書を提出した（三六八八）。

　安政五年秋の大洪水で荒川の流路が変わったため、翌六年春に玉井・大麻生両堰の引入口を、それまでの本田村字亀之甲・平方裏から、御正堰の上手

に当たる字坂下向に変更することにしたところ、御正堰側から異議が出された。従来はきちんとした取り決めがなかったため、御正・玉井・大麻生三堰組合村々の名主らと取扱人の熊谷宿役人らが話し合い、同年十一月に以下の内容を取り決めた。①今回、玉井・大麻生両堰の引入口を御正堰の上手に設けることにしたが、以後渇水の際には実意をもって分水することとする。②安政四年の「享保度御裁許状」への「継添御請印」の趣旨はきっと守る（三五三七）。

このように、享保二年の幕府裁許が、近世を通じて変わらずに当該地域の水利秩序の基本原則となっていたのである。また、大久保氏のような個別領主の意向が、幕府・忍藩の動向とともに、地域の水利秩序のありようを規定していた。

二　明治期に入っての変化

1　用水敷地の租税免除嘆願

寛文十一年（一六七一）と天明二年（一七八二）の二回の荒川出水により大麻生村の領域内を流れる大麻生堰用水路が荒川の方へ崩壊したため、大麻生村の下流にあたる広瀬・小島・石原三か村の取水に支障が出た。そこで、その代地として両度あわせて上田六畝二〇歩、上畑三反五畝一七歩、計四反二畝七歩を、大麻生村と三か村の双方が示談のうえ潰れ地とした。すなわち、三か村が新たな用水路敷地として四反二畝七歩の土地を大麻生村から買い受けて新たに水路を通したのだが、以後も当該地については名義上は大麻生村の元地主九人が所持者となっていた。また、三か村側は土地購入の際に地代金を出したうえ、以後も毎年潰れ地の年貢・諸役を負担することになった。実際には、三か村から年貢・諸役を大麻生村に渡し、大麻生村の旧地主たちから領主に納めるかたちをとってきたのである。

この負担は重く、「多年之旧弊何連之時欤相遁申度」いと思っていたところ、折しも明治維新を迎えたため、明治五年（一八七二）八月十九日に、広瀬村など三か村と大麻生村とが共同で、入間県に対して、潰れ地分の租税免除を嘆願した。このときの大麻生村の代表は、副戸長古沢花三郎であった。そこでは、「御維新以来都而旧弊御一洗被為在候御趣意厚奉戴」、ことに用水堀敷・溜井敷の貢租を免除する旨の布達を受けて、この嘆願を行なうとされている（一〇七四、一〇七五、三五四四）。

この願いは、明治五年十一月にいったんは県に認められた。そして、明治六年一月には、大麻生村地主惣代兼准副戸長惣代中村金助・副戸長須永吉郎兵衛が、三か村村役人から、以後用水堀敷潰れ地にかかる租税・諸役を元地主はじめ大麻生村側で引き受ける代わりに、示談金として一三両を受け取っている（七〇八九）。

明治六年三月には、入間県から大蔵省に対して、大麻生村地内の用水堀敷の租税について、旧幕時代には地頭から減税は認められていなかったが、このたび官員を出張させて取り調べた結果、明治五年分から租税を免除したい旨の伺書が出された。しかし、これは同月却下されてしまった（三七〇八）。

そこで、明治六年五月二十四日、大麻生・広瀬・小島・石原四か村の役人惣代が群馬兼入間県令河瀬秀治に次のように願っている。明治維新になり「方今旧弊御一洗之良法難有奉拝承、弊習可遁ハ此御時節」と先般嘆願したが却下された。その旨小前に伝えたところ、「地券御方則依而右等之弊習御救助可相成筈」なのにそうならないのは村役人が不行届きだからではないかなどと疑惑をもたれて当惑している。また、堀床（用水堀敷地）に元地主名で地券が交付されては困るという苦情も出ている。このように村方がまとまらないので、再度堀敷の租税免除を嘆願する、と（三七一〇）。

ここでは、「御一新」になったということと壬申地券の交付が、租税免除嘆願の主要な根拠となっているのである。

しかし、それでも租税免除は認められなかったため、元地主と各村役員が相談して、明治八年一月十二日に（当時の戸長は古沢花三郎と須永政義）、三か村から大麻生村に「趣意金」[5]一〇円を渡す代わりに、以後の「年貢・諸入費」はすべて大麻生村で負担することを取り決めた。そして、三か村からの出金は旧地主たちがそれぞれ受け取り、以後この地所の租税が免除になるまでは、税費は引き続き旧地主から上納することになった。また、用水路に関するこれまでの古証書は以後すべて失効するものとされた（一〇七四、一〇七五、三五四四、五八七〇、五八七一）。

明治九年二月三日に、大麻生村旧地主九名と戸長古沢花三郎・同須永政義・副戸長らが立ち会って、「堀敷租費償却資本金幷雑費」の計算をしたが、その内容は以下のとおりであった。

・金四円一二銭五厘（旧称金四両二朱）……天明三年五月の示談の際、「税費為資本トシテ」三か村から大麻生村が預かり、それをさらに古沢花三郎が預かった分。今回「貢租為償資」大麻生村へ受け取ることになった(6)。

・金一五円（旧称一五両）……明治五年八月に「免貢願」を差し出したとき、三か村から大麻生村へ受け取り、須永政義が預かった分(7)。

・金八円五〇銭（旧称八両二分）……「免貢願」が不採用になったので、明治八年一月十一日に、「後来貢租為償資ト」三か村から受け取り、花三郎が預かった分(8)。

・合計金二七円六二銭五厘

以上のうちから「入費遣払」金（「免貢願」関係入用など）などを引き、約二〇円七三銭（償却資本金）が、明治九年二月時点で残っているという。これを割元金（「割賦之基元」(9)）四円一八銭余に応じて配分すると、割元金一円につき償却資本金四円九五銭九厘三毛となる。そこで、元地主一同の熟議をへて、この基準で償却資本金を元地主銘々（古沢花三郎ほか八人）に分配した。そして、以後免税になるまで、これまで通り「税費共」元地主方より納めるが(10)、免税になった時点から資本金は元地主が自由に使えるものとされた（三八一九）。

以上紆余曲折はあったが、この時点で近世以来の慣行は大きく改変されたのである。しかし、改変のされ方は村々が「御一新」に期待したものとは異なっていた。すなわち、毎年三か村から潰れ地の年貢などを大麻生村に納める必要はなくなったが、それは負担の消滅を意味してはおらず、三か村の出金を基金にして大麻生村の元地主たちが当面は納税を続けなければならなかったのである。「旧弊御一洗」を期待して村々が行なった租税宥除嘆願は、県には認められたものの、明治政府の認めるところとはならなかったのである。「御一新」による制度の変化は、必ずしも村方の負担軽減には結びつかなかった。

2　大麻生堰の運営方法

明治二十六年四月十三日に、大麻生村大字大麻生・同小島・同広瀬・熊谷町大字石原の田主惣代らが作成した「誓約書」（三六二七）によれば、大麻生堰の運営に関して明治になってから次のような変化があったという。なお、この「誓約書」の署名者のなかには古沢花三郎も含まれている。

大麻生堰用水組合各村の正人夫および雑費負担額については、組合五か村の「各村用水使用高ヲ概定シ村高ニ応シ夫々斟酌ヲ加ヘ其分担額ヲ定メ」てきた。この方法は「数百年間一日ノ如ク敢テ異動」はなかった。しかるに、明治八年に地租改正が開始され、同十一年末の改租完了と同時に石盛は廃止されて地価金に代わり、村高の名称も消滅した。ここに「本邦地方ノ制度慣例ニ一大変革ヲ来タシ」、「用水費ノ石高勤メナル古例」もあらためざるをえなくなった。そこで、明治十二年二月に石原村用元役秋山氏宅において組合五か村が審議した結果、組合各村内にある田全部をもって「大麻生堰将来ノ組合区域」とし、それを基準に旧例による定人夫三一三人を各村に割り振るという規約を定め、各村の代表者が署名捺印し、さらに各村とも田主全員が連署した。以後、組合区域の変更には「田主全般ノ議決」か「法律上有効ナル代議機関即チ水利土功会ノ議決」が必要となった。

以上の記述から、近世を通じて人足・経費の賦課方法に基本的変化はなかったが、地租改止を契機に、賦課総量は変わらなかったものの、賦課の基準が石高から地価金へ、賦課の対象が田のみへと変化したことがわかる。

表7　大麻生堰組合各村の人足・諸色勤高（近代）

	村　高	諸色勤高	人足勤高	人　足＊
石原村	1963石	600石	1000石	90人
久保島村	1317.742	1317.742	1000	90
広瀬村	503.136	503.136	500	45
大麻生村	546.825	546.825	500	45
小島村	480.584	480.584	480	43
計	4811.287	3448.287	3480	313

注：7399・3535より作成。＊人足は高100石につき9人の割合。

表8　大麻生堰組合各村の水かかり反別

	惣田反別	大麻生堰水かかり反別	その他の水かかり反別
石原村	104町 0反 3畝29歩	72町 8反 1畝15歩	31町 2反 2畝14歩
久保島村	93 5 3 12	51 0 6 16	42 4 6 26
広瀬村	67 6 6 29	67 6 6 29	
大麻生村	45 5 0 28	40 0 3 5	5 4 7 23
小島村	54 8 5 5	54 8 5 5	
三ケ尻村	130 4 9 28	0 8 2 7	129 6 7 21

注：埼玉県行政文書1743-1より作成。

表9　各堰からの水かかり反別

堰　名	水かかり反別
大麻生堰	287町 2反 5畝17歩
奈良堰	2 3 9
玉井堰	40 0 7 26
成田堰	31 2 2 14
計	360 9 4 27

注：埼玉県行政文書1743-1より作成。

また、明治二十六年作成と推定される「玉井大麻生両用水分配ノ習慣」（六五六八）に記されている内容を、前述したところといくらか重複するが、次に要約しておこう。

玉井・大麻生両堰は、荒川からの「引入レ井筋ヲ合同シ」「各樋管ニ於テ之ヲ両井筋ニ平等ニ分水」している。両堰組合の村落の耕地は近接している所が多いため、「数百年来ノ慣習」により、大麻生堰組合の経費を負担しながら水は玉井堰用水から取ったり、その逆の場合もあった[11]。

大麻生堰における正人夫の分担方法は、近世以来次のとおりであった（現金徴収の場合もほぼ同様、表7、8、9をも参照）。

石原村	村高およそ二〇〇〇石	用水勤高一〇〇〇石	定人夫九〇個（人）
久保島村	一三五〇石	一〇〇〇石	九〇個
広瀬村	五〇三石	五〇〇石	四五個
大麻生村	五五〇石	五〇〇石	四五個
小島村	四八〇石	四八〇石	四三個
	計	三四八〇石（※）	三一三個

※田畑宅地の別なく用水費を負担する。

なお、別の史料からの数値を表7に示しておいた。

近世以来、用水関係経費は村請とされ、村入用に組み込まれて賦課されてきた。ところが、明治十一年の地租改正完了により、田方のみに用いる用水の費用を畑・宅地・林などに賦課することができなくなったため、明治十二年二月に「組合人民協議之上」、同年度より水田のみに以下のようなかたちで賦課することとした[12]。

石原村八九個（従来比マイナス一個）、久保島村八〇個（マイナス一〇個）、大麻生村三八個（マイナス七個）、広瀬村五七個（プラス一二個）、小島村四九個（プラス六個）、計三一三個[13]。

その後、明治十七年に隣村三ケ尻村の約八反の田が、大麻生堰から引水しているという理由で、奈良堰組合から分離して大麻生堰組合に加わった。逆に、大麻生村のうち字大ケ島耕地の田五町余は近世以来奈良堰用水の水を用いており、田植えの完了時には奈良堰組合に完了届を提出するなどしていたが（一三七七、一三八六、一六五二、八六〇八）、遅くとも明治十二年六月にはこれらの耕地は奈良堰組合の管轄地となっている（三六〇九）。

以上みたように、近世においては、一村内の耕地が複数の用水路から取水していても、村全体としてはどれか一つの用水組合に加入していたものが、近代にはいると、水かかりの実態に応じて、耕地ごとに異なる組合の管轄下に入るというかたちで、村単位の用水組合体制に一定の改変がなされたのである。

明治十七年十二月の、大麻生堰組合各村の水かかり反別を表8に示した。石原村は、三一町二反余の田について成田堰用水から引水していたが、その分も含めて、人夫・諸色は従来は全村あげて大麻生堰組合のほうに提供していた。久保島村は、四〇町七畝二六歩が玉井堰用水から、二町三反九畝が奈良堰用水から取水していたが、同村も人夫・諸色はすべて大麻生堰組合に差し出していた。これに対して、大麻生村では五町四反余の田が奈良堰用水の水を用いていたが、この分については遅くとも明治十二年以降は奈良堰組合に対して負担を負っており、大麻生堰組合とは関係なかった。また、三ケ尻村では、八反余の田のみが大麻生堰組合の管轄下に入っていた。

以上の実態を、大麻生堰組合各村の堰ごとの水かかり反別として表9にまとめた。

続けて、用水組合の沿革についての「玉井大麻生両用水分配ノ習慣」（六五六八）の記述をみていこう。

まず、用水路事務管理については、近世以来「大麻生堰用水路組合事務ヲ処弁スルノ職」を用元役といい、石原村の名主が兼務していた。また、各村が毎年輪番で務める組合惣代一名がいて、用元役を補佐し事務を分担していた。明治十一年の郡区町村編制法の発布とともに用元役の名称を使用できなくなり、以後は「関係組合所轄ノ戸長合議ノ上其事務ハ各戸長輪番ニ之ヲ勤務」することになった。さらに、明治十七年六月の連合戸長役場設置にあたり、大麻生村連合戸長が用水事務を担当することとなり、市制町村制施行後も大麻生村村長がそのまま事務を担当した。明治十七年五月に改正された区町村会法によれば、大麻生堰組合は水利土功会を設けるべきところ、「関係区域等未タ調査中」ということで設置されていない。

次に、用水組合集会の沿革については、古来用水費は村高にもとづいて負担する慣行だったため、「普通町村費」

と一括して取り扱われ、組合の評議は名主・組頭・百姓代らが集まって行なう慣例であった。明治十二年度の「旧慣一変」にともない、田主らの代議機関を設けるべきところ、旧来の慣行にもとづいて町村惣代人がそれを代替していた(14)。さらに、明治十七年に水利土功会の設置が認められて以降は、関係人民により「議会」（代議機関）を組織すべきところ、それをせず、事務は旧慣により処理し、田主の協議費で用水路を維持してきた（九三七九）。

ここからは、大麻生堰組合のような小規模の組合においては、水利土功会は設置されず、近世のあり方を基本的に踏襲した組合運営がなされていたことがわかる。

大麻生堰組合における維新期の変化と連続の具体相は、まずは以上述べてきたようなものであった。以下、節を改めて、明治初年以降に起こった諸問題を通じて、この時期に古沢花三郎と村々が直面した課題が何だったのかを考えてみたい。

三　明治十年の用水争論と古沢花三郎

1　明治十年の用水争論—玉井・大麻生堰対御正・奈良堰—

前述のように、享保二年（一七一七）の用水争論の際に幕府の裁許が出されたが、その内容は安政四年（一八五七）にも再確認されており、これが近世を通じて各堰間の共通ルールとなっていた。

近代に入って、明治十年（一八七七）に、玉井・大麻生両堰組合と御正・奈良両堰組合との間で争いが起こった。まず、同年六月十三日に、玉井・大麻生両堰組合村々が、御正堰組合が同堰で水の「取切」を行なっていることを埼玉県土木掛・水理掛に訴え、水量確保のための現場検査を願ったことから争論は開始された。県は、検査の結果、当事者同士の交渉を命じた（三五六八）。しかし、交渉は不調に終わり、六月二十五日には再度玉井・大麻生両堰組合物代が、埼玉県令に現場検査を願っている（三五七六）。その二日後の二十七日に出された再願書を次に掲げよう。

史料1（三五六九）

養水引取方之儀ニ付御願

玉井堰組合
大麻生堰組合
村々

右両堰養水之儀ニ付、荒川流水引来候処今般御正堰ニ於テ引入口脇流水ヲ〆切候為メ杭木打立水行妨ケ候ニ付、本月十七日土木御掛御出張之際御検査相願候処、全ク水行障害ニ付同堰江申入水行差支無様示談可申入旨被仰聞候ニ付、杭木抜取呉候様懇々示談申入候処、御正堰ニ於テハ北縁本瀬ニ付右箇所取払相成兼候趣申答、夫ノミナラズ当節至テハ右〆切江筵ヲ負右ケ所一層相堅メ〆切、加ルニ北縁之義ハ奈良堰組合浚ケ所ノ儀ニ付、枝堀落水候ケ所ハ蛇籠ヲ以相防キ、左スレハ二瀬ノ流水ヲ目的ニ至（致カ）引入口浚来候処、両堰〆切相成候テハ可支（使カ）用流水無之候ニ付、昨今大渇水ニ相成両堰組合村々小前一同必至差支難渋罷在候間、何卒至急地レ実御検査ノ上水行障害ニ相成候ケ所々ニ悉ク取払方被仰付、両堰養水潤沢田方植付相成候様組合一同挙而奉懇願候、以上

荒川通玉井堰
同　大麻生堰
両堰組合総代
新島　喜平
関根　貞助
代島　忠義

明治十年六月廿七日

松崎重右衛門

埼玉県令白根多助殿

史料1では、①御正堰側が、杭を打って流れを締切り、奈良堰側も蛇籠により流れを止めていること、②そのため、玉井・大麻生両堰組合村々では大渇水になっているので、県から御正・奈良両堰組合に水行の障害物の除去を命じてほしいこと、などが述べられている。

この願書をうけて、県の土木掛矢田九等属と水理掛増田五左衛門が検査を行ない、二十七日に御正堰締切の取り払いを命じた（三五七八）。

七月四日には水配方につき矢田が川原明戸村に出張し、翌五日の矢田と村々の代表との相談の結果、同日から七日まで奈良堰から成田堰に分水することになった。ところが、五日午後六時頃、取水量が減少した玉井堰組合村々の小前たちが「大勢沸騰致、カナクマデ（金熊手）・鳶口ノ類ヲ携ヒ、多人数樋上ニ押寄セ」口々に苦情を述べ立てたため、矢田も仕方なく成田堰への分水を中止し、ひとまず人々は鎮まった。こうした事態に直面した矢田は、今後村々から県に水配を願うときは、県のどのような判断にも一切苦情はいわない旨の「小前惣連印」を添えて、「只管公裁ヲ仰キ度旨」願い出るよういい渡した（三七五六）。

七月六日には、前日のいい渡しを受けて、大麻生村の九六名が、①水配については「其御筋」の指令に従うこと、②「出願其他手配方」は村吏に一任することを定めた議定書を結んでいる（三七二一）。そして、惣代役須永政義と副戸長新井清太郎が、この議定書をもって熊谷に行き、七日に玉井・大麻生両堰組合村々から県令に、渇水で田植えが遅れている状況を訴え、「非常之御差配」を願い出た（三五七七）。その結果、同日県から、八日まで奈良堰から成田堰に分水することがあらためて指示され、その旨が各村の小前一同にも伝えられた。同夜は、騒ぎが起こることを警戒して、「水配方為取締」巡査三名が大麻生村仮事務所の置かれた正光寺に泊まり込んだ。

七月九日には、石原村用元（兼戸長）秋山蔚が県土木掛に、上流の堰から順に立切ることを建議するとともに、玉井・大麻生両堰組合村々の人民が水路の「掻分ケ浚」を求めて、場合によっては実力行使にも及ぼうとしている情勢を報告し、警察力の派遣を要請している（三五七一）。両堰組合村々は県に、十五日に荒川の水路掻きわけを願い（三五七八）、十八日には享保二年以来の慣行を上申するとともに、奈良堰の筋籠取り払いを求めている（三五七二、三五七九）。この時点で問題の中心は御正堰から奈良堰に移っているとともに、このときまで近世以来の慣行が生きていたこともわかる（三五八一）。玉井・大麻生両堰組合の正当性の論拠は、奈良堰組合が近世以来の慣行に反していることと、眼前の渇水に対処する必要性との二点だったのである。

十九日には、両堰から県に、あらためて奈良堰の蛇籠撤去を要請するとともに（三五八一）、大麻生村の村人六八名が、次のような議定書を結んでいる。ちなみに、明治十年の同村の総戸数は一一六戸であった（九二一五）。

史料2（三七二三）(15)

議　定　書

本年之義者稀成旱続キニテ漸々荒川通減水ニ相成、既ニ私共用水路及大渇水田方養ひニ差支、此末銘々勝手ニ掛引致候而者迚も行届不申、依之今般厚ク協議之上更ニ左ノ通相定メ候

第一条　御布令ハ勿論其御筋ノ御指揮堅ク相守リ可申事

第二条　以来銘々勝手ノ掛引ヲ堅ク相止申候事

但、其日限ハ何時ナリトモ御沙汰次第承知仕候事

第三條　銘々掛引ヲ相止メ候上ハ、村吏ノ外田持惣代人ヲ定メ可申候事

第四條　斯相定メ候上ハ、各堰幷組合村々ノ水配ハ勿論村内耕地ノ掛引ニ至ル迄一切ノ事務総テ、村吏幷田持惣代人へ委任仕候事

第五條　田持惣代人村吏ハ私心ヲ去リ、総テ忠正確実公平ニ取計可申事
第六條　前条ノ如ク委任仕候上ハ、村吏惣代人ノ公議ヲ以取計相成候義ハ、総テ一同ノ協議ニ出タル事ト仕候事
第七條　然ル上ハ田持惣代村吏方ニヲイテ組合村々与共同申合セ掛引方御取計ニ相成候義者、何レノ向成リトモ聊苦情ケ間鋪義無之候事
第八條　当水配之義ニ付、何様之義有之候共、大勢申合セ押出候事等決而仕間鋪候、万々一不得止義有之候ハヽ、静ニ村吏へ可申出事
第九條　本年渇水之義ハ天然ノ成ル処ニシテ、人力ノ如何共可致様無御座候ニ付、相互ノ大災ニ候へバ誠ニ不得止義ニ有之候間、互ニ信義ヲ尽シ幸不幸モ共ニ一同ニ冠リ共ニ相弁ヒ、決テ争論等仕間鋪候事
第拾條　如斯厚ク協議之上取定候上ハ、若シ異変之者有之節者其　御筋エ申立、御処分ヲ受可申候、其節入費ハ其者限リ出金可致事
前書記載之通今日私共一同厚ク協議相定メ候上ハ、相互ニ屹度相守リ可申候、然ル上ハ田持惣代村吏ノ方ニテ如何様ニモ御取計被下度候、総テ御取計向ニ付決テ申分無御座候間、一同連印ヲ以議定書差出申候也

第八大区二小区
大里郡大麻生村

明治十年第七月十九日

松本弁太郎　印
（以下六七名連印略）

第八条で「大勢申合セ押出」が想定されるなど事態は切迫しており、同日村人八八名から田持惣代人への委任誓約書も作られている（三七二四）。[16]

二十一日には、大麻生堰組合五か村が県令に、「大麻生堰組合之田場壱人所有之心得ヲ以養水懸渉シ」（組合内の田

は全体が一人の所有物であるという認識をもって用水を分配し）、各村ごとに吏員から一名、小前・重立のうちから二名、計三名ずつを選んで、彼らが各村を見回り、各村吏も立ちあって公平な水配を行なう旨を届け出ている。これによって、大麻生堰組合のレベルで、公平な水配体制の実現をめざしたのである（三五八二）[17]。

しかし、絶対的な水量不足は如何ともしがたく、翌二十二日には、県の差配を待ちきれずに、玉井・大麻生両堰組合村々の者どもが大勢出て、奈良堰取り入れ口のすぐ下流に設置された蛇籠を実力で撤去してしまった。二十四日になっても小前一同の沸騰はおさまらず、村吏は苦しい立場に立たされた。そして二十六日には、大麻生堰組合村々から県土木掛に、二昼夜ごとに奈良堰を締め切り玉井・大麻生両堰へ水配するという方法を了承する旨が伝えられた（三五八四）。しかし、二十二日の実力行使の責任は厳しく追及される。

七月二十四日に、「玉井・大麻生両堰組合村々吏員共」は、埼玉県令に以下のような嘆願書を提出しようとしている（三五八三）。すなわち、二十三日に、埼玉県熊谷支庁第四課において、二十二日に蛇籠撤去に参加した者の名を二十五日までに報告するよう命じられたので、帰村して調査をはじめた。しかし、「小前一同之者共沸騰致」、奈良堰の不当を訴え、このままでは水田の相続ができず、「第一生活ノ目途ヲ失シ、二ニハ貢租可納基本ヲ失」うと主張し、「村役員共詐偽ノ扱抔与大ニ疑惑ヲ生シ、人名取調ニ際シ紛擾ノ苦情、毎村吏員共何様尽力申聞候乇前顕ノ次第ニ御座候間得意不仕、村吏共義上ハ御庁ノ御説諭ヲ蒙リ下ハ一般居民ノ苦情、其中ニ迫リ奈何共困惑至極仕候間」、二十三日に提出した、撤去した蛇籠を修繕する旨の請書を、小前の者どもの治まり方がつくよう、いったん却下していただきたい、と。

二十八日には、両堰組合の村吏総代が県令に、先日の騒動の捕縛者八か村十一名（大麻生村の二名を含む）に「御寛典御所置」がなされるよう嘆願している。しかし、この嘆願書は、埼玉県熊谷支庁詰の脇田六等警部から「国ノ悪人」を親族の悲嘆を理由に放免することはできないといわれ却下されてしまった（三五七五）。脇田に、「彼等共義ハ何レモ犯罪人ナルヲ以捕縛セシモノナリ、則国ノ悪人ナレバ組合親族共死ニ至ルノ大病タリとも用済ザル内ハ放免スルヲ不能、且汝等考ヨ、罪ヲ犯シテ政府ノ拘置ト親旅（族カ、ママ）ニヲイテ差支有ルト何レカ重シ、其権衡ハ如何相心得ル哉」といわれ、「我等両人（古沢花三郎ら）言語相絶一言ノ申立方ナシ、頓首罷在ル」というありさまであった。権力の温情に頼るという近世以来の情実的関係は、もはや期待できなかったのである。

2　花三郎ら村吏層の対応

以上の経緯のなかで、大麻生村の村吏たちはどのように対応しただろうか。まず、副戸長伊佐山兼次郎の場合からみてみよう。彼は、八月十日に次のように供述している。

七月二十二日に、両堰組合村々の小前たちが奈良堰の蛇籠を撤去しに行くのをみて、大麻生村の小前たちも動揺し、兼次郎が宥めても聞かなかった。そこで、彼は、「後日用水掛引之憂モ可有之与見越之懸念ヲ相生シ」、すなわちここで組合他村の小前たちに同調しておかないと以後の大麻生村の取水に悪影響が出るのではないかと気を回し、同日午前一〇時に村の正光寺で立会人たちに、ここで小前たちを制止しても逆効果だし、「後日用水掛引ニ付組合内争論等ノ憂ヒ可相発哉も難計リ」いので、他村並に人足を出すことと、「乱暴ノ所業」に加わってはならないということを、「受持組内」に伝えてほしいと話した、と（三七二〇―一九）。

また、兼次郎は、八月九日には、熊谷支庁詰檜山八等警部から七月二十二日の正光寺での集会の内容を尋問されたのに答えて、「小前鎮静方差図仕」ったのだと供述している（三七二〇）。

しかし、八月十日の供述書は、檜山から「不実ニ付却下」された。そこで、兼次郎は翌十一日に供述書を再提出したが、そこからは、動揺する小前を宥めたとか、乱暴しないようにいったとかいう記述が消えている（三七二〇―二〇）。

次に、戸長古沢花三郎の対応をみてみよう。

七月二十二日付で、花三郎から須永政義・伊佐山兼次郎・伊佐山悦次郎に宛てた「大至急」の書状（九二六六）によれば、花三郎は小前たちが押し出したのを知って、「鎮静方出張」が不可欠だと考え、須永たちにその「手配方御用意」をしてすぐに村事務所に集まってくれるよう伝えている。ここから、花三郎は、ほかの村吏たちと図って、小前たちを止めようと試みたことがわかる。

しかし、花三郎はそれをそのまま埼玉県に申告することはできず、八月十四日に罪を一身にかぶって県に自首するのであるが、そのとき提出した文書が次の史料3である。なお、八月十四日付の、古沢花三郎・副戸長馬場重平・同高田佐五左衛門連名の県令宛自首訟訴状下書があり、当初は三人で自首しようとしたものと思われる。

史料3（三七二〇—一五）

以書付奉訟訴候

第八大区二小区
大里郡大麻生村
戸長
古澤花三郎

右古澤花三郎奉申上候、本年之義者稀有之大旱魃厚キ御水配被成下候得共、原水些少ニ付潤沢相成兼、竟ニ田方植付枯ニ至リ玉井大麻生両堰組合各村人民動揺致シ、既ニ七月廿二日奈良堰以南ノ筋篭破壊ノ事件ニ立至リ、村内ノ者共前件へ関係仕候者全ク私シ一身ノ心得違ヨリ人足差出、終ニ前顕之挙動為致候義ニ御座候、且外村吏共ハ何レも私ヨリ及依頼置候義ニ御座候得者、其罪全私一身上ニ有之候間、何様之御所置被仰付候共今更一言可奉申上様無御座悔悟仕候間、不顧恐多自首奉訟訴候、只管何分之御沙汰奉仰候、以上

右当番戸長

明治十年八月十四日

古澤花三郎　印

埼玉県令白根多助殿

しかし、史料3は檜山八等警部により却下されてしまった。そこで、八月十七日に再提出した始末書が次の史料4である。

史料4（三七二〇―二七）

以始末書奉自訴候

第八大区二小区

大里郡大麻生村

古澤花三郎

本年之義ハ稀有之大旱魃厚キ御水配被成下候得共、原水些少ニ付潤沢相成兼田方植付枯ニ至リ、玉井大麻生両堰組合各村人民動揺致し、既ニ七月廿二日御指令ヲ不俟奈良堰以南ノ蛇篭破壊仕リ、村方之者共同一相加リ候ハ全ク私心得違ヨリ事起リ、右二十二日水配ニ罷出居候新井清太郎参リ、本日玉井大麻生両堰組合ノ者共荒川流路奈良堰ニ而堰留候ケ所掻分ケトシテ数人通行致候ニ就、当村方ノミ罷出不申而ハ後日用水掛引ノ争端ニモ可相成ト思想スル旨告来リ候ニ付、私義も同様見越之懸念ヲ以人足差出前顕蛇篭取払候次第是迄抱蔵罷在候処、已ニ此程戸長須永政義幷副戸長伊佐山兼次郎同悦次郎新井清太郎等御召喚御調奉受、私義今更悔悟一言可奉申上様無御座候ニ付、不顧恐多奉自訴候、只管何分之御沙汰奉仰候

右

明治十年八月十七日

古澤花三郎

史料4で、花三郎は、七月二十二日の自身の行動について、副戸長新井清太郎から組合村々の者どもが奈良堰の蛇籠を撤去しに行くとの報を聞き、彼の意見に同調したと述べている。八月十四、十五日の段階で、新井清太郎も同様の供述をしている（三五九六）。しかしその後、自分は当初から蛇籠破壊の意図を承知していたが、組合村々との共同歩調を優先して村人たちを行かせたのだと、さらに供述内容を変更している。より自らの責任を強調するかたちになっているのである。

戸長須永政義・副戸長新井清太郎・同伊佐山悦次郎・立会人平川平蔵らの供述も、修正後の花三郎や伊佐山兼次郎の供述と一致している。すなわち、①七月二十二日に、耕地へ水配に出ていた須永・新井らが両堰組合村々の者ども数人の通行を発見した、②須永らは、その時点で奈良堰蛇籠を撤去しに行くものと察知し、それが県の指令をふまえたものではないことも承知していたが、それでも組合村々との共同歩調を優先し、大麻生村の仮事務所のある正光寺で村吏が協議した上で、立会人を呼んで人足差し出しを指示した、というものである（三五八九、三五九四、三五九五、三七二〇―二六、三七二〇―二九）。

以上の村吏層の供述をうけて、明治十一年七月二十日に、熊谷裁判所において判決がいい渡された。それは、戸長須永政義・副戸長新井清太郎・同伊佐山兼次郎・同伊佐山悦次郎はいずれも贖罪金三円、古沢花三郎は贖罪金三円のところ、自首したため「咎ノ不及沙汰」というものであった（五四九）。

花三郎にとって以上の経緯はきわめて不本意なものであったと思われる。彼は、時期は不明ながら、「花の色ハうつりニケリな徒ラハ我身独りの罪ニアラねド」、「なき罪ヤ受ルノ我身の楽キハ只圄中ノ喰事ナリケリ」、「アリヤアリ我身の欝ハ山々の麓の雲ト絶ルマモナシ」などの歌を詠んでいるのである（三五八八）。

花三郎は、実際には小前たちの実力行動を制止しようとしたのであり、その点はほかの村役人たちも同様であった。しかし、警察の取り調べにおいては、そうした事実を述べても、責任逃れの言辞としか受けとられず、結局村の代表者として罪を引き受けざるを得なかった。「村人たちを束ね、彼らの先頭に立つリーダーとしての戸長古沢花三郎」というイメージは警察によって押し付けられた虚像であり、「県と小前の間に挟まり苦慮する花三郎」というのが実像であった。そうした実態がもたらすストレスと、実態に反して虚像を押し付けられる憂鬱とで、花三郎の嘆きは倍加されたのである。当時の村が、名望家を中心に村人全員一致団結した一糸乱れぬ強固な共同体であるとのイメージは、県や警察の抱いた観念の世界の産物であった。

四　明治初年の水利問題―大麻生村と成田堰組合村々との係争―

本節では、大麻生村と成田堰組合村々との係争について検討する。この係争は、荒川の流路変化にともない、成田堰の水路が大麻生村地内を通るようになったため、水害の危険が発生したことに起因している。

明治九年四月十五日付の大麻生村と成田堰組合村々との議定書下案では、両者の協議が合意に至れば、成田堰組合村々が大麻生村に水路用地の賃借料を支払うという条件で、当年限り大麻生村地内に成田堰の水路を通すこととされた。それをうけて、四月十七日には、大麻生村の戸長二名（一名は古沢花三郎）・副戸長五名・立会人七名・小前惣代四名が連署して、①村民各自の所持耕地中に成田堰の水路が有る無しに関わらず、地租改正につき旧持主ごとに杭を立てること、②今後成田堰組合とトラブルになっても、その費用は「村費割法」をもって出金することを定めた議定を結んでいる（三三五、三五四六、三五五〇）。この問題に、村全体で対処しようとしているのである。

しかし、大麻生村と成田堰組合との交渉は難航し、大麻生村では五月二十五日に、成田堰一件では「村内一同尽力」し、どれほど費用がかかろうとも「村費割法ヲ以取立無異議出金」する旨の議定を、戸長二名・副戸長五名・立会人五名・惣代人二名の連署をもって作成している（三五五〇）。

五月二十六日に、花三郎ら大麻生村側四名と成田堰組合用元・惣代との掛けあいにおいて、大麻生村側は、①成田堰組合側が水路用地として掘り立てた土地は、地券を交付された租税地である、②成田堰組合側が、大麻生村に断りもなく新規に掘り立てるのは納得できないと主張した。これに対して、成田堰側は、①論所は先年からわれわれが水を引いてきた場所である、②われわれは県の検査を受けた上で掘っているのだから問題ないと反論し、合意には至らなかった。

翌二十七日、成田堰側は、熊谷県から、昨年と同じ場所は今年も浚い立ててよい旨の回答を得たと、大麻生村に通知してきた（六一〇〇）。そこで、大麻生村でも、二十九日に県へ伺い出たが、大麻生村が同日付で定めた「入費出金方議定」からは、①今回の係争が地租改正作業に関連して起こったこと、②この件に関する願・伺は正副戸長が行なうが、それで支障があるときには立会人・担当人が出頭・尽力することとし、立会人・担当人は必要経費の立替も行なうとされるなど、立会人・担当人の役割が重視されていること、③関係者だけでなく、村ぐるみで対応すべきだとされていることなどが指摘できる（三五四七）。

さて、大麻生村側と熊谷県土木掛矢田権少属との話しあいにおいて、矢田は以下のような説諭を行なった。①係争地は成田堰の堀敷であり、成田堰側が公有地の地券を受けてしかるべき土地である。こちらから県地理掛に掛けあってでも、成田堰堀敷は除税地にしようと思う。「川堀ハ土木掛ノ所轄ノ地ナレバ何ソ其村方ノ差綺べキ所ニ非ズ」。②成田堰組合側から地元の大麻生村に届けるのが順序ではあるが、昨年も利用した水路を浚い立てるだけなのだから、大麻生村が今年になって故障を申し立てるのはおかしい。昨年の掘立てに関しては土木掛が承知済みである。

これに対して、大麻生村側は次のように主張した。①成田堰の水路は、これまでは今回の係争地とは別の場所を通っていた。今回の係争地については明治六年に村方で地券を受けており、その所有権は当村にある。係争地は、現在「石間」となっていても、後年再開発の可能性がある。係争地は、明治六年時点で当時の持主が地券を受けたいという意向だったので彼らが名請し、その後村請の公有地に変わったが、現在も少額ながら納税もしている。②新たに用水路を掘り割る際には、地元の村方に一応は届けるのが筋である。昨年村内に水路を通されたことは知らなかった。五月三十一日には、県から成田堰組合に、大麻生村と熟談すべしとの指令が出された。県側は、成田堰組合に対しては、これまでのことは仕方ないが、翌年からは地元村の承諾を得てから掘り立てるべきであるとの意向を示し、大麻生村に対しては、今年はもはや水路ができあがっているので、そのまま認めるようにと説諭し、大麻生村でもやむなくこれを了承した。

翌六月一日、成田堰組合総代二名が大麻生村に来て話しあったが進展はなかった。このとき、成田堰組合総代たちは、今年の暮れか来春までには回答したいが、自分たちは今年限りの総代なので、来年のことは来年の総代が扱うことになる、などと述べたという（三五五一）。

六月六日には、成田堰組合側が、大麻生村地内「〆切上」において新規に掘り割り・浚い立てを行なった。大麻生村側は、無断で「追々引入口相登セ」るのはどういうことかと抗議したが、同日、成田堰組合惣代は、大麻生村役員への書状で、①われわれは、県の検査を受けた上で、「御仕用帳」にもとづいて用水井筋浚い立てをしているのであり、別段掛け合いを受ける筋合いはない、②不都合があるなら、県へ訴え出ればよい、と返答してきた（三七九一）。

このように、熊谷県の承認を後ろ盾にする成田堰組合側に対して、大麻生村側でも自らの正当性の論理を鍛える必要に迫られた。明治九年についてはは仕方ないとしても、翌年以降どのように対処するか、大麻生村側の理論武装が求められていたのである。そうした状況下で、古沢花三郎が書いたと思われるのが、次の史料5である。

史料5（三五五一）

用水堰原由ノ論

一、人民ノ土地ヲ耕耘スルニ田ト為ス畑ト為ス皆其耕作スル人民ノ自由便宜ニシテ敢テ政府ノ令スル所ニ非ス、故ニ其用水堰ノ如キモ又其人民ノ請求スル処ノモノニシテ、素ヨリ政府ノ要スルモノニハアルベカラズ、是則人民ノ私事ト云ベシ、況ヤ其井堰等ヲ開設スル及テハ、若し他人ノ地等ヘ係スモノハ篤ク其持主ト協議遂ケ熟和ノ上ニアラザレバ行フベキモノニハアラサルナリ

地所所有幷保護ノ論

一、凡ソ公有地ノ如キハ官民両属ノ地ナリ、然レトモ既ニ其郷村エ地券ヲ受ケ以テ多少ノ貢租ヲ納メ其義務ヲ尽サバ、則其全村ニヲイテ保護シ進退スルノ権アルベシ

一、凡ソ如前條人民ノ其義務ヲ尽セシ上ハ、其地味ノ如何ヲ問ハズ、其権利ニヲイテ敢テ異ナル事アルヘカラズ

一、凡ソ公有地ノ如キ官民両属地中、若シ人民関係原由ハアラズト雖𪜈既ニ其村ニ地券ヲ受ケ貢租ヲ納メバ、則チ保護スルノ義務アルベシ、已ニ保護スルノ権アル時ハ政府御用ノ時ハ其旨御達シアルベシ、若し御達シアラサレバ上地シタルノ権理アルヘカラズ

前半の「用水堰原由ノ論」では、耕作権（土地所有権）は人民にあり、用水堰の問題は人民の私事であって「政府ノ要スルモノニハアルベカラズ」と断じ、さらに他人の所持地に井堰を開設する場合には、その持ち主と協議を遂げなければならないのは当然だと述べられている。

後半の「地所所有幷保護ノ論」では、公有地は官民両属の地だが、村で地券を受け貢租を納めている以上は、全村に保護・進退の権利があるとし、この権利は地味の如何には関係なく、また政府であっても無断で上地する権利はないと主張している。

以上の主張の背景には、政府にも対抗しうる強固な私権としての土地所有権という、近代思想の影響が想定できるのではなかろうか。ここでは、花三郎が近代思想を自分個人の所有権を主張するために用いているのではなく、他村

の侵害から村の土地を守るための武器にしている点に注目したい。

さて、六月六日の応酬を経て、六月八日と十二日に、大麻生村が熊谷県に出願を行なった。十二日には、戸長・副戸長・立会人から県に次のような書付が提出された。

史料6（三五五五）

以書付御届ケ奉申上候

南第八大区二小区
大里郡大麻生村

成田堰引入口新規堀割之儀ニ付去ル五月廿九日奉伺候処始末御取糺シ之上同月三十一日御呼出し右堰組合村々ヨリ地元村方エ熟談可致旨同堰総代之者江　御指令被為遊候段被仰渡候ニ付差控罷在候処、本月一日組合総代トシテ佐谷田村瀬山新右衛門上ノ村間庭伊之助ナルモノ被参申聞候者、今般　土木掛ヨリ我堰引入口之儀当村江示談可遂旨被申渡候間何レ当暮カ来春迄ニハ可申出、其段承知可致旨申ニ付、然者其段仮証ナリトモ差入置有之度旨及談候処、我輩者本年限リ之総代ナレバ来年之儀ニハ関係不致、来年者来年之総代ヨリ可申出抔与申之候間、不都合之申分ト存シ篤ク及談候処、詰末何レ之証書差入ルニモセヨ我輩之取斗ヒニハ難成、夫々協議ノ上至急挨拶可致旨申之立去リ其侭何等之申聞モ無之ニ付再々及談候処、曖昧之挨拶而已致居リ示談等ハ打捨置、却テ本月六日ニ至リ尚又何等之申出モ無之新規引入口相登セ堀割候ニ付其段及掛合候処、其村方地内浚立之儀本年限リ之惣代而已ト、依之是ヲ見レバ全ク本年之惣代自己勝手之新浚ニ相違無御座候ト奉存候、是尚以暴勢之所為且又爾後ハ勝手ヲ以取斗ヒ候義ニハ無之、夫々　御検査済之上御仕用帳エ基キ用水井筋浚立致候間別段掛合ヲ受ル義無之、若し不都合ノ廉有之ハ其筋エ可相伺抔与ノ申分ニテ今日ニ至ル迄何等之示談モ無之、右者前顕熟談方　御県庁ヨリ御指令モ被為在候処、然ルニ右堰如此之次第ニ御座候而者定テ井筋日論見替之儀ニモ可有之与奉存候、依テハ素ヨリ本村ニ於テハ村方地内ニ関係無之上ハ成田堰組合村々ニ於テ用水引取候ヲ妨障候義ニハ曽テ無御座候間、場所目論見替ニも相成付テハ是迄堀立之水路其侭差置候テハ突然本川ヲ招キ水害ヲ増加シ患愁難堪、雖然リト貧窮如芥之小村ナレバ水防手当之自力モ無御座候ニ付、堀割之水路丈ケヲも平地ニ埋立置申度奉存候間、何卒此段御聞済被成下置度御届ケ奉申上候、以上

明治九年六月十二日

史料6では、それまでの経緯を述べたうえで、成田堰組合のほうで「場所目論見替」（水路変更）をしたのであれば、これまで成田堰組合で掘り立てた水路は埋めてしまいたいと主張されている。

十六日には県吏の実地検分があったが、県吏は、成田堰組合側が堰引入口の掘り割りに際して地元村に届けなかったのは不都合であり、また大麻生村側も訴え出るのが遅れたことは「不念之至り」であるから、双方で熟談すべしとの判断を示した。しかし、六月二十日には、大麻生村の須永政義らが、県のやり方に納得しない村人たちに突き上げられて県庁に行き、あらためて県の判断を催促した。

七月八日、大麻生村ではまた熊谷県に出願を行ない、成田堰組合側の不誠実な対応を非難して、次のように主張している。大麻生村は、村の土地に関係ない範囲では、成田堰組合の用水引取りに故障を申し立てるつもりはない。しかし、これまでのような不誠実な対応をするからには、成田堰組合側では大麻生村地内の土地を必要としていないものと判断せざるをえない。仮に必要な土地があるとしても、条理において尽くすべき義務を尽くさなければ、「其井筋ノ効且権理」はないものと考える。よって、村内に成田堰用水路のごときは決して存在しないものとみなして差し支えない。そこで水害予防のため堀割の水路を埋め立てたいので許可してほしい（三五四八、三五五六）。

さらに、十三日にも、大麻生村は熊谷県に伺書を提出し、①この間成田堰側から何の談判もないが、それは水路が不要であるからに違いない、②大麻生村としては成田堰側に対し、「更ニ要請スル事理ハ無御座、只管條理ヲ公明ニ

シ自有ノ権ヲ全スル専一」なので、八日の願いの主旨を聞き届けて欲しい、と述べている。

成田堰組合側が交渉に消極的なのは用水路が要らないからだという理屈で、用水路の埋め立て許可を求めているのである。しかし、県からは願意は認められない旨を厳しく説諭され、書面は差し戻された（三五五七）。

八月、熊谷県のうち旧武蔵国分が埼玉県に吸収されたことにともない、この事案は埼玉県に引き継がれた。埼玉県の下でも、大麻生村と成田堰組合村々との定約書締結交渉は進められたが、成田堰側では定約書互換を九月五日まで延期したい旨、堤防取締役の大里郡石原村戸長秋山蔚を通じて申し入れたままその後何の連絡もなかった。そこで、十月三日に、大麻生村から埼玉県に、大麻生村の同意がないかぎり、たとえ成田堰側が出願しても村内の掘り割りは許可しないよう願っている（三五四五、三五五八）。こうして、交渉がはかばかしい進展をみないまま、明治九年は暮れていった。

明治十年に入ると、成田堰組合の一部の村々と大麻生堰組合との合併問題がもちあがった（第五節参照）。しかし、水路掘り割り問題が未解決のままだったため、六月十日に成田堰組合側と大麻生村とが立ち会って村境をあらためた際、大麻生村から前年に示した定約書下案についての返答を求めたが、成田堰組合側からの返答はなかった（三五六〇）。

六月十五日に、場所検分に来た県の出役が、もはや用水引き入れの時期も迫っているという理由で、今年の掘り割り着手だけは認めるよう大麻生村を指導した。明治九年と同じ構図がくり返されたのである。大麻生村では、水害の危険性と、これまでの相手方の不誠実な対応を理由に拒否したが、二十六日には、掘り割り着手を認めるよう県から厳命されて、大麻生村もやむなく承知し、翌二十七日に同年の掘り割り着手の件に関してのみ請書を提出した（三五四五、三五六一）。

そして、翌二十八日には埼玉県に次のような内容の願書を提出しようとしている（三五六二）。掘り割り予定地は、現在は荒れ地になっているものの、地券も下付され、再開発の見込みもある場所であり、堀割をされては水害が心配である。また、掘り割り着手には当事者の合意が不可欠である。まして、問題の水路は、ここ一、二年来新規に造られたものなので、なおさら合意が必要である。よって、当事者同士の熟談を経たうえで、県の判断を示してほしい、と。

大麻生村では、七月三日にも願書を作成し、成田堰組合側が、いったん無断で掘割を造ったのをいいことに、それを先例として毎年ほしいままに掘り割りをするようでは困るので、前年来の約定にもとづき早く定約書を差し入れるよう、成田堰組合村々を督促してほしい、と述べている（三五四九、三五六四）。

明治十年に大麻生村から県に出した別の伺書は、花三郎が下書を書いたと思われるものだが、そこには「地券御授与相成候地ハ縦令　御官用タリとも持主ニ無断御引上ケ等無之義与拝承罷在候」、「地券ヲ受領シ貢租ヲ納、所有ノ義務ヲ尽スト雖ヒ其地ノ下等ニ至テハ更ニ民有ノ権ハアルヘカラザルヤ」（たとえ今は荒れ地になっていても、地券が交付された以上私有地であるとの主張）、「用水路ナルモノハ何人ノ所有ヲ問ハス、独リ其便宜ヲ以テ何レノ場所ヲ堀割ルヒ聊差支アルベカラサルヤ、又何等ノ威権ヲ有スルヤ」、などと記されている（七四二五）。

ここでも、史料5と同様、地租改正を経て租税を上納している土地には、土地の実状に関わりなく、絶対的・私的土地所有権が存在しており、その権利は県であっても侵害できないという、近代思想にもとづいた主張が述べられている。

その後、大麻生堰と成田堰との間では、次節でみる成田堰組合分離一件の方に交渉の重点が移っていった。

五　成田堰組合分離一件をめぐる県と村々

1　成田堰組合分離一件の第一ラウンド―明治十年四～五月―

本節で検討する成田堰組合分離一件は、次のような経過をたどった。(18)

まず、明治十年四月に、第十六区水理掛増田五左衛門（堤根村居住）・大里郡熊谷駅（副区長）竹井澹《たん》如が埼玉県令白根多助に提出した意見書には、次のようにあった。

成田堰組合は一駅四九か村で構成され、その旧草高は四四七八八石余であった。明治八年以降、同組合村々のうち「遠郵水縁無之郵々」（水路から遠く、実際には成田堰用水から取水していない村々）が「離組致度」いと願い出ていた。しかし、以後の取水方法や施設・水路の修繕方法などを定めずに「離組」することは困難であった。(19)

そこで、「離組」を希望する村々（「下筋」）は、大麻生堰が組合高三四四八石余の「小高組合」だからということで、「離組」を望まない村々（「上筋」）を大麻生堰組合と合併させようとして、大麻生堰組合にその旨を申し入れた。

しかし、大麻生堰組合側は、小高とはいえ組合村数の増加により用水が不足することを理由に合併を拒否した。

次に、下筋村々では、「相当之資金」拠出と引き換えに「離組」したいと提案したが、これに対しても、上筋側は、荒川は出水のたびに「変瀬」するため定式・臨時の浚《さら》いが必要で、かつ樋の伏せ替えや「水配」に多額の費用がかかるため、万一下筋の「離組」となっては成田堰は「廃堰」にするよりほかないと主張して譲らなかった。その後、扱人が仲裁に入ったが不成功に終わった。

竹井らの考えでは、成田堰組合一同から「定式浚入用」として大麻生堰組合へ入費の助成をする代わりに、今年一年限りためしに大麻生堰から分水してみるのがよいと思うので、それを大麻生堰組合が了承するよう官員が出張して説諭してほしい、と。

この増田・竹井の意見書をうけて、明治十年四月に県庁内で稟議書が回され[20]、最寄りを巡回中の県土木掛矢田唯三を出張させてはどうかという伺いが承認された。

同月、埼玉県第三課は矢田に対して、「改正之今日」につき「水縁無之」村々が成田堰組合を離脱するのは当然との判断に立って、①用水引き入れの季節も迫っているので、早急に示談が行き届きそうもなければ、当面大麻生堰の水を使わせてもらうか、従来の成田堰に手軽な修繕を加えて引き続き利用するか、どちらかを「民望ニ任」せて決める必要がある、②そのうえで「離組」の協議を進めるべきである、との方針を示している。

五月二日に、上筋村々から県令に宛てて、次のような内容の「用水之儀ニ付御願」が出された[21]。今般、成田堰組合のうち下筋村々が「離組」を要求した。その掛けあい中に農繁期が迫ってきたが、いまだ普請にも着手できない。もしも数百年来の組合構成に変化が生じた場合、残された一駅四か村だけでは、掘り浚いや樋の修築に巨額の費用を投じて用水を維持していくことはできない。どうか、私ども駅村が無難に田地相続できるよう何分の御処置をお願いしたい、と。

ここで、上筋村々が、あらためて大麻生堰との合併にも、下筋村々の「離組」にも反対の意思表示をしたのである。五月五日に、埼玉県土木掛は矢田に対して、①熊谷駅ほか四か村は、従来通り組合全体で成田堰を維持することを主張し、「離組」や「隣堰合併」などは非としている、②しかるに、竹井・増田は大麻生堰との合併を主張している、③土木掛も竹井らと同意見であり、玉井・大麻生・成田各堰村々を召喚し、合併論によって合意形成を図るのがよいと判断すると伝えて、その方向での処置を求めている。

そこで矢田は、五月八日に、大麻生・玉井両堰組合の用元・物代・村々戸長らを川原明戸村に呼び出して、次のように説諭した。成田堰組合は、地租改正などにより「組合瓦解ヲ兆シ甚困難」な状況にあるため、一部の村々が他の村々の大麻生堰組合との合併を望んだが、これまで大麻生堰側は不承知であった。しかし、県としては合併が適当と判断する。大麻生堰組合は小さいので、さらに四、五か村加わっても差し支えなかろうし、もし差し支えがあるときは、県官を派出し水配をするので問題はない、と（三五六五―二）。

これに対して、翌九日、大麻生村小前惣代二五名、立会人六名が、水不足の懸念があることと、水路の拡張により潰れ地が生じたり、両岸の田畑が「潤水之患」に遭うことを理由に、合併に反対してくれるよう、大麻生堰組合の代表に申し入れている（三五六五―三）。

矢田が試みに今年だけでも合併してはどうかといったが、組合村々は承知しなかった。そこで、矢田は、県庁の方針をふまえて、同年は従来通りの用水利用形態とし、一方で合併・「離組」の協議も進めることにして、それでよいかどうか県に伺うとともに、その旨を竹井・増田に通知している。

五月十三日に、大麻生堰組合五か村の戸長・副戸長ら（このときの大麻生村戸長は古沢花三郎と須永政義）は、県土木掛に対して、今般、①成田堰組合のうち六、七か村を大麻生堰組合に合併して、成田堰組合を廃止すること、②試験的に今年は県吏が引水の差配をすること、が県から提案されたが、大麻生堰組合側では、各村の小前を含めて相談した結果、組合村々が総じて「石砂地」で水もちが悪い土壌のため毎年水不足に悩まされていることを理由に、この提案を断る旨返答している[22]（三五六五、三五六六）。

五月十五日に、県第三課第三分掌では、合併交渉が不調である以上、上筋村々は成田堰から取水する以外にないが、下筋村々が成田堰の修営を上筋村々に任せて協力しないのではないかと「心痛」していると述べて、費用負担の折りあいがつけば成田堰の水路修営を進めてほしいと矢田に伝えている。

その後、五月十八日付で、矢田は県第三課第三分掌宛に、次のように進達している。矢田が、関係村々を行田《ぎょうだ》町に召集して、「到底組合村々之協義上ニ不出候半テハ離組モ被行間敷」旨を述べて、以後も「離組」交渉を続ける旨の請書を取ろうとした。すると、成田堰組合を構成する熊谷駅ほか二七か村、一四・一五両区八か村、一七区一四か村の三者が、それぞれ異なる内容の請書を差し出したいと主張してまとまらなかった。いかに説得しても、一四・一五・一七各区村々は納得せず、自分たちの下案通りの請書が認められないなら修営人足を出さないと主張した。一方、修営を加えなければ支障が出る上筋村々の側は、成田堰組合の名義がある以上はこれまで通り組合全体による修営を願いたいと申し立てた。自分（矢田）は、今年の修営がうまくいかなければ、「引用之村々気配ニ拘リ万一不都合ヲ醸シ候も難計」いと心痛しているので、「御評義上席江御伺之上何分之義断然御達相成候様」お願いしたい、と。

村々が「不都合ヲ醸」す可能性に対する矢田の心痛は、けっして杞憂ではなかった。明治十年は深刻な渇水状況となり、前述したように同年七月には、大麻生・玉井両堰組合村々の小前たちによる実力行使事件が起きるのである。

2　成田堰組合分離一件の第二ラウンド―明治十年十月～十一年三月―

明治十年十二月十六日、川面《かわづら》村・箕田村・屈巣《くす》村・前谷新田・和田村・皿尾村の六か村の戸長・副戸長ら六名から埼玉県令白根多助に宛てて、「成田堰分離之儀ニ付御所分願」が提出された。この六か村は、成田堰組合からの「離組」を主張している村々である。(23) 願書の内容は、次のとおりである。

明治十年二月に「離組」の話しあいをしたときには、六か村側は高一〇〇石につき金三円までは示談金を差し出すという提案をした。その後六月には、県から、農繁期が迫ってきたので今年については組合全体で普請に取りかかるようにと説諭をうけたため、普請を行なった。そして、十月三十日には、上筋・下筋村々惣代が県に呼び出されて、「一層協和之示談可遂旨」を言い渡された。

そこで、十一月十六日に、上筋・下筋惣代と水理掛長谷川忠八とが集まり、その席で下筋惣代は、前記の額（一〇〇石につき三円）から同年の普請費用を差し引いた五六三円余を示談金として提示した。同二十一日にも、上筋・下筋惣代と水理掛長谷川忠八・増田五左衛門が会合したが、上筋惣代は趣意金（示談金）として八〇〇〇円を要求したため、金額の開きが大きく交渉はまとまらなかった。水理掛が双方に今一度各筋内部での相談を求めたので、同二十五日に下筋村々が相談したが、①今年は旱魃だったが用水にいささかの支障もなかった、②逆に成田堰用水路からの水害を被る心配が常にある、③「方今百事御改正之際過分之助合金」を出すいわれはないので前記の金額以上は出せない、といった意見が出た。上筋惣代も、趣意金の要求額を減額することはできないといったので、交渉は決裂した。県の意向で、十二月十日に、上筋・下筋惣代に各区区長・水理掛も加わって再度相談したが、やはり議論は平行線であった、と。

六か村の願書においては、以上の経緯に続いて、六月中に上申しておいたとおり「御県庁ノ御所分ヲ奉仰」たいと記されている。

「離組」に反対する熊谷駅ほか八か村も、十二月十二日に、肥塚・箱田両村戸長を惣代として、「此上下方おゐて熟議可仕様モ無之候間不得止御県庁於テ何分之御所分奉仰」たい旨を、埼玉県令に上申している。

水理掛長谷川忠八・増田五左衛門や関係各区の区長・副区長らも、県令に、過般より「上下村々惣代江協和示談可遂旨再応懇篤談判」に及んだが、双方の主張に隔たりがあり、このうえわれわれが「精々解諭」しても解決の見込みがない旨上申している。

十二月二十七日には、熊谷駅ほか八か村が、惣代埼玉郡池上村ほか三か村戸長・副戸長四名の名で、県令に「荒川通成田堰脩繕費　従明治元年至明治十年十ケ年取調」を差し出したが、そこでは次のように述べられていた。

①明治元〜十年の平均で一年分の修繕費は一二六二円八三銭九厘、これを一か年に八朱利として元金を出すと一五七八五円余となる。そのうち熊谷駅ほか八か村の分が四二一〇円、残る四一か村の分が一一五七五円である。

②この一一五七五円を根拠に示談金一〇〇〇〇円を算定し、そこから二〇〇〇円を減額して、八〇〇〇円というこ

とで示談にしたい。

③上記の金額は春の定式普請の費用のみで、ほかに夏の増水時に「用水専用ノ村々ニテ浚立」る費用など、「惣組合割賦ニナラサル臨時ノ費用」が多くかかる。逆に、渇水時にも多額の費用を要する。

④「残存ノ村落」（上筋村々）は、従来の重い負担に加えて、「離組」が実現すれば今後さらに負担が増加することが予想され、「実ニ困苦ニ堪サル」状況である。

⑤分離を求める村々は「数百年来ノ慣習」を破るとともに、「開明ノ条理」「自由ノ真理」に反している。

⑥分離を望む村々は五〇〇円の示談金を主張しているが、その根拠を明示してほしい。

⑤、⑥については、史料の該当箇所を掲出しておこう。

史料7（埼玉県行政文書　明一七〇二―二）

分離ヲ欲スル村々ハ片言ヲ主張シ数百年来ノ慣習ヲ破リ残存ノ村々ニ夥多ノ損失ヲ負セ候ハ開明ノ条理ニ反シ勝手ノ儀ヲ望モノナレバ、自由ノ真理ニ基キ他人ニ損害ヲ与ズ己ノ自由ヲナスニハ彼此ノ損益ヲ計リ前書ノ計算ニ基キ相当ノ示談及可然義与存候、然ルニ僅ニ五百円ノ金ヲ出シテ分離ヲ乞トハ何等ノ目途ヲ立テ然ルモノカ、是全他人ノ損害ヲ顧ズ己ノ勝手ヲ恣ニシ専ラ利益ヲ貪ルモノ欤ト存候、私共村々ヨリモ前書ノ如ク示談ノ根拠書上候得ハ、分離村々示談ノ目途ハ何ニ依テ然ルカ御尋問被成下、私共ニ於テモ為心得承知仕度奉存候

さて、翌明治十一年二月五日になって、熊谷駅戸長大竹貞時代書記瀬戸僚次郎が埼玉県令に、次の内容の「御請書」を提出している。

下筋村々との成田堰「離組」一件の示談が不行届きのため県庁の処断をうけたい旨の書面を、明治十年十二月に提出したところ（前述）、今般県に呼び出され、①この件は「其筋（内務省）江伺ノ上断然御処分ニモ可相成候得共」、下筋村々が用水は不要だと主張していることもあり、万一「分離之御沙汰」になった場合には、離組村々から「兼テ

示談之主意金等」も受け取れなくなる可能性がある、②「御指令」が出たあとで後悔しても遅いので、ほかの村々とよく協議したほうがよい、といわれた。よって、帰って相談して、二月十二日までには必ず結果をご報告したい、と。

そして、熊谷駅ほか八か村では、「一同集議反覆弁論仕」ったが、もはや上陳することもないので、「偏ニ御処分相待」つ旨を、二月十六日に県に上申している。

この間、明治十一年一月二十二日には、県も一応の結論を出し、県令から国への上申書の文案を作成して稟議にかけた。この上申書は各担当者の決済を経て、二月二十日付で内務卿大久保利通に提出されたが、それは次のような内容であった(24)。

明治七年に持田村ほか四〇か村（下筋村々）が「無益之割賦出金難儀」を理由に「離組」を願い出たが、熊谷駅ほか八か村（上筋村々）は承知しなかった。明治十年五月にも、下筋村々が「離組」を願い出たため、掛りの官員を派遣して実地検分したところ、下筋村々が成田堰用水路から取水していないことが明瞭となった。そのうち「養水肝要」の季節になったので、同年は従来どおり普請をするように下筋村々に説諭を加え、普請は落成した。ところが同年は降雨が少なく、成田堰は荒川四堰（奈良・玉井・大麻生・成田）の末堰だということもあって水が来ず、属官を派遣して「水配指揮」をさせたものの、上筋村々では「無仕付」の田が多く生じた。これに反して、下筋村々は用水が潤沢であった。その後も「離組」についての示談を続けたが、上筋村々は「離組」を拒否し、組合内部での合意は困難な状況に立ち至った。そこで、双方から県庁の「所分ヲ受度旨」が表明された。県としては、「目今民費減省方詮議中且地租改正ノ今日」において、下筋村々に「旧慣ニ因リ離組不相成旨條理ニ於テ難申渡」い。ついては、下筋村々には「離組」を、上筋村々には自力で「普請維持ノ方法可相設旨」を申し渡そうと思うが、それでよいかどうか御指揮を仰ぎたい。

そして、この上申書は、三月八日に大久保利通により裁可された。

これを受けて、三月十一日に、県から村々に出す「御指令案」が作成され、稟議にかけられた[25]。「御指令案」は、下筋村々へは成田堰「離組」を許可し、上筋村々へは以後は自力で「普請維持之方法」を設けよというもので、当然ながら内務省へ上申したとおりの内容であった。翌十二日に、埼玉県令白根多助名で「御指令案」のとおり双方にいい渡されて、この一件は最終的に決着をみた。

六　水路修繕費用問題と地価低減運動

1　奈良・玉井・大麻生三堰組合の修繕費用をめぐる問題

本項では、奈良・玉井・大麻生三堰組合の修繕費用に関する問題についてみていきたい。

明治十年二月三日に、埼玉県令白根多助が内務卿大久保利通に次のような上申を行なっている[26]。

奈良・玉井・大麻生三堰は「旧忍領差配場ニテ従来自普請所」であった。しかし、奈良堰は安政六年（一八五九）に「歩通官費給与修営」、明治二年（一八六九）に「皆官費修覆」がなされ、玉井堰も嘉永四年（一八五一）に「旧領主・地頭出金修営」、明治二年に「皆官費修覆」がなされ、さらに大麻生堰も嘉永六年に「旧地頭高割出金修営」がなされた。すなわち、自普請所とはいいながら、普請費用の全額または一部を領主が支出しての普請が明治初年まで一度ならず行なわれてきたため、明治初年の時点で三堰組合村々側では、旧幕時代以来各堰は「皆官費又ハ歩通官費」で修繕すべきものという認識をもっていた。

そして、明治九年に組合村々から、堰の腐朽を理由とした「官給修営」の出願がなされた（三六一五—一九）。しかし、埼玉県としては、明治六年の河港道路修築規則第三則に照らせば官費給与は困難で、民費負担が当然であると判断し（内務省の許可が得られなかったこともある）、その旨を組合村々に「懇篤」「説諭」に及んだ。だが、「従来臨時官給」の実績があったため、村々においては三堰は「官普請所」であると認識しており、さらに堆積した石砂の除去に毎年多額の経費がかかることもあって、組合側ではあくまで官費給与を嘆願した。

県としては、自普請所への官費給与は「御改正之今日」不都合であるとは思うが、過去に「臨時官給」の事実もあり、名目上はともかく実質上は官普請所同然であって、通常の自普請所とは異なっていると考える。さらに、圦上堤が荒川の川除堤の役割も果たしている。如上の判断にもとづいて、「民情御洞察之上一周歳経費金之内ヲ以歩通官費給与」の許可と、あわせて組合村々から願い出のあった、玉井・大麻生両堰の民費負担による「樋形更正」の許可を申請したい(27)。

以上が県からの上申書の主旨であるが、同年二月十五日付の内務省からの回答は、官費支給は聞き届けがたいというものであった。すでに明治七年以降、政府は土木費用の国庫支弁対象を港湾土木などに限定しようとしていたのである。

上申の却下を受けて、これまで官費で修繕してきた場所も以後はすべて民費で修繕しなければならなくなった旨を、県から組合村々に伝えて出金方法を協議したが、組合村側は「昨今地租改正ノ諸費相嵩候折柄」出金は難しいと主張した。二月二十四日に、三堰惣代らは県に、各堰五〇〇円ずつを、県税のうちから無利息五か年賦で拝借したいと願っている。その後、圦樋伏替のため、玉井堰に三七〇円、大麻生堰に三五〇円を、同年十二月二十五日まで無利息で拝借したいという内容に要求を変更し、これは三月六日に認められた。しかし、返済期限が迫った十二月に、三堰側では、同年の旱魃による凶作を理由に翌年までの返納延期を求めるとともに、あらためて今回の伏替に対する官費支給を願い出た(28)。

この嘆願をうけて、明治十年十二月に、埼玉県令白根多助から内務卿大久保利通に、次のような内容の再上申書が出されている(29)。

このたび県で事情を調査したところ、享保年間から明治二年まで、伏替はもちろんわずかの修繕までも「皆官費或ハ御手当等ノ名目ヲ以修繕仕来」ったことが、年々の出来形帳から確認できた。内務省では、出来形帳上での「御手当」などの「明文称呼」により、これをも自普請所とみなされるのであろうが、称呼は異なっても実態としては「官費支給之場所」である。その実態をふまえて、今回は特別に官費の支給を許可していただきたい。

これに対する明治十一年一月二十三日付の内務卿大久保利通の回答は、①本来これは「田地灌漑之樋類ニシテ河港道路修築規則民費之部分ニ付」容易には聞き届けがたいが、特別に今回に限り許可する、②今後は民費で修繕する方法を設けよ、というものであった。

これをうけて、二月五日に、玉井・大麻生両堰組合の惣代・用元が県令に請書を提出した。そして、大麻生堰組合では、川原明戸村地内元圦樋伏替修営費用として官費から給与された三五六円を、県からの拝借金三五〇円の返済に充てた。

このように嘆願は成功したが、一方で以後は民費での修営とされたので、三堰側では手放しでは喜べなかった。もっとも、明治十二年四月にも、川原明戸村字大ケ島にある、大麻生・川原明戸両村の用水の筧の修繕が官費によって行なわれている例がある（四〇一六—三）。

しかし、政府は、明治十四年から府県土木費への国庫下渡金をいっさい廃止してしまった。その後の経過については、次項で検討したい。

2　三堰組合村々の地価低減運動

本項では、大麻生堰組合の地価低減運動についてみていきたい[30]。同組合の地価算定をめぐる経緯は、以下のようなものであった。

同組合は荒川の洪水の被害を頻繁に受けるため、用水路維持に多額の経費を要していた。しかるに、明治九年十月の県甲第八〇号布達「人民心得書」追加条（地租改正時の地位等級査定の際に引水のための労費を斟案すべき旨を記したもの）によれば、用水費は別扱いとし、一般の収穫割当終了後地価計算時に用水費についての斟酌を加えて地価を低減することとされていた[31]。よって、大麻生堰組合村々では当然地価は低減されるものと期待していた。ところが、明治十一年十月に低減を認められたのは備前渠用水組合の各町村だけで、大麻生堰組合村々は用水費が少額であるとの理由で低減を認められなかった。

明治十一年十一月、奈良堰用元兼下奈良村副戸長山川理三郎から玉井堰用元兼代村副戸長代島忠義、大麻生堰用元（物代の誤りか）兼大麻生村戸長須永政義に対して、備前渠用水組合同様の地価低減を願う相談をしたい旨の申し入れがあり、それを受けて三堰の惣代で協議し、次いで各組合内で評議した（四五）。そして、各組合でそれぞれ願書の下案を作り、それをつきあわせて一つにまとめて関係五区（第八大区一、二、三、六小区、第一五区）の副区長にみせ、さらに三堰組合各村の正副戸長・地主総代が内容を確認し（三六一五）、その後五人の副区長の奥印を得た（三六〇三）。このとき、大麻生堰組合では、田一反当たりの用水路費を、明治二～十一年の平均で一円三二銭四毛と計算している。

請願にあたり、三堰組合では総代人を選挙したが[32]、十一月付の総代人への委任状には以下のように記されていた。埼玉県庁による改租事業は「兎角圧制ノ弊ヲ脱セザルガ如シ」。備前渠と三堰とは用水路修営費用において伯仲しているにもかかわらず、一方にのみ地価低減を認めるのは道理がない。さらに、当地方の改租額は「非常ノ収斂ニ相当」り負担過重である。県庁が今回の出願を斥けたならば、県庁の添簡を得て地租改正事務局に出願することとし、もし添簡が得られなければ直接地租改正事務局に出願することを委託する。「必ス半途ニ挫折シテ志願ノ貫徹セザル如キアラハ我輩ノ甚タ遺憾トスル所ナリ、今般ノ出願モ民命休戚ノ係ル所ニシテ至重至大ノ人要件ナレバ各方ノ大奮発アラン事ヲ企望ス」、と（四五）。

そして、十一月二十二日に、奈良・玉井・大麻生三堰組合村々の戸長・副戸長・地主総代が埼玉県に、三堰とも年々土石で水路が埋まり、浚い立てに多大の費用と労力を要することと、水路が長大で村々から用水引入口まで遠距離であることを理由に、地租改正に際して水路維持費用を斟酌して田地の地価を算定してほしい旨を出願した（三七四二、三八六七）。

さらに、十二月十一日にも、三堰組合村々は、実際の経費を再調査したうえで県庁に低減を嘆願した。嘆願書では、①組合村々の人民が「耕耘ノ一筋」で生計を立てていること、②用水の修営に難渋するのは、i 荒川の流れが激しく毎年水路が埋まること、ii 用水の引入口から遠い村が多いこと、iii 水路が長大で浚渫が困難であることなどによること、③これまで大普請の際には、「皆官費或ハ歩通御救与」をいただいてきたが、以後樋の伏替などをすべて民費で行なうことになれば莫大な負担となるので、水路労費についてはどうか御斟酌いただきたいなどと述べられており、十一月二十二日のものと共通する内容であった（三七五一、三七三〇）。

しかし、この願いは、水路維持費用の調べ方に疎漏の廉があるとの理由で下げ戻しとなった。そこで、村々で再調査のうえ、明治十二年一月に再度嘆願したが[33]（三六一〇）、このときも各帳簿間の金額に齟齬があるなど、十分県を納得させるような数値を提示することはできなかった[34]。

そこで仕方なく、第一期だけは普通の計算法により地価を算出して地租改正作業を終え、第二期の改正を待って軽減を要求することとし、明治十二年二月二十日に、奈良・玉井・大麻生三堰組合村々惣代（古沢花三郎も惣代の一人）から埼玉県令白根多助に「地租改正之儀ニ付御願」（三六〇八、三七四六）を提出した。その内容は次のとおりである。

上記三堰用水路は「近郷無比ノ難場」で毎年巨額の経費がかかる。これまでは「田畑屋敷山林等一体ヨリ支出ノ慣習」であったが、地租改正により「田方一途ニ限リ負担」するほかなくなり、以後の用水路維持がいっそう困難になることは間違いない。そこで村々では、官からの用水費補助がなければ水田は荒廃し農民は破産する旨嘆願したが、県からは、第一期改租結果が奏上済みであり、かつ「従前ノ慣習ニテ実際消費中遺捨ニテ帳簿ニ登ラズ、謂ユル不文ノ費用ニシテ成文ノ費用ニ伍シカタキ類モ有之、彼是目今御詮議難及旨」の説諭があった。しかし、「近郷無比ノ難場用水」であることは確かなので、地租第二期改正時の地価算出に際しては「用水路労費」について斟酌していただきたく、あらかじめお願い申し上げる。

これに対して、同年二月二十一日、埼玉県令白根多助は、願いの趣は該費用調書を確認できないため詮議に及びがたいので、第二期改正の際に明瞭な確証をもって詮議を受けよと指令した（三六〇八、三六一四）。

そこで三堰側では、同日、次に掲げる「用水路調理会社創立議定書」（仮社則）を作成した。これは、古沢花三郎が草案を作成したと思われるものだが、その冒頭部分を次に示そう。

史料8（三七四九・三七四〇）

用水路調理会社創立議定書

奈良玉井大麻生三堰用水路ノ儀ハ近郷無比ノ難場ニテ年々ノ経費非常ノ巨額ニ登リ、従前田畑屋敷山林一体ヨリ支出ノ慣習ナリシガ、地租改正ニヨリ更ニ田方一途ニ限リ負担セザルベカラズ、然レバ用水路ノ維持ヲ従前ニ比スルニ将来数層ノ困難ヲ増加シ、此ニ由テ之ヲ観レバ此侭人民ノ独力ニシテ年々費額巨人ノ用水路ヲ維持セントスル洵ニ至艱ナリ、左スレハ数年ノ後チ民力悉ク凋弊シ井筋頽廃田面荒蕪ニ帰シテ人民比々倒懸ノ惨状ヲ現出セントス

この議定書には、以下のことが記されている。①従来用水路維持費は田畑・屋敷・山林全体に賦課する慣習であったが、地租改正により田方のみの賦課となった。これにより、以後はいっそう用水路の維持が困難になると思われる

（以上は史料8として掲出した部分）。②備前渠組合が地価軽減を認められたのに、三堰組合が認められなかったのは、「当地方未夕草昧不文ノ慣習」のため、帳簿に記載されない経費が多く、記録が不備だったことによる。そこで、以後は水路維持にかかった経費を正確に記録して、第二期改租の時に地価軽減を実現するために、会社を設立する。③三堰全体に関しては、各組合から二、三名の委員を選び、委員は毎年帳簿を点検するなど、用水費の支出をチェックする。④各堰のそれぞれに関しては、各堰の経費取調のため、各村に一名ずつの委員をおく。各堰では、用元・総代らが中心となって帳簿を整備する。⑤各村に関しては、一村限りの用水路費用取調のため各村に委員二名をおく。

①から、地租改正が用水組合に与えた影響の大きさをみてとれる。ただし、この用水路調理会社が実際に発足したかどうかは確証がない。

その後、村々では第二期の改租を待っていたところ、明治十三年に改租延期となり、やむなく明治十八年の改租期を待つこととした。ところが、明治十七年に地租改正条例が廃止され、新たに地租条例が発布されたため、地価修正ができなくなってしまった。明治二十二年十二月には、政府が各府県田畑の地価特別修正を認めたことを契機として、大麻生堰組合五大字の田主惣代らが埼玉県に、「用水費酌量地租低減之儀ニ付建言」（三八六八）を提出している。

このような経緯を経て、明治二十五年六月、大麻生堰用水組合町村（大麻生村大麻生・同広瀬・同小島・熊谷町石原・玉井村久保島・三尻村三ケ尻の、一町三村内の六大字）の田地所有者らは、古沢花三郎・森田祐造・富田作次郎を請願人惣代にして、用水経費負担の過多を理由に、同堰組合の水田に限り地価特別低減を国に請願した。また、同月、大麻生堰用水組合の各町村の請願人（田主）四七七名から衆議院議長星亨宛に「用水費斟酌地価特別低減之儀請願」が出された[35]（三八七五）。それに付された「参考書」（一六四九）では、次のように主張されている。①本堰組合の水田には高額の地租がかかるうえに用水費も多額で、「他ニ比類ナキ苛重ノ負担ニシテ如何トモ難堪」い。かつ、隣郡の備前渠用水組合は特別低減の措置を受けているのに、本堰組合のみ軽減の特典を受けられないのは不公平であり、地主一同何とも嘆かわしい。②本堰組合の水路費は平均田一反当たり九九銭四厘七毛九糸強で備前渠組合の八〇銭八厘九毛弱より多い。速やかに修正を加えなければ「租ハ偏軽偏重ノ弊ニ陥リ、良田変シテ荒蕪ニ帰スル」であろう。これは、「独リ地主ノ不幸ノミナラズ延テ国家ノ福利ヲ傷フニ至ラン」。③しかるに、このたび帝国議会において特別地価修正が議論されることを知り、ここに請願する次第である。特別地価修正実施の際には、組合水田総反別二九八町七反三畝八歩について、地価減額・地租軽減を図ってほしい。④具体的には、明治十一～二十二年までの一二年間の年平均土功費（人夫賃銭・諸色代）二九七一円七六銭九厘の三分の一に当たる九九〇円五八銭九厘を、組合町村の田租金総額五四八四円四三銭二厘から引いてほしい。そのためには、総地価金二一万九二七七円二九銭六厘から三万九六二三円五六銭を減額する必要がある。

しかし、この請願は取り上げられず、明治三十二年一月にもまた大蔵大臣に地価特別低減の請願がなされている（三八七七）。

おわりに

ここで、各節で述べた内容をまとめておこう。

まず第一、二節。当地域では、享保期に地域的水利秩序の大原則が確立した。近世的水利秩序は、幕府・忍藩・大久保氏（個別領主）の重層的管理を特徴としており、とくに個別領主の存在が近代とは大きく異なる。また、慣行を変更するには関係村々からの合意を得る必要があった。

明治維新を迎えて、村々の間には「御一新」への期待が高まったが——実態に合わせた負担形態の変更など——現実は必ずしも期待通りには進まなかった。変化を求める村々とそれを拒否する国という構図が、明治維新期における地域社会と国家の関係の一側面であった（従来は逆の構図が強調されがちだったが）。また、国と県との対応には温度差—地域の意向に配慮する県と、全国一律の原則を貫こうとする国—がみられた。

大麻生堰組合のような小さな用水組合においては、近代に入っても、組合の運営面などでは近世の体制を基本的に踏襲するなど、組合のあり方の大枠では近世との連続性が強かったが、他方、組合経費の負担方法や組合に属する耕地の範囲などには無視しえない変化が生まれていた。近世中・後期の用水秩序が享保二年の裁許にも規定されて固定的だったのと比較すると、明治になっての諸変化は注目されよう。

次に第三、四節。近代においても、近世以来の慣行が生きていたことは事実である。そのなかで、渇水時には、村役人と小前との対応の差が顕在化した。小前層は、ともすれば実力行使によって問題を解決しようとした。また、田地所有者と村人一般との二重化も生じた。村役人層は、明治十年の大麻生村の場合のように、違法を承知で村々の小前との共同歩調を優先したが、一方で最終的には県に依存しなければ事態の解決は困難であった。しかし、県も必ずしも村役人層の思い通りに動いてくれるわけではなく、そこに県の立場をも相対化する必要が生じてきた。そして、その際の論理として近代思想が活用された。政府・県によっても侵すことのできない私権としての所有権という論理である。ここには、近世と比較して、権利の正当性を主張する際の論理の変化がみられる。近代的私有権思想が、県の介入を排除し村の既得権を守る武器として使われているのである。そこでは、県の不当な介入が強調されており、県に何をどこまで求めるかの新たな線引きが必要となっていた。古沢花三郎は、第六節2でみたように用水路調理会社構想においてもイニシアティブをとっており、彼は自ら学んだ近代思想を村のために活用していた。ここに、豪農・地方名望家において近代思想のもった意味の一端があらわれていよう。地方名望家は、村・地域の理論家としての新たな役割を期待されていた。

村落指導者層が身につけた近代思想は、困民党事件の際にみられたように、自己の私有権を絶対視して民衆と対立する方向において活用されただけではなかった。近世以来の村の用益を確保するための武器としても用いられたのである。ここから、近代と伝統・慣習との複雑な関係の一端をうかがうことができる。

第五節では、以下の点を明らかにした。

①明治期には、用水組合を構成する村々のなかにも意識の相克が存在した。すなわち、「数百年来」の慣行を主張する村々と、「方今百事御改正」の折から慣行の改変を求める村々との対抗である。そして、双方から県の判断が求められた。

また、前者の村々にあっても、慣行維持の主張とともに、相手方が「開明ノ条理」「自由ノ真理」に背いているという新しい論理を併用していた。「開明」「自由」の主張は時代の思潮であり、ひとり古沢花三郎や民権家だけのものではなかった。

さらに、「従来ノ慣行」とされるもの自身もその内実が変化していた。たとえば、明治十九年の水利土功会設立に際して、大里・幡羅・榛沢・男衾郡長と北埼玉郡長が、成田堰の水利土功区域について、「従来ノ慣行ニ依リ」組合町村灌水反別取調書を提出しているが、そこに記されているのは、成田堰組合分離一件の結果、組合に残った熊谷宿ほか八か村だけであり、近世以来の成田堰組合の範囲とは異なっていた(36)。

②明治期には、用水組合とそこに含まれる個人との間に距離が生まれてきた。組合村と地方名望家との関係が微妙に変化してきたのである。そのことは、熊谷駅に住みながら、成田堰組合分離一件では熊谷駅をはじめとする「離組」反対の村々とは異なる主張を行なった竹井澹如の姿勢に明瞭に表れている。もっとも、古沢花三郎の場合は、基本的に大麻生村や大麻生堰組合の利害を代弁して行動している。

③次に、県の姿勢をどう評価するかという問題がある。

i）まず、県は「民望」を非常に重視していた。県は、争いに際しては、くり返し双方に示談を求め、また各区区長・水理掛に仲裁を命じた。そのうえで、当事者双方からの要求があってはじめて自ら判断を下した。そして、県としての結論の大枠が固まって以降も、その内容をあらかじめ当事者に暗示して再考を促すという念の入れようであった。その基底には「不都合ヲ醸シ」かねない民衆の圧力があったのである。

ⅱ）県は、成田堰組合分離一件では、地租改正をうけて、用水利用の実態に即した組合構成変更の方針を明示し、竹井澹如らと共同歩調をとった。しかし、それをゴリ押しはせず、大麻生堰組合の意向をうけて方針を修正するなど柔軟な対応をとった。ただし、「目今民費減省方詮議中且地租改正ノ今日」において「旧慣ニ因リ離組不相成旨條理ニ於テ難申渡」い、という基本線は堅持し、応益負担の原則に立って近世以来の慣行を改変していったのである。

ⅲ）第六節1でみたように、県は、近世以来の慣行に則って事態を解決しようとする場合もあった。「御改正之今日」だからということで、明治政府の方針を一応は尊重しつつも、実態を直視し、それにもとづく組合村々の要求を実現させようとしたのである。しかし、慣行の維持は簡単ではなく、そこに県と明治政府との相克も生じたが、政府も最終的には県の方針を許可するにいたった。

その際、組合村側は「昨今地租改正ノ諸費相嵩候折柄」を理由に、旧慣どおりの官費給与を求めた。新情勢を理由に旧慣の維持を要求したのである。ここに、「先例」と「新儀」との複雑な関係をみてとれよう。村々は、慣行の維持を求める場合もあれば、旧弊の一新を主張する場合もあり、国・県も、新政策を断行することもあれば、村々の新たな要求を拒絶することもあったのである。この点は、第二節での検討からもいえることである。

最後に第六節。地租改正以降、水利費が田のみに賦課されるようになり、賦課基準が石高から地価金に変わった。ここに、地租改正の影響の大きさが示されている。また、地価算定の際に用水施設維持費が控除されなかったことが、のちの地価修正運動の発生原因となった。

さらに、村単位でも個人単位でも応益負担原則が浸透し、国や県の水利費支出が期待できない状況下で、近世以来の既得権の確保を図る村々は、状況に応じて論理を使いわけていった。また、第二節でみたように、水利費負担地域の変更など水利組織の枠組みにも変化がみられ、村（大字）の一部のみが水利組合に属するという事態も生じた。村が水利組合の構成単位になるという、近世以来の村々組合の原則が部分的に改変されたのである。

以上により、近世・近代転換期における水利関係の変化と継続の具体相をある程度示しえたと思われる。地租改正をはじめとして、明治期に入ってからの変化は村々にそれなりに大きな影響を及ぼした。そのなかで、豪農・地方名望家にも、新たな思想形成と実践が求められたのである。

註

（1）　昭和二十四年（一九四九）、土地改良法の制定により、普通水利組合、耕地整理組合などが土地改良区に一本化された。土地改良区は、土地改良事業の実施団体であると同時に、土地改良施設の管理団体でもあり、ここに事業と管理の組織主体がはじめて法的に一元化された。

なお、以上の記述は、森実『水の法と社会』（法政大学出版局、一九九〇年）、玉城哲・旗手勲『風土』（平凡社、一九七四年）、玉城哲「日本農業の近代化過程における水利の役割」（玉城哲・旗手勲・今村奈良臣編『水利の社会構造』東京大学出版会、一九八四年所収）、『新編埼玉県史　通史編五近代一』（埼玉県、一九八八年）四四二頁以下による。

（2）　これは、『武蔵国大里郡大麻生村古沢家文書目録』（その一）～（その三）（国文学研究資料館史料館、一九九二、一九九六、二〇〇三年）における整理番号である。本章で古沢家文書からの出典を示すときには、本文中に整理番号を記す。

（3）　忍藩による一円的管理体制については、大谷貞夫『江戸幕府治水政策史の研究』（雄山閣出版、一九九六年）第四章第一節、貝塚和実「近世普請組合の機能と性格」（『埼玉県史研究』一七号、一九八六年）を参照。

（4）天保八年の用水争論については、『新編埼玉県史　通史編四近世二』（埼玉県、一九八九年）六一二頁以下に詳しい。
（5）五八七〇、五八七一では「爾来租費償却之資本」とある。
（6）三九七六によれば、明治八年二月十二日に、三か村からの一〇円の出金と引き換えに三か村に返されたという。いずれが正しいかは、不明である。
（7）前記明治六年一月の一三両はここに含まれるか。
（8）前記の「趣意金」一〇円から諸経費を差し引いた残額か。
（9）元地主に賦課される明治八年分の貢租金・費金（区村費）のことと思われる。
（10）明治六年以降も、元地主が税費を弁納してきた。
（11）前述した「誓約書」の下案には、次のようにある。

久保島地内の玉井堰井筋以北の水田は、古来大麻生堰組合に属し、明治十二年二月の改正規定においても古来の慣行のごとく大麻生堰の組合区域に加わっていた。しかるに、同耕地の用水は実際には玉井堰から引いているが、それには謂われがある。玉井・大麻生両堰は開創のはじめより「兄弟ノ関係」、「同体ナルモノ」のごとき関係にあり、「中古以来其引入井筋」を共用し、互いに水を融通しあっている。大麻生堰の水を玉井堰組合の新島村ほか数か村が引用しているし、逆に、数百年間久保島村は数十町歩の水田に無償で玉井堰の水を引用してきたのである。

ところが、明治十九年以来、久保島村は玉井堰以北の田地の分については大麻生堰組合に対してまったく経費の負担をしていない。これは、徳義上からも道理上からも「不当ノ甚シキモノ」である。われわれ四大字の田主らが今般このことを発見した以上、速やかにこれを是正しなければならない。そこで、このたび水利組合条例実施、水利組合組織会開催にあたり、四大字の田主らは一致共同して「権利義務ノアル処ヲ明カニシテ正当ニ復帰セン事ヲ務ムベキ」である。

以上の記述から、誓約書が結ばれた直接の契機が久保島村の経費負担問題であったことがわかる。また、大麻生堰組合において、水利組合条例にもとづく水利組合の結成が視野に入れられていたこともわかる。
（12）その際には反別と地価の両者を勘案した。
（13）個数の増減は各村の水田の多少による。ちなみに、五か村の田の総反別は三七一町九反七畝七歩であった。

これを受けて、大麻生村では、明治十二年三月に田主の協議により「用水札組改正元調帳」（三七三七、三七三九）を作成し、以下の諸点を取り決めている。なお、このとき田主は八八人、ほかに戸長二人・副戸長四人・総代人四ないし五人であった。

①従来組合割となっていた諸色代・雑費は、田方地価額を基準に割賦・出金することとする。

②人夫差出方は、総数の半額を改正田反別、半額を改正田地価額に応じて差し出す。

③大麻生村の田反別は四五町五反二八歩（改正前は二三町九反余）、地価金三六七六〇円一一銭七厘（三六七六三円五四銭ともあり）で、これによると反当人足一九人一分、地価当人足一九人五分、合計三八人六分が定額となる。

④大ケ島・西川原・遠西の三字は従来奈良堰から取水してきたが、各堰の改革が行なわれ、奈良堰への組み入れが決まるまでは、これまで通り大麻生堰に人足や諸経費を出すものとする。

⑤大麻生村分の定額人足（「大麻生堰用水路修繕人足組合割賦本村ノ定額」）三八人六分を札二〇〇〇枚とし、うち一〇〇〇枚を改正田反別に、一〇〇〇枚を改正田地価金に割り付けると、反別一反につき札二枚一分九厘七毛、地価金一〇〇円につき札二枚七分二厘となる。こうして、田主一人ずつの札数を決めていく。そして、札の合計が一〇〇枚前後を基準に札組をつくるものとする。

(14) 町村総代人は、明治十二年十月「町村総代規則」によれば、①人数は各町村が適宜定め、公選とする、②戸長の指揮をうけ「其町村協同ノ事務ニ従事スヘシ」、③町村の利害に関する件につき戸長に意見を述べることができる、④町村会議員や筆生を兼務してもよい、とされている。

(15) 本史料は、国文学研究資料館史料館編『史料叢書四　戸長役場の史料』（名著出版、二〇〇〇年）一七八頁以下にも収録されている。

(16) 七月には、村人五五名が「村内水配ノ議定」を結び、惣代人を選んで、彼に水配の全権を委任している。これは「田持一同」の議定書である（三七二二）。

(17) ただ、その過程で他組合と交渉したあとはみられない。また、これは出張してきた県吏員の指導によるものであった。

(18) 本節の記述は、（明治）十年五月十九日付埼玉県出張土木掛「荒川通成田堰離組一件綴込」（埼玉県行政文書　明一七〇二、一七〇二―二、埼玉県立文書館収蔵）に依拠している。

(19) 成田堰用水組合村々のうち、「離組」希望の村々は「下筋」、「離組」反対の村々は「上筋」、「上郷」と呼ばれていた。また、早く明治六年に、熊谷県から、成田・大麻生両堰が合併してはどうかとの「御達」があったが、大麻生堰側がこれを断っている(一〇一三〇)。
(20) 稟議書は、第三課調査「遠山」(四等属遠山正俊)→第三課(租税)「市村」→「吉田」(県大書記官吉田清英)→「白根」(県令白根多助)の順で回された。カギカッコ内が、稟議書に捺された印の印文である。
(21) これに署名しているのは、成田堰用水組合のうち、熊谷駅・肥塚村・箱田村・上ノ村・平戸村の小前惣代・村吏らである。
(22) 同日、玉井堰組合八か村の戸長・副戸長・堰惣代らは、埼玉県土木掛に宛てて、以後も交渉には応じる旨の請書を差し出している。県は、成田堰組合村々からも請書を取ろうとしたが、その文案には、以後の談判の過程で組合村々の意見が一致しなかった場合には県庁の処分を仰ぐ旨の文言が入っていた。
(23) 分離を要求しているのは、全部で四一か村であった。
(24) この上申書は、第三課調査「大塚」→第三課「市村」→「吉田」→「多助」の順に回され、決済を受けている。カギカッコ内は印文(註(25)も同じ)。
(25) 埼玉県行政文書　明一七一一―一―一。この「御指令案」は、第三課調査→第三課「大塚」→「吉田」→「多助」の順に回されている。
(26) 埼玉県行政文書　明一七〇七―一―一「武蔵国大里郡河原明戸村地内荒川通奈良堰外弐堰元圦修繕資用之内歩通官費給与之義上申」。古沢家文書三六一五をも参照。
(27) このとき「旧慣ニ拠リ」必要とされた修繕費は、総額一九五九円三銭六厘、うち一一八四円が官費、七七五円三銭六厘が民費(川原明戸村にある前記三堰の元圦修繕費)であった。
(28) このときは奈良堰組合が嘆願の中心であった(三六一五)。
(29) 埼玉県行政文書　明一七〇二―二「荒川通奈良堰外弐ケ所修繕資用之儀上申」。
(30) 以下の記述は基本的に一六四九に依拠し、三六〇二、三六一〇により補足した。
(31) 明治十年三月、県甲第三一号布達によって、明治九年十月の県甲第八〇号布達「人民心得書」追加条が削除されたが、県第二区からの伺に答えて、地価算定の際に水路費を斟酌する件については追って達する旨の県の指令が出た。そこで、玉井堰村々では、用水労費を勘案せずに地位等級を定めたうえで、明治十一年七月に斟酌を願ったところ認められなかった。その願書では、同年に、以後の水路修繕費用についてはすべて民費でまかなうべしとされた以上（前述）、地租改正に際しては斟酌を加えてほしい旨が述べられていた。この願書の内容は、すぐに大麻生堰組合にも伝わった（三六〇二）。

(32)　大麻生堰組合惣代の一人は古沢花三郎。彼は当時大麻生村戸長でもあった。

(33)　このときも、明治二～十一年の大麻生堰組合用水路費用は田一反につき一円三二銭四毛で変わりない。なお、古沢花三郎は大麻生堰組合の出県惣代となっている（三七四三）。

(34)　組合村々の主張が認められなかった理由としては、①地租改正に際して、当時の村吏が民費節減の実をあげていることを示すために、水路労費を過小に申告したこと、②経費のうち従来の慣習により帳簿に記載せず「遣捨」にしていた部分をこのとき新たに計上したため、県を納得させられなかったこと（三七四五、三八六七）、などがあったようである。

(35)　請願人惣代三人のうち一人は、古沢花三郎である（一六四七）。また、この請願書はこのとき同時に貴族院議長にも提出された（三八七七）。

(36)　埼玉県行政文書　明五六二―三。

第二章　相模国の村・地域と山口左七郎

はじめに

本章は、相模国大住郡上粕屋《かすや》村（現神奈川県伊勢原市上粕屋）の豪農・地方名望家であった山口家を対象として、近世・近代転換期の豪農・地方名望家と村・地域との関わりについて考えようとするものである。いいかえれば、村と農民の視点から明治維新の意味を問い直そうということでもある。倒幕から自由民権運動に至る時代を生きた当主山口左七郎《さしちろう》は、激動のなかで自己の人格形成を行ない、村や地域、ひいては日本の将来をみすえつつ政治的・社会的活動を展開した。彼の行動の軌跡を跡づけるなかから、民衆にとって明治維新とは何だったのか、明治維新期における日本の進路選択が今日にいかなる遺産を残しているのか、という重くて現代的な問いの答えを探してみたい。

後述するように、これまでの山口左七郎についての研究は、彼の自由民権家としての側面にもっぱら注目してきた。それに対して、本章では、幕末から自由民権運動開始に至る時期の左七郎の行動を追跡した。すなわち、民権家左七郎という従来の人物像を、時期的にも内容的にもより豊かなものにしようとしたのである。

本章の課題は、次の二点である。第一は、幕末～明治初年における上粕屋村とその周辺地域の政治・社会状況を解明することである。第二は、当該期に二十代の青年であった山口左七郎の思想形成過程を追いかけるとともに、地域社会における山口家の位置を明らかにすることである。そして、この二点を通じて、近代社会成立期にあたって揺れ動く地域社会の具体的なありようを、左七郎と山口家を基軸に描き出してみたい。

本章は、以下の四節構成をとる。第一節では、幕末～明治四年（一八七一）―左七郎が山口家に養子にくるまで―における上粕屋村の状況を、当時起こったいくつかの事件から探っていく。第二節では、金子村時代（明治四年まで）の左七郎（間宮仁三郎）について、その成長の跡をたどることにする。第三節では、明治四～十一年における左七郎の行動と村・地域のすがたを、彼の日記を中心に明らかにする。第四節では、明治九～十二年に起こった黄金井伝四郎との訴訟事件を取り上げて、その時代背景とそれが左七郎に与えた影響について考察する。

なお、本章で扱う時期は、嘉永六年（一八五三）から明治十二年（一八七九）まで、すなわちおおむね左七郎が大住・淘綾《ゆるぎ》両郡郡長に就任するまでの時期である。

本章全体を通して、激動の時代によりよい暮らしを求めて懸命に生きた人々のすがたを具体的に示したいと思う。次に、本論の前提として、上粕屋村と山口家の概況を示しておこう。

1　上粕屋村の概況

上粕屋村は、上糟屋・上粕谷などと表記されることもある。相模国大住郡に属し、丹沢山塊大山の南東麓から伊勢原台地にかけて位置する。

幕末期の支配関係は、間部《まなべ》・中川二家・中根・飯河という旗本五家の相給であった。村高は、「旧高旧領取調帳」によると一一九六石余、うち間部知行分五五八石余、中川亥十郎知行分三〇〇石余、中川主計知行分二三六石余、中根知行分八〇石余、飯河知行分一一石余で、ほかに寺社領が五石余あった。

慶応二年（一八六六）の家数は一四三軒、うち間部分七五軒、中川亥十郎分三一軒、中川半之丞分二七軒、中根分

一〇軒で、飯河分の百姓はいなかった。明治十四年（一八八一）の戸数は二五六戸（寺社を除く）、人口は一五五一人で、うち農業専業一六七戸、農工兼業一五戸、諸商業三三戸、雑業四一戸であった。明治三年の農間稼ぎの状況をみると、酒造・濁酒造三戸、休泊（宿屋）五戸、質屋四戸、紺屋一戸、水車四戸、小商いの者二三戸であった。同村は、村内を二本の大山参詣道が通り参詣客の通り道にあたったため、彼らに酒食を提供する店や宿屋が多かった。

明治十四年における土地の地目別の内訳を表10に示した。上粕屋村は台地上に位置するため畑の占める割合が高く、山野・芝地も相当あった。明治五年の農産物構成を表11に示した。表11をみると、米・麦・雑穀の生産が主体で、小麦・大豆は他村へ移出しているが、逆に米は移入している。蔬菜類は自家消費用であり、後年同村の特産物となる繭・生糸・煙草はこの時点ではまだ生産されていなかった。明治三年の「明細帳」には、「養蚕近来試中」とある。

村域は東西三〇・五町、南北一四町余という大きな村で、村内が七五三引《しめひき》（〆引）・秋山・石倉（石蔵）・峯岸・子《こ》易《やす》・山王原・辻・尾崎・台・久保・川上・一ノ牛王（一ノ郷）・和田内（渡打）・丸山などの集落（小名《こな》、谷戸《やと》、庭ともいう）にわかれていた。各集落の独立性は高く、集落が「村」と呼ばれることもあった。たとえば、山口家が明治期に「村」というときは、七五三引を指すことが多い。

表10　上粕屋村の地目別面積

地目	面積			
田	30町	4反	3畝	1歩
畑	171	7	4	8
宅地	22	2	6	19
山林	65	2	6	12
秣場	55	1	3	12
芝地	31	1	6	13
藪	4	2	7	7
池			2	10
総計	380	2	9	22

明治14年「皇国地誌」より作成。

村内の間部知行分は集落を基準に五組にわかれていた。すなわち、安政三年（一八五六）には、台組一〇八石余、峯岸組一〇五石余、子易組一二六石余、七五三引組一〇〇石余、辻組一二一石余、その他合計五六七石余であり、各組から組頭が出ていた。ほかに、石倉・山王原・尾崎などの集落にも間部分の知行付百姓がいた。山口家は、近世には石倉に住んでおり、明治二年に七五三引に転居した。慶応二年における間部氏の全知行地は、表12のとおり

表11　明治５年の上粕屋村農産物構成

農産品目	生産量	備　考
米	171石36	
内	62	貢米
	180	自用費消
引〆	70.64	買入
大麦	553.5	自用費消
小麦	148.5	
内	61.5	自用費消
	87	管内（他国）輸出
雑穀類	410.75	
内大豆	166.5	
小豆	9.4	
粟	180	
稗	12	
胡麻	2.5	
蕎麦	9.75	
菜種	30.6	
雑穀	324.25	自用費消
大豆	86.5	伊勢原村其外管内（他国）輸出
園蔬		
里芋	67荷	１荷は17貫目
薩摩芋	360	同
大根	460	１荷は105本
牛房	28	
人参	10	
茄子	125	
計	1,050荷	自用費消
綿（木綿）	280貫	
濁酒	5石	
醤油	309樽	１樽は８升入
味噌	230樽	
油	種30.6石	
内	6.978石	自用
薪	1,400駄	現木自用

明治６年３月「産物取調書上帳」より作成。

であり、三河・伊豆・相模・下総の一〇か村に二六二四石余の知行地をもっていた。

近代に入ると、明治元年に間部知行分を除く四給分は上知され、間部知行分も明治三年に上知となり、いずれも神奈川県に組み込まれた。明治四年の廃藩置県によって足柄県に移管され、明治五年十一月の大区小区制施行により、ほかの一〇か村とともに第二大区第七小区に属した。明治九年四月の足柄県廃止により神奈川県に編入され、第二一大区第七小区となった（小区の範囲には変更なし）。明治二十二年の町村制施行時に、日向《ひなた》・西富岡両村とともに高《たか》部屋《べや》村を構成した。

村内の寺院には、太田道灌の墓がある洞昌院、山口家の菩提寺である宗源寺など、神社には、鎮守山王権現社（上粕屋神社、所在地字山王原）、子易明神社（比々多《ひびた》神社、字子易）、熊野権現社（字和田内）、白山社（字石倉上）などがあった。熊野権現社、白山社は、明治六年に山王権現社に合併された。

2　大住郡の概況

次に、上粕屋村が含まれる大住郡[1]の概況について述べよう。明治前期の大住郡は、麦・雑穀類を中心とした畑作地帯であり、明治九年段階では養蚕業の展開度は低位であったが、しだいに繭・煙草・綿・菜種などを中心とする商品生産地帯としての性格を強めていく。明治十七年の小作地率は、全国平均が三六・九％、神奈川県が四二・七％であるのに対して、大住郡は六三・一％であり、小作地率の高さが特徴である。ちなみに、昭和十年（一九三五）の高部屋村の小作地率は六二・四％であった。ただし、明治十七年の大住郡の全農家のうち、自作二一・六％、自小作五二・〇％、小作二六・四％であり、純粋の小作農は少なかった。

また、明治二十一年において土地金融のうちに質入形態の占める割合をみると、全国平均六・一％に対して、神奈川県は三三％であり、これは全国第二位の高率であった。質地・地主小作関係の広範な残存が、神奈川県の特徴だったのである。さらに、巨大地主がいなかったことも、神奈川県や大住郡の特徴として指摘できる。

表12　間部氏の知行地（慶応２年）

三河国宝飯郡市田村	199石　8408
同　　　　　御馬村	100　1592
伊豆国君沢郡南江間村	138　954
同　　　　　　木負村	180　102
同　　　　　小下田村	457　459
同　　田方郡上船原村	180　944
同　　那賀郡安良里村	204　988
相模国大住郡上粕屋村	567　7669
同　　　　　　　田村	118　465
下総国相馬郡押戸村	476　103
計	2624　7819

表13　上粕屋村の上位石高所持者

名前	所持石高	役職	備　考
山口作助	204.13石	名主	間部領
山口市之丞	122.249	同	
麻生善兵衛	100.542	同	間部領
鵜川九兵衛	71.802	年寄	間部領
細野鶴吉	17.759	同	
麻生又兵衛	22.843	同	間部領
麻生吉五郎	22.194	同	間部領
麻生仁右衛門	16.389		
大木弥太郎	17.872		
山口勝太郎	18.956		
麻生芳五郎	15.008	年寄	間部領
原　幸之助	16.604		
近藤戸右衛門	15.229		間部領

明治３年「明細帳」より作成。

3　山口家の概況

山口家[2]は、近世には間部知行分の百姓であり、慶応二年に同知行分において九三・七〇六七三石の土地を所持していた。その内訳は、子易組四六・四五五四三石、峯岸組一四・九五四三七石、七五三引組一〇・〇五七七二石、台組五・九六三八二石、辻組一六・二七五三九石であった。明治三年の全所持石高は一九六・五石もしくは二〇四・一三石であり、うち「本方高」（間部知行分の所持高）一一二・七七石、「越石高《こしこくだか》」（間部知行分を除く上粕屋村および他村での所持高）八五・三三石であった[3]。

明治三年の上粕屋村における上位石高所持者名を表13に掲げた。第一位の山口作助が、当時の山口家当主である。同家は村内第一位の地主であった。明治四年には、手作地から粳米三〇俵二斗、糯米六俵三斗、大麦三三俵、小麦三〇俵、粟三一俵三斗八升を収穫しており、同年荻野から桑苗三〇〇本を購入して養蚕にとりくみはじめている。明治三年には、下男・下女一〇人を使い、馬一匹をもっていた。明治初年には、生産者的性格をもっており、養蚕業導入の先頭に立ってもいたのである。

明治十二年の村内・村外における所有地の面積と地価を表14に示した。また、明治三十年前後の上粕屋村における所有地を表15、明治四十一年の所有地を表16に、さらに明治十二～二十年における山口家の地租・地方税の負担額を表17に示した。これらをみると、地租改正以降明治三十年頃までの間に、山口家の所有地は増加傾向にはあるものの、顕著に土地集積を進めているわけではない。田嶋悟は、この時期の山口家には、土地を積極的に集積しようとした形

表14　明治12年の山口家の所有地

①上粕屋村分

		内　訳	
貢租上納地		地券受分	質地之分
田	4町 3反 3畝 3歩	3町 6反 2畝11歩	7反22歩
	2,413円45銭 9厘	2,038円27銭	375円18銭 9厘
畑	24町 8反 1畝11歩 5厘	21町 4反 1歩	3町 4反 1畝10歩 5厘
	5,177円24銭 5厘	4,469円69銭 7厘	707円54銭 8厘
宅　地	7反 4畝 5歩	7反 4畝 5歩	
	304円 8銭 3厘	304円 8銭 3厘	
山　林		10町 9反 4畝	2町 8反 8畝 6歩
芝　地		2反20歩	
荒　地		4歩	
藪　地			6畝24歩

②他村分

貢租上納地		子　易　村	三之宮村	神　戸　村
田	反別	1町 3畝25歩	1町3反8畝11歩	6反9畝8歩
	地価	774円52銭 7厘	1,030円75銭8厘	396円7銭7厘
畑	反別	7反8畝10歩	1町4反3畝1歩	
	地価	114円7銭8厘	305円16銭1厘	

註②野崎論文より転載。ただし、原史料により数値を一部訂正した。

表15　明治30年前後における山口家の上粕屋村での所有地

	反　別	地　価
田	5町 1反 9畝13歩	2,888円12銭 3厘
畑	27町 5反 1畝14歩	5,729円32銭 4厘
山林	14町 7反 9畝 9歩	85円11銭 1厘
宅地	1町 7畝 7歩	411円33銭 3厘
芝地	3畝 7歩	13銭 1厘
沼地	1畝 7歩	2銭 7厘

田は明治28年12月現在
畑は明治32年２月現在
宅地は明治30年５月現在
山林・芝地・沼地は明治31年２月現在
註②野崎論文より転載。

跡がみられないと述べている。(4) また、上粕屋村一帯は畑作地帯だったため、所有地の過半が畑であり、田は一割程度にすぎない。この間の土地の質取・買取の別を示したのが表18・19である。ここから、明治十年代を境に、買取の比重が高まっていくことがわかる。

山口家の明治二十二年度の所得金額は一一二八円で、これは三二の近世村を包含する現伊勢原市域において、成瀬村の石井虎之助についで第二位であった。所得金額のうち、七八三円（総額の六九・四％）が田畑貸付所得、二八〇円（二四・八％）が株式配当、四八円（四・三％）が山林所得、一七円（一・五％）が養蚕所得であった。貸金・質屋・農業・商業・米穀卸小売・醸造などによる所得の記載はない。斎藤康彦は、所得金額から貸付耕地面積を三二町四反と推定したうえで、同家を、田畑貸付所得が全所得の三分の二を超えており、小作料収入に依存する寄生地主的性格がもっとも強いタイプであると評価している。(5) また、この時期としては、株式投資に積極的に進出している点にも注目している。

4　山口家の経営

つぎに、明治元〜十年の山口家の経営内容を概観しておきたい。しかし、山口家文書中には同家の経営の全体像を示す史料が残っておらず、全貌の把握は困難である。ただ、経営や生活に関する帳簿類はかなり残されており、以下はそれらを用いての記述となるが、それらも必ずしも最終的な金額の集計がなされているわけではないため、農業・

表16 明治41年における山口家の所有地

		高部屋村	比々多村	大山町子易	成瀬町下粕屋	伊勢原板戸
田		5町 1反 9畝13歩	1町 5反 7畝 5歩	1町 2反 4畝15歩	4反20歩	
		2,359円65銭	815円25銭	736円39銭	166円49銭	
畑		27町 4反 5畝 3歩	1町 4反 1畝 1歩	2町 5反 7畝28歩		2町 8反 5畝28歩
		4,711円23銭	233円87銭	722円48銭		484円87銭
宅地		6反 1畝 9歩				
		215円37銭 7厘				
山林		3町 9反16歩				
		19円15銭 8厘				

註②野崎論文より転載。

表17 山口家の地租・地方税等の負担額　(単位：円)

年　度	地租額		地方税	協議費	その他	合　計
	田	畑宅地				
明治12年	133.7228	148.141	92.1629	58.5143	15.471	448.012
居村	66.6788	137.787	78.9680	44.2150		
他村	67.0440	10.354	13.1949	14.2993		
明治15年	129.953	159.506	62.183	108.922	63.732	524.296
居村	67.315	143.383	45.857	67.899		
他村	62.638	16.123	16.326	41.023		
明治16年	123.917	158.953	69.583	96.6775	5.549	454.6795
居村	64.865	147.101	53.361	60.9085		
他村	59.052	11.852	16.222	35.7690		
明治17年	126.987	162.348	62.180	106.397	3.862	461.774
居村	67.924	146.928	48.159	77.182		
他村	59.063	15.420	14.021	29.215		
明治18年	131.529	162.907	48.434	61.552	11.283	415.705
居村	67.734	147.761	36.611	38.139		
他村	63.795	15.146	11.823	23.413		
明治19年	130.749	161.426	80.302	56.031	35.124	463.632
居村	67.639	148.937	59.920	41.540		
他村	63.110	12.489	20.382	14.491		
明治20年	125.133	162.695	84.083	42.186	36.9385	451.0355
居村	64.557	150.149	63.466	30.476		
他村	60.576	12.546	20.617	11.710		

註②田嶋論文より転載。

表18　土地の質取・買取の内訳

年　度	居　村				他　村			
	質　取		買　取		質　取		買　取	
	件数	代金	件数	代金	件数	代金	件数	代金
天保３～慶応元年	４件	10両２分 24円375			２件	116円50		
明治３～８年	6	113.50						
〃　10～20年	28	1,485.55	10件	276円218	5	246.50	３件	558円50
〃　21～29年	6	207.00	9	535.50			12	1,331.50

註②田嶋論文より転載。

表19　土地の質取・買取反別の内訳（明治11～30年）

種　目	田	畑	宅　地	山　林	荒　地	萱　野
質取(受戻含)	15反028	33反500	4反809	59反902	0反402	
買　　取	10.625	30.228	2.009	99.711	0.110	44反419

註②田嶋論文より転載。

金融などの各部門に限ってみてもその全体像はつかみにくい点を最初に確認しておく。同家の経営は、農業・品物の売買・金融を三本柱としており、そのそれぞれに対応して「田方年貢取立帳」・「畑方年貢取立帳」、「売買帳」、「金銀出入帳」という帳簿が作成されていた。

まず、地主・小作関係からみていきたい。先に述べたように、同家は明治三年に二〇〇石前後（約三二町に相当）の石高を所持しており、その後所有地はいくぶん増加傾向にあった。所有地の過半は小作に出していたが、表20は小作人の居住地ごとにその人数を示したものである。小作人の総数は、明治二年に一五五人、明治十年に一四八人であった。その半数以上は上粕屋村の住民であったが、他村の者も五〇人以上にのぼった。上粕屋村は村域が広く、内部に一〇以上の集落があったが、山口家のある七五三引集落以外に住む小作人が多数を占めていた。明治十四年の戸数は二五六戸であったから、村の六割前後の家が同家の小作人であったことになる。村外の小作人が多い三之宮・日向・白根各村はいずれも上粕屋村の隣村であり、ほかの諸村もすべて上粕屋村から五キロ以内のところにあった。小作料には物納と金納の両方があり、前者はさらに米・大麦・小麦・大豆・粟などと多様であった。ここから、上粕屋村の農業が穀作中心であったことがわかる。明治十一年の小作収納量は、大麦八一石五斗四升七合、小麦二三石六斗八升二勺五才、大豆三七石七斗六升四合、粟四二石四斗八升であり（米については不明）、そのほか手作地に菜種・大豆・小豆・蕎麦・桑などを植えていた。

つぎに、山口家の品物売買の取引相手の地域的分布をみるために表21、22を掲げた。表21は、明治二～三年の「売買帳」の記載内容を整理したものであるが、同帳簿には同家が売買関係をもった相手が、「買之口」（同家が品物を購入した相手）と「売之口」（同家の品物の販売先）とに分けて記されている。同一人が、「買之口」、「売之口」双方に現れることもあり、表21ではそれぞれ別個にカウントしている。また、帳簿には名前のみあって、具体的な売買内容の記載がない者がかなりいる。彼らは、もとは山口家と取引関係があったが、明治二～三年の時点では取引を行なっていない者たちだと思われる。表21では、こうした者を「記載なし」、具体的な取引内容の記載のある者を「記載あり」として区別している。

表21をみると、上粕屋村が取引人数の三割台（「記載あり」の三八％、「記載なし」の三三％）を占めている。上粕屋村以外の町村は全部で四一か所あるが、それらを上粕屋村からの距離によって分類したのが表23である。表23から、当然のことながら上粕屋村から遠くなるほど取引相手のいる町村数が少なくなっていること、そして山口家の売買関係は上粕屋村から半径一〇キロ以内の範囲でほぼ完結していることがわかる。一〇キロ以遠の所にあるのは、江戸や八王子、また東海道の宿駅であった大磯・平塚・藤沢などの町場であるが、これらが「記載あり」の人数中に占める割合は一割以下にすぎない。また、相模川以東には取引相手はほとんどおらず、取引先は上粕屋村の周辺を中心に西の方に厚く広がり、ほぼ東を相模川、西を酒匂川に挟まれた一帯に分布していたのである。

表22は、明治六～九年の「売買帳」にもとづいているが、これは明治二～三年のそれとは記載形式が異なり、明治

表20　小作人の居住地

		明治２年	明治10年
上粕屋村	七五三引	9人	10人
	七五三引以外	66	74
計		75	84
他　村	三之宮村	21	18
	日向村	13	9
	白根村	12	13
	西富岡村	5	3
	大竹村（東大竹）	3	4
	上子安村	2	0
	伊勢原村	1	0
	田中村	1	2
	富岡村	0	2
	板戸村	0	1
	神戸村	0	1
	落幡村	0	1
計		58	54
不　明		22	10
総　計		155	148

明治２年と同10年の「田方年貢取立帳」「畑方年貢取立帳」による。

六～九年に実際に売買取引があった相手のみが記載されている。表21の「記載あり」のところと比べて町村数・取引人数ともに減少しており、上粕屋村が人数の三割弱を占めている。ほかの町村は、いずれも上粕屋村から半径五キロ以内にある。半径五キロ以遠の町村はすべて姿を消しているのである。

山口家は、特定の品目を扱う商人ではなかったので、売買の品目は日用生活物資から農産物・肥料まで多様であり、そこから特定の傾向を引き出すことは難しいが、なかで目立つのは穀物（米・大麦・小麦・大豆・小豆・粟）の販売である。その大部分は小作料として得たものであろう。明治六～九年の場合、販売先は、村内では河上集落の安達岡右衛門、峯岸の秋山藤右衛門、近藤孫右衛門、明神前の油屋庄兵衛らであり、村外では伊勢原の伊豆屋弥兵衛、吉野屋善左衛門、田丸屋（山田）新兵衛らであった。明治二～三年の場合も、同様に村内他集落や伊勢原などの者に穀物を販売していた。

続いて、「金銀出入帳」を用いて、明治二年と十一年における同家の金銭貸借関係をみてみよう。貸借関係といっても、山口家が金を貸している場合がほとんどである。表24は、明治二、十一両年における貸借相手の人数を、その居住地ごとに示したものである。明治二年の場合は、「売買帳」の場合と同様、帳簿に名前だけあって具体的な記載

表21　品物売買の取引相手（その１）

	買之口		売之口		売買どちらかに記載	
	記載あり	記載なし	記載あり	記載なし	あり合計	なし合計
上粕屋村	4人	22人	11人	44人	15人	66人
伊勢原村	3	6	6	18	9	24
三之宮村（栗原）	1	0	1	2	2	2
七沢村	2	1	0	0	2	1
北金目村	0	0	2	1	2	1
東京	2	0	0	0	2	0
曽屋村（十日市場）	0	3	1	8	1	11
厚木町	1	5	0	3	1	8
白根村	1	1	0	2	1	3
西富岡村	0	1	1	2	1	3
日向村	0	1	1	0	1	1
平塚宿	1	0	0	0	1	0
城所村	1	0	0	0	1	0
上子安村	0	0	1	0	1	0
大山町	0	2	0	12	0	14
下粕屋村	0	5	0	4	0	9
大磯宿	0	0	0	8	0	8
子安村	0	2	0	5	0	7
須賀浦村	0	2	0	5	0	7
土屋村	0	2	0	2	0	4
戸田村	0	1	0	2	0	3
上吉沢村（吉沢村）	0	1	0	1	0	2
尾尻村	0	1	0	1	0	2
熊坂村	0	0	0	2	0	2
万田村	0	1	0	0	0	1
根府川村	0	1	0	0	0	1
須賀	0	1	0	0	0	1
沼目村	0	1	0	0	0	1
藤沢宿	0	1	0	0	0	1
荻野村	0	1	0	0	0	1
中村沼代	0	1	0	0	0	1
井之口村	0	1	0	0	0	1
大畑村	0	0	0	1	0	1
神戸村	0	0	0	1	0	1
善波村	0	0	0	1	0	1
坪之内村	0	0	0	1	0	1
大槻村	0	0	0	1	0	1
久保沢原宿	0	0	0	1	0	1
八王子八幡宿	0	0	0	1	0	1
小野村	0	0	0	1	0	1
坂本村	0	0	0	1	0	1
田名村	0	0	0	1	0	1
不　明	0	2	0	3	0	5
総　計	16	66	24	135	40	201

明治２～３年「売買帳」による。

表22　品物売買の取引相手（その２）

上粕屋村	河上	3人
	峯岸	2
	明神前	2
計		7
村　外	伊勢原村	4
	七沢村	3
	大山町	2
	下平間村	2
	三之宮村	1
	西富岡村	1
	神戸村	1
	小野村	1
計		15
不　明		2
総　計		24

明治６～９年「売買帳」による。

がない者がいるので、わけて示した。両年とも、その年だけでなく、その前後にわたる貸借関係が記載されているため、明治十一年の帳簿に、明治十四年設立の曽屋村共伸社や湘南講学会が出てくることになる。具体的な記載のある者だけをみると、明治二年には村内六三人、村外一八か所、三七人、明治十一年には村内六一人、村外二七か所、（団体・個人を含む）四八人であった。居住地不明の者も含めて、総数はいずれの年も一一〇人程度である。人数では村内が過半を占めており、品物売買の場合と比べて上粕屋村の者の占める割合が高い。借り手の大半は、上粕屋村から半径五キロ以内に住んでいる。半径一〇キロ以遠の所は数少ないが、そのなかでは江戸や、東海道沿いの大磯・二宮、山口左七郎の出生地金子村とその周辺（松田村・竹松村）などが目を引く。借り手の地域的分布は、おおまかにいって、売買関係におけるそれと重なりあっている。

5　山口家の政治的・社会的動向

以上、山口家の経済的動向を概観したが、次に政治的・社会的動向についてふれよう。山口作助は、安政六年に旗本間部氏から給人格、二人扶持を与えられ、文久三年（一八六三）からは五人扶持を与えられた。元治元年（一八六四）十一月に山口左司右衛門《さじえもん》から家督を相続して地代官となり、七五三引の所持地に地代官役所を置いた。慶応二年（一八六六）には、五人扶持、上粕屋村村方取締割元名主であった。このように、幕末期の山口家は、間部氏から家臣の待遇を受けて村役人は務めず、村内では別格的地位にいたが、明治に入って状況が変わり、明治三年には作助が名主を務めている。

本章で中心的にとりあげる山口左七郎は、嘉永二年（一八四九）五月、相模国足柄上郡金子村（現大井町）の名主間宮若三郎の次男に生まれた。明治四年八月、山口作助の養子になり、同五年に家督を相続した。明治八年に上粕屋村戸長、同九年に大住・淘綾両郡地租改正取調掛総代人となる。明治九年十二月から十一年三月まで神奈川県庁に勤務し、横浜へ単身赴任する。ちなみに、明治十年一月時点での家族構成は、戸主左七郎（満二七歳）、父作助（五九歳）、母なみ（四六歳）、妻まき（二四歳）、妹りん（八歳）、長男多朗（一歳）の六人家族であった。

明治十一年十一月、郡区町村編制法の施行にともない、大住・淘綾両郡の初代郡長に就任する。明治十四年十一月に郡長を辞任し、同年八月に結成された自由民権結社湘南社の社長となった。湘南社は、明治十七年後半まで活動を続ける。左七郎は、同十九年から二十三年まで神奈川県会議員を務め、同二十三年七月の第一回衆議院議員選挙に自由党から立候補して当選し、議員を一期務めた。同二十五年には、高部屋村村会議員に当選するとともに、有志と善波山に共同牧場を設けたり、相模銀行を設立して監督に就任するなど、地域実業界での活動を本格化させた。さらに、明治二十九年には伊勢原銀行を設立して頭取に就任するなどしたが、明治四十五年二月に六二歳で死去した。

表23　取引相手の居住地の分布

	村数（村）		人数（人）	
	記載あり	記載なし	記載あり	記載なし
半径５キロ以内	17	7	17	71
10キロ以内	11	4	5	34
15キロ以内	7	1	1	20
15キロ以遠	6	1	2	5

6　山口家に関する先行研究

山口家文書は、現在同家に所蔵されており、『神奈川県史資料所在目録』第三七集（神奈川県企画調査部県史編集室、一九七二年）、福田以久生「山口家文書と同目録」（『幾徳

表24　山口家の金銭貸借関係

	明治２年			明治11年
	記載あり	記載なし	計	
上粕屋村				
七五三引	14人	0人	14人	15人
七五三引以外	49	5	54	46
計	63	5	68	61
他　村				
三之宮村	9	0	9	4
下粕屋村	3	4	7	0
伊勢原村	3	2	5	8
西富岡村	3	1	4	3
白根村	2	3	5	0
小野村	2	0	2	0
子安村	2	0	2	1
上子安村	2	0	2	0
江戸（東京）	2	0	2	2
沼目村	1	2	3	0
池端村	1	1	2	0
上下子安村	1	0	1	0
大山町	1	0	1	4
平間村	1	0	1	0
松田村	1	0	1	0
生沢村	1	0	1	1
北金目村	1	0	1	0
駿河国	1	0	1	0
大竹村（東大竹村）	0	2	2	1
大畑村	0	1	1	1
長沼村	0	1	1	0
串橋村	0	1	1	0
広幡村	0	1	1	0
笠窪村			0	2
板戸村			0	2
日向村			0	2
七沢村			0	2
金子村			0	2
田中村			0	1
東富岡村			0	1
西海地村			0	1
大磯駅			0	1
寺坂村			0	1
柳川村			0	1
二宮村			0	1
豊田村			0	1
竹松村			0	1
北矢名村			0	1
曽屋村共伸社			0	1
湘南講学会			0	1
中島信行			0	1
計	37	19	56	48
不　明	11	7	18	3
総　計	111	31	142	112

明治２年と同11年の「金銀出入帳」による。

工業大学研究報告A　人文社会科学編』三号、一九七八年）、河内光治・滝本可紀・福田以久生・野崎昭雄「山口左七郎関係書簡目録―山口家文書の紹介（その四）―」（同前七号、一九八二年）において一部が目録化されている。残りの大部分も伊勢原市史編さん室などの手によって目録化されているが未刊行であり、さらに目録化されていない文書も残されている。本書では、同文書について典拠を示す場合には、これらの目録における文書番号で示すことにする。番号記載のない文書は、すべて山口家所蔵の目録未刊行の文書である。

山口家文書を翻刻したものに、大畑哲・佐々木徹・石倉光男・山口匡一『雨岳文庫第一集　山口左七郎と湘南社　相州自由民権運動資料集』（まほろば書房、一九九八年）があり、農政調査会編『地租改正関係農村史料集』（農政調査会、一九五三年初版、御茶の水書房より一九七八年復刻版刊行）にも一部が収録されている。また、福田以久生・滝本可紀・河内光治・長津一郎「大住郡上粕屋村と山口左七郎の父祖たち―山口家文書の紹介（その一）―」（『幾徳工業大学研究報告A　人文社会科学編』四号、一九七九年）、福田以久生・滝本可紀・河内光治・野崎昭雄「山口左七郎の祖父―山口家文書の紹介（その二）―」（同前五号、一九八〇年）、河内光治・滝本可紀・野崎昭雄・福田以久生「山口左七郎の日記―山口家文書の紹介（その三）―」（同前六号、一九八一年）は、いずれも同文書の史料紹介である。ほかに、『伊勢原市史三　資料編近世二』（伊勢原市、一九九二年）、『伊勢原市史四　資料編近現代一』（伊勢原市、一九九三年）、『伊勢原市史一〇　資料編近現代二』（伊勢原市、二〇〇九年）、『神奈川県史　資料編六　近世（三）』（神奈川県、一九七三年）、『神奈川県史　資料編八　近世（五上）』（一九七六年）、『神奈川県史　資料編一一　近代・現代（一）』（一九七四年）、『神奈川県史　資料編一三　近代・現代（三）』（一九七七年）、『武相自由民権史料集』全六巻（町田市教育委員会、二〇〇七年）にも同文書が収録されている。

山口家文書を用いた研究成果としては、野崎昭雄「初代大住淘綾両郡長山口左七郎について」（『神奈川県史研究』三八号、一九七九年）、田嶋悟「明治初年相模国の豪農の実態」（『伊勢原の歴史』一〇号、一九九五年）、大畑哲「山口左七郎と湘南社」（前掲『山口左七郎と湘南社　相州自由民権運動資料集』所収）、同「民権期における地方政社の憲法論議―相州、湘南社の学習内容―」（神奈川県高等学校教科研究会倫社政経部会編『倫社・政経研究』九号、一九七六年、のち同『相州自由民権運動の展開』有隣堂、二〇〇二年に改題のうえ収録）などがある。大畑哲『神奈川の自由民権運動』（新かながわ社、一八八一年）、同『自由民権運動と神奈川』（有隣堂、一九八七年）、田嶋悟「地方金融機関の設立と地主」(『伊勢原の歴史』五号、一九九〇年)、同「幕末維新期の村役と米穀流通」(『伊勢原の歴史』七号、一九九二年)のなかでも山口左七郎に関説されている。

また、金原左門『福沢諭吉と福住正兄』(吉川弘文館、一九九七年)もかなりの頁を割いて左七郎について論じている。『神奈川県史　通史編四　近代・現代(一)』(神奈川県、一九八〇年)、『神奈川県史　別編一　人物』(一九八三年)でも、左七郎にふれられている。原和之「伊勢原市内の天保飢饉資料」(『伊勢原の歴史』三号、一九八八年)も山口家文書を用いている。

上粕屋村には、現在、山口善文家、鵜川隆家をはじめ十数家に文書が所蔵されているが、これらの目録は、前掲『神奈川県史資料所在目録』第三七集、『伊勢原市史資料所在目録』二、四、五(伊勢原市、一九八八、一九九〇、一九九四年)、『伊勢原市文化財資料所在目録』第一集(伊勢原市教育委員会、一九八五年)などに収められている。また、左七郎の実家である金子村間宮家文書は、現在神奈川県立公文書館に寄託されており、その一部は、『神奈川県史資料所在目録』第一二集(一九七〇年)、『大井町史資料目録』第一集(大井町、一九九二年)として目録が公刊されている。残りの部分も未刊行ながら、目録化されている。本章において、以上の各家文書について典拠を示すときは、前記目録の文書番号によって示す。

一　幕末~明治四年の上粕屋村

1　門訴・村方騒動の展開

上粕屋村では、幕末期に三次にわたって村方騒動が起こっているので、以下順にみていきたい。

(1)嘉永六年(一八五三)の門訴　嘉永六年に、間部知行分の小前百姓二三人が地頭所賄金出金をめぐって騒動を起こした。(6)なお、二三人の居住集落をみると、辻組九人・台組九人・子易組四人・峯岸組一人であった。

嘉永六年春に、地頭所から、勝手向き賄金を「小前面割合」、すなわち小前百姓全員に負担が及ぶようなかたちで出金せよと命じられたが、小前のうちでも困窮している上記二三人はなかなか承知しなかった。(7)すると、七月二十六日に至り、台組組頭長左衛門が、二三人のうち台組の者二人を自宅に呼び、出金に対する態度を即座に明確にするよう迫った。二人は、百姓代を頼んでそのときは何とか長左衛門宅を退出したが、このことは同夜別に集会を開いていた小前たちにも伝わった。そこで、小前たちは、江戸の旗本間部氏の屋敷に門訴を決行しようとして、村を出立した。しかし、それに気づいた相給村役人が途中まで追いかけて連れ戻したため、門訴は未遂に終わったのである。(8)そして、相給村役人らが間に入って小前たちの心得違いを諭したため、小前二三人が間部知行分の村役人に勘弁してくれるよう願い出て了承された。

また、七月二十六日の長左衛門のやり方は、当時間部氏の用人格であった山口作助からみると「余り手ひどき様子、殊ニ過金抔申付候、種々之儀有之」というありさまであった。限度を超えた強要がなされ、過分の出金が要求されていたのである。長左衛門の側にも非があったといえる。結局、賄金出金については、①門訴に加わった二三人は、当初割当額の三分の一を「上納切」とし、ほかに雑用金を負担する、②門訴に加わらなかった二〇人は、当初割当額の二分の一をやはり「上納切」で負担する代わりに、間部氏から米四俵を受けとる、ということで決着した。門訴への参加者と不参加者とで若干の差はあるものの、いずれも当初割当額から大きく減額されたかわりに、返済されることがない献金という扱いになったのである。ただし、返済を建前としていても、現実には財政難のなかで返済は期待薄であったろうから、この決着の仕方は小前に有利なものであり、そこに門訴の影響力をみてとることもできるように思われる。(9)

幕末期に多くの旗本は財政的に窮乏し、知行所村々に多額の上納金・御用金を賦課したため、その負担に反発する村人との間で矛盾が強まっていた。この事件もそうした一般的状況のなかで起こったものであり、その意味では特殊な事件とはいえない。他方、旗本財政に端を発しているという点で近世に固有の事件であり、近代につながるものではない。

また、村役人の強圧的な態度が功を奏さない状況がみてとれる。そして、山口家は、旗本からの出金要求を一手に肩代わりすることで、旗本と村方との矛盾の顕在化をくい止めようと努力していた。旗本用人格としての政治的・社会的地位と圧倒的な経済力とによって、山口家にはそうした行動が期待されていたのであった。

（2）安政二年（一八五五）の村方騒動　安政二年には、上粕屋村の中川帯刀知行分において、村方騒動が起こった[10]。同年八月、小前惣代の百姓代喜兵衛・百姓卯右衛門・平左衛門・重太郎・林蔵が、名主儀左衛門・組頭弥太郎ほか二名を、不正ありとして地頭所へ訴え出たのである。この一件は、相給の中根・間部・中川三知行分の村役人が扱いに入って同年九月に内済となったが、争点の中心は儀左衛門の村（知行所）入用勘定不正をめぐるものであり、その具体的な内容と内済結果は以下のとおりである。

○金二一両二分……これは、儀左衛門が地頭所賄入用金としてほかから借りたものだが、いまだに地頭所へは納めず、儀左衛門が手元に置いたままであった。この金については、九月二十五日までに、儀左衛門が金主方と返済方法についての話しあいを行ない、村方や後任の名主にはけっして迷惑をかけないこととされた。

○金五両……これは「控割」といって、計算違いにより余分にとりたてた分を儀左衛門が手元に置いていたものである。これについても、九月二十五日までに、儀左衛門から村方に返還することとされた。

○金三分・銀七匁……これは、先年儀左衛門が村方から一三両を取り立てて手元に置いていたもののうち、嘉永元年（一八四八）から年々村方へ割り戻されていた分の残金である。これも、九月二十五日までに残らず村方へ割り戻すこととされた。

このように、村入用勘定のうちの不明朗な部分の清算方法が取り決められたことに加えて、村役人制のあり方にも次のような改変が加えられた。これまでは儀左衛門が連年名主役を務めてきたが、彼は病気を理由に退役し、以後名主役は組頭の年番もちとされたのである。従来組頭は三人だったが、このとき願人（訴訟方）から百姓代喜兵衛と小前百姓平左衛門が新たに組頭に加わった。また、これも願人のうちから卯右衛門と重太郎の二人が百姓代となった。そして、儀左衛門がこれまで所持してきた検地帳・名寄帳その他の「名主役向諸帳面・諸書物類」は、残らず組頭に引き渡されることになった。

この一件は、近世後期に一般的にみられた、名主の不正を小前が追及する、いわゆる「村政民主化闘争」と共通の性格をもっており、儀左衛門から割り戻しがなされている点と、願人が新たに村役人に加わっている点とから、小前側の勝利に終わったと評価できよう。

なお、次のような後日談も紹介しておこう[11]。この一件で新たに百姓代となった卯右衛門と重太郎が、これも新たに組頭になった平左衛門を相手取り、安政三年に村内の土地の区分をめぐって地頭所に訴え出たが、ほかの三給村役人が間に入って内済となった[12]。さらに、翌安政四年八月二十九日には、卯右衛門が、村の山の山番依頼をめぐって、中川帯刀知行分の百姓一同を集めて議定書を作成し、雑用金を集め、村役人には相談もなく地頭所に訴え出た。これに対して、同年九月には、中川知行分の名主・組頭[13]が、卯右衛門一味への厳重な説諭を中川氏に願い出ている。その後、安政四年十二月には、卯右衛門が証文を偽造して他人の土地を質入れしたことが発覚したため、彼は上粕屋村にある菩提寺洞昌院に入寺して剃髪し、翌年六月に詫び証文を出してなんとか赦されている。

このようにみてくると、卯右衛門は、安政二年の村方騒動で同志だったものとも後には対立して騒動を起こすようなトラブルメーカーで、不正行為にも手を染めるような存在だったことになり、そこから翻って安政二年の村方騒動も「村政民主化闘争」と一義的に評価できるかという問題が出てくるが、この点については残念ながらこれ以上論じるだけの材料を持ちあわせない。ただし、安政二年の騒動が「村政民主化闘争」の側面をもっていたとはいって差し支えなかろう。

（3）安政四年の村方騒動

安政四年には、今度は間部知行分で村方騒動が発生した。その経緯は、次のようなものであった。[14]嘉永・安政期に間部知行分では名主役は組頭の年番もちとなっていたが、安政元年には組頭長左衛門が年番名主役を務めた。間部知行分では、村（間部知行所）入用は、十二月の大勘定までは「見込割」で取り立て―概算によって一定額をあらかじめ徴収して―大勘定において村役人・百姓代が立ちあって精算するのが慣例であった。ところが、安政元年の場合は長左衛門が折悪しく病気だったため大勘定取り調べができず、そのままになってしまった。安政四年に至って、小前方から百姓代を通じて村役人に対して前記の勘定を取り調べてくれるよう申し出た。しかし、長左衛門が、当時の帳面が見当たらないといって提出を拒んだため、小前は間部氏に出訴しようとし、村役人も間部氏に対処の仕方を伺い出るなど事態は紛糾した。扱人が立ち入り双方へ掛けあいの上、「一同（百姓代）立会右賄諸勘定帳面取調候処、過上有之」、すなわち長左衛門に集めすぎがあったことがわかった。この余分に徴収した分は、長左衛門が手元に預かるかたちになっていた。そして、この分の約八割にあたる二一両三分余は百姓代が受け取る―すなわち小前方に返す―ということで、安政四年四月十六日に解決した。また、これ以後も長左衛門が組頭役を勤続することが認められた。

この村入用勘定の問題は、長左衛門だけでなく、嘉永五、六両年に年番名主役を務めた組頭庄三郎にも波及した。これに関わる史料を次に掲げよう。

史料1[15]

入置申議定一札之事

一、去ル嘉永五子年同六丑年両年村方年番名主役之儀、組頭庄三郎殿被相勤候処、右両年諸割賄方勘定之儀少々相違之廉も有之哉ニ付、今般再算相改メ候処書損算違等も有之勘定預りニ相成居候間、可割返心得居候折柄、小前方ニ而も右両年諸割賄勘定帳面取調之儀百姓代ヲ以当役江可申出風聞有之哉ニ付、左候得者彼是差縺混雑ニも可相成哉之段御聞被遊、洞昌院様御立入被下双方江御掛合之上、右書損算違過上之分今般百姓代方江不残受取之、已来出入勘定無御座候、右金之儀無謂儀ニ遣払申間鋪候筈、猶亦御役之儀是迄之通り可被相勤筈、且亦前三ヶ年嘉永二酉同三戌同四亥年番名主役之儀、庄三郎・文右衛門・長左衛門被相勤候処、年内諸割賄之儀茂　方丈様御立入被下事実相分り候上者是亦出入勘定無御座候、ケ様事柄相分り取引相済候上者、於小前ニ聊無申分熟談仕候、万々一後日孰之儀御座候共今般御取扱ヲ以熟談仕候上者、重而御苦労相掛申間鋪候、為後日連印一札入置申処仍而如件

安政四巳年五月

組頭
庄三郎印
親類
新兵衛印
百姓代
伝右衛門印
同
亀次郎印
同
市　蔵印

同
伊左衛門印
同
忠　蔵印

御役人中

史料1の概要は次のとおりである。嘉永五、六両年における庄三郎の「諸割賄方勘定」に疑問の点があったため、今般計算をし直したところ、「書損算違」がみつかり、庄三郎の「勘定預り」になっていることがわかった。庄三郎はこの分の九両は割返すつもりでいたが、それより先に小前方が、この両年の「諸割賄勘定帳面」の取り調べを、百姓代を通じて村役人に申し出ようとしているとの噂が流れた。そうなっては問題がこじれると思った洞昌院住職が間に入り、「書損算違過上之分」は百姓代が受け取ることとした。また、この金は「無謂儀」には使わないことと、庄三郎はこれまで通り組頭役を務めることが合意され、安政四年五月二日に一件は解決した。

長左衛門と庄三郎の両者をめぐる一件は、いずれも名主役中の村入用勘定をめぐる問題であり、共通の性格をもっている。結果的にも、いずれも取り立てすぎの分を小前方に返還させており、小前側の要求が通っている点でも共通している。

さらに、これらの一件は、安政二年に中川知行所で起こった村方騒動と同様の構図をもっている。名主の村入用勘定をめぐる一件であるという点と、小前側の勝利であるという点が共通しているのである。ただし、間部知行所では当時すでに名主年番制が実現していたので、中川知行所のように村役人制の改変には至っていないという相違点はある。中川・間部両知行所で起こった騒動は、いずれも当時全国的にみられた「村政民主化闘争」といわれるタイプの騒動であって、それ自体目新しいものではないが、幕末期の上粕屋村の状況を考えるうえでは重要な事件である。村内の複数の知行所において、財政を中心とした知行所運営が小前層に開かれた透明度の高いものになっていった点はおさえておきたい。

また、安政四年の一件における山口家の立場についても一言しておこう。長左衛門・庄三郎の両一件とも、その解決時に作成された議定書を山口家が預かっていることからわかるように、当時山口家は給人格であり村役人を務めていなかったため、騒動においては局外中立の立場を保つことができたのである。

2　小作騒動

本項では、幕末期に二次にわたって起こった小作騒動について検討したい。

（1）万延元年の小作騒動[16]　万延元年（一八六〇）の小作騒動は、中川主税（中川帯刀の子か）知行分の百姓儀左衛門・秀五郎・要八・弥太郎・林蔵の五人が中心となって起こしたものであり、彼らの攻撃対象になったのは、間部知行所の左司右衛門[17]・庄兵衛、中根知行所の勝太郎・市之丞の四人の地主たちであった。彼らの明治三年十二月における所持石高をみると、左司右衛門（明治三年段階の当主は山口作助、カッコ内は以下同じ）二〇四・一三石、市之丞（山口市之丞）一二二・二四九石、庄兵衛（鵜川九兵衛）七一・八〇二石、勝太郎（山口勝太郎）一八・九五六石で、同年の村内土地所持者中の順位はそれぞれ第一、二、四、七位であった。当時、村の農家戸数は一八〇戸であったから、四家とも村内最上層の地主であったといってよい。なお、明治三年三月時点での上粕屋村旧間部知行分の所持石高別階層構成を表25として掲げた。表25から、完全に無高の家は少ないものの、過半の五六戸が所持石高三石以下であり、農民層分解が相当進んでいることがわかる。よって、幕末期においても、地主・小作関係は広範に展開していたことと思われる。以上のことを前提に、万延元年十二月に、前記の地主四人が中川主税知行所に差し出した願書から、騒動の経過をたどってみよう。

儀左衛門ら五人は、左司右衛門ら四人の地主の田畑を「小作出作」していた。「小作出作」とは、村内でもほかの知行分の者の所持地を小作することであろう。給分が違うと、たとえ同じ村内でも「出作」という表現が使われたのである。さて、万延元年の作柄は、大麦・小麦は「実法方無事」だったが、大豆・粟・「春地米・田方米」[18]は七月の風災の影響で不作だった。そこで、小作人・地主双方が立ち会って作柄を検分し、「銘々相対示談不作引取極」めた。まずは、地主と小作人の個別交渉によって小作料の減免がなされたのである。

また、「春地・廻り畑」[19]は、もともと「小作預ケ口減少ニ相成居」、すなわち小作料が相対的に低額に設定されていた。「春地」が湿田を指すとすれば、湿田は排水不良のため裏作ができないことが多いから生産力が低位となり、したがって小作料も低額であったと考えられよう。そこで、「春地・廻り畑」については、ひどい不作でなければ不作引をしないというのが前々からの「郷法仕来」だったので、万延元年も作柄の検分―ひいては小作料の減免―を申し出た小作人はいなかった。したがって、小作人と相対での「違作引」ということではないが、穀物価格の高騰により人々が難渋していることにかんがみ、地主たちが申しあわせて春地米の小作料を一割減免することにした。

ところが、小作人たちは、収穫が済んでも小作料を納めなかった。地主が催促しても、収穫がないのでほかから買って納めたいがすぐには無理だなどといってとりあわず、「早鐘突立日々参会一味いた」すありさまであった。十二月六日には、前記五人が中心となり、「大勢徒党いたし」地主方へ来て、「秋山小作人一同与相記候書付へ地主共名

表25　旧間部知行分持高別階層構成表

50石～	3人
40～50	0
30～40	0
20～30	1
15～20	2
10～15	4
9～10	2
8～ 9	1
7～ 8	3
6～ 7	5
5～ 6	3
4～ 5	6
3～ 4	8
2～ 3	15
1～ 2	17
0～ 1	20
0	4
計	94

50石以上の所持者は、作助（196.5石）、善兵衛（83.715石）、九兵衛（69.284石）である。明治3年3月「家内人別整理帳」より作成。

前書添銘々持参いたし」、従来のとり決め以上の不作引を要求するだけでなく、大麦・小麦など不作ではないものまで三割・四割の減免を要求した。

こうした状況に対して、地主側は次のように主張する。これまで「銘々取極方承知之儀ニ而掛合等一切不仕」るものを、今さら「強情申張」られて大変困っている。上粕屋村は「御四給入会」で、田畑も「入交り」になっているが、他給分の小作人で「地主小作人相対取極郷法相用穏便ニ取引致居穏順之もの迄人気ニ拘り候始末、村内一同之儀ニ而中川主税様御百姓出作田畑限別段之趣意聊無之処」、前記のような乱暴なことをいってくるのは理解できない。地主と対立している小作人のうちには、古くからの滞納分を抱え、地主から催促されても払わない者もおり、今騒ぎ立てているのも、今年の小作料を延納しようとたくらんでいるのであろう。これでは地主たちの年貢・諸役銭の上納に差し支えるので、地主から村役人に願い出た。そこで、村役人が、騒いでいる小作人たちを呼んで厳しくいい聞かせたため、宇之助ら六人は「早々取片付取引」したが、中心人物の儀左衛門ら五人はどうしても示談に応じない。しかたなく今般彼らの知行主の中川氏に出訴するので、前記五人を出頭させ、今年の小作料およびこれまでの滞納分を支払うよう命じてほしい、と。

この騒動については、小作人側の主張を示す史料が残されておらず、騒動の結末もはっきりしないが、以上の経緯から次のことは指摘できよう。

第一は、幕末期においては、地主・小作人の相対による交渉だけでなく、地主・小作人双方が集団化して相手に対応し、村や知行所村役人がそこに関与していたということである。地主の集団化は、彼らが申し合わせて春地米の小作料を一割減免したことからわかるし[20]、小作人の集団化は、彼らが大勢徒党して地主に迫ったことから明らかである。また、「春地・廻り畑」は不作引をしないという「郷法仕来[21]」の存在から、小作料のあり方に村が関与していたことがわかるし、地主たちがまず中川知行分の村役人に訴えていることは、彼らが知行所村役人の地主・小作関係への関与をむしろ望んでいたことを示している。

第二は、この時点では、小作人側の結集が知行所の枠組みに規定されていたということである。すなわち、小作人たちは「秋山（中川知行分のこと―引用者註）小作人一同」として結集していたのであり、他方地主たちは、この騒動が他給分の小作人にも波及することを警戒していたのである。

第三は、小作人側の内部構成の複雑さである。中心メンバー五人のみをみても、儀左衛門は安政二年まで連年名主を務め、同年の村方騒動で退役した者であり、弥太郎は安政二年当時組頭で、安政四年には名主になっている。他方、林蔵は、安政二年の村方騒動における願人の一人である。このように、安政二年の村方騒動時には願人と相手方にわかれた者が小作騒動では共同歩調をとっており、また中心メンバーのなかには村役人経験者も含まれているのである。こうした多様な層が小作騒動に参加しているのであるが、残念ながらこれ以上その内部構成に立ち入ることはできない。

（2）慶応元〜二年の小作騒動[22]

慶応元年（一八六五）は不作のため、郷中小前百姓一同が、百姓惣代をもって月番名主[23]に小作料減免を願い出た。また、平兵衛・伝兵衛（明治三年三月の持高〇・七二六五石）・浦次郎（二・六二六八石）・治郎左衛門（四・四七一八五石、四人とも間部知行分の百姓）が中心となって、廻状をまわし、大勢を集め、不参加者へは「難渋迷惑可為致」などといって、「仲間不洩様議定申合」わせ、「徒党同様之所業」に及び、地主に小作料の減免を求めた。そして、四給の村役人・百姓代らの「御取扱」により、地主側がかなりの減免に応じることで示談が成立した。

慶応元年十一月には、四給の百姓代一〇人が四給村役人に宛てて次のような内容の議定書を差し出している。「郷中小前小作人一同」が「違作引」を地主に願った件では、村役人に心配をかけ、また地主の「厚御勘弁ニ預り」ありがたい。小作人には、田方米・春地米・畑米は十一月二十八日まで、大麦・小麦・大豆・粟は十二月十日までに必ず納めるよういい渡した。もし滞納者が出たら私たちから弁納する、と。

ここでは、小作人たちがこの時点ではとっくに収穫が済んでいたはずの麦・粟・大豆分の小作料をまだ納めていないことと、滞納分について百姓代の弁納が規定されていることに注目しておきたい。なお、この史料の原本は「月番箱」にあると記されており、月番名主がもち回りで保管したことがわかる。

同じく慶応元年十一月に、四給小作人七一人・四給百姓代四人から四給村役人に宛てて、小作議定書が差し出されている。それを次に掲げよう。ちなみに、小作人七一人の内訳は、秋山分（中川土税知行所）一二人、峯岸分（中川主計知行所）一六人、七五三引分（間部知行所）三八人、石倉分（中根知行所）七人であった。

史料2[24]

小作議定書之事

一、大麦・小麦作之儀、年々六月十五日限計立皆済可致候事
一、大豆之儀、年々八月十五日限計立皆済可致候事
一、粟作之儀ハ、年々九月十五日限計立皆済可致候事
一、田方米・春地米・畑米等、年々十一月十日限計立皆済可致候事
　但し、升目相改計立相納可申候事
一、田畑立毛之節立会、致検見取極相成候分、以来引方等一切取用不申候事

右議定、前々郷中取極議定有之候処、近来小作人方出石不同ニ相成、以来右日限之通遅参無之様、今般小作人一同取極候上ハ聊違失之もの無御座候、右日限之通皆済相滞候而ハ、御年貢・諸役銭等御差支ニ相成候ニ付、地主ゟ御役元様江御願被成候取極相成候ニ付精々出情可仕候、若万々一以米違作之年柄たり共、地主・小作人ニ而相対示談実意取引致し、大勢申合等一切致し申間敷候、為後日永々小作議定書、仍而如件

慶応元丑年十一月日

（秋山分小作人一二人、峯岸分小作人一六人、石倉分小作人七人、七五三引分小作人三八人連名略）

右四給百姓代証人

忠　蔵

久太郎

今右衛門

吉　蔵

四給

御役人中様

右本書郷中月番箱ニ本書有之候事

右一同調印也

史料2は、近年小作人の小作料納入の仕方が乱れてきたので、あらためて作物の種類ごとに小作料納入期限を設定し、期限の厳守を定めたものである。史料2では、次の三点に注目したい。

①不作の年でも地主と小作人が相対で交渉することとし多数の小作人の結集を否定していることや、地主・小作人が立ち会って検見をしたうえでとり決めた小作料は、以後一切減免をしないとしていることなどから、この議定書はどちらかといえば、地主側の立場から小作人の統制を目指したというニュアンスが感じられる。地主層は、とりわけ小作人たちの集団行動を恐れ、警戒している。よって、史料2は、同年の小作騒動で譲歩を余儀なくされた地主層が、以後の小作人たちの動きに一定の歯止めをかけるために制定したものと推測されるのである。

②史料2が四給村役人に宛てて出されていることや、小作人が小作料を滞納した場合には地主から村役人に願い出

るとされていること、さらに小作料納入期限が村内一律に定められていることなどから、村（村役人）が地主・小作関係に介在していることがわかる。これは、史料2の原本が月番名主のもち回りとされていることによっても裏付けられる。

③史料2は、四給の小作人・百姓代から四給の村役人に宛てて出されており、給分の枠を超えて村全体で結ばれた小作議定証文である。四給の小作人が四給の地主と対峙しているのである。この点、給分の枠に規定された結集形態をとった万延元年の場合と比べて、小作人の結集範囲は一段と拡がりをみせている。小作人が数の力によって要求を通すという戦術をとる以上、結集範囲の拡大は当然の流れだといえるが、短期間にこうした変化が生じた具体的事情については明らかにしえない。

ともあれ騒動が落着したので、小前一同から四給村役人・百姓代に謝礼として進物をすることになり、四給小前惣代として栄次郎・長吉・伝兵衛ら五人が品物をあつらえに行った。その際、栄次郎（明治三年二月の持高三・二七一六石）・長吉（同じく〇・四八一一石、いずれも間部知行分の百姓）以外の三人に「不埒之筋」があったとされて、小前一同との間でトラブルになり、栄次郎・長吉が小前一同や村役人に詫びを入れて、何とか勘弁してもらうという事件があった。

さらに、慶応二年二月には、前年同様、平兵衛・伝兵衛・浦次郎・治郎右衛門という間部知行分の四人が中心になって、「御伝馬相談」という名目で、鎮守の鐘を撞き鳴らし、相給の者にも誘いかけ、数度徒党がましく大勢集まった。このとき、小前のうち不参加者には出銭させるといって参加を強制した。しかし、このことが村役人から江戸の間部氏の屋敷にも報告されたため、四人は洞昌院・相給村役人・隣村子安村の龍泉寺に縋って詫びを入れ、間部氏への訴えを取り下げてもらっている。

明治二年十二月五日には、村内の困窮人らが集会を開き、村役人がそれを解散させている。参加したのは、秋山分一四人、峯岸分一人で、七五三引分からも当初少数が加わっていた。困窮人らは、「無心」を申し入れる相手として、間部知行分とそれ以外とで各九人の名前をあげたという。

このように、幕末維新期には小作人・困窮人層の集団的運動がくり返され、小作議定制定による新たなルール作りの動きもみられたが、村内の動揺はなかなか収まらなかったのである。

3　七郎右衛門一件

本項では、慶応二年（一八六六）から明治二年（一八六九）にかけて起こった、上粕屋村百姓七郎右衛門（中川帯刀知行分）と山口作助との間のトラブルをとりあげて、当時の村落状況の一端を明らかにしたい(25)。

事の発端は十八世紀後半にまでさかのぼる。天明四年（一七八四）閏一月と天明五年十二月の二度にわたって、七郎右衛門から左七（作助の曾祖父）に田畑山林が譲渡されている。天明四年の譲渡証文には、「前々由緒有之候故」に譲るのだとされ、「右田畑山林共子々孫々ニ至迄永々貴殿御支配可被成候」と記されている。また、天明五年の譲渡証文には、「前々其元ニ内外無拠厚恩ニ罷成候縁ヲ以」譲渡すること、この土地は以後「子々孫々迄永々御支配可被成」ことが記されている(26)。

さらに、安永年間（一七七二～一七八一）に、七郎右衛門から上粕屋村百姓八郎右衛門に地所一か所を売り渡したが、その地所は天明年間（一七八一～一七八九）に同村百姓兵蔵に転売され、さらに寛政年間（一七八九～一八〇一）に兵蔵から山口家に売り渡され、以後同家が地所を進退してきたという。その後、七郎右衛門は、一八三〇年代中頃に、尾張国生まれで古鉄買渡世をしていた男を養子にして、七郎右衛門の名跡を継がせた。彼が、これから述べる一件で一方の当事者になるのである。

前記の土地移動から半世紀以上もたった慶応二年十月になって、七郎右衛門が作助に、前記の地所について、もともと自家の所持地だったものを今は作助が進退しているのだから、両家は「縁合も有之候」などと、あれこれ「不法」なことをいい出した[27]。そこで、近隣の伊勢原村名主伊兵衛が間に入って、作助から七郎右衛門に金七両を貸す代わりに、七郎右衛門から作助の父左司右衛門宛の一札を伊兵衛方に取り置くことでいったんは解決した。この一札には、七郎右衛門が生活困窮のため、「譲り地故縁之廉合ヲ以、御無心申入」たが、説諭を受けて自分の心得違いに気付いたので、「以来右地所永久安泰御所持可被成候」と記されていた。

しかし、慶応二年十一月に、作助方で養子披露をした際[28]、七郎右衛門が作助に、「右地所流地所持有之候上者地親類之義ニ候所、何之相談も無之」養子を貰ったのはどういうわけだなどといい出した。このときも伊勢原村の伊兵衛が間に入り、七郎右衛門に詫びさせたが、彼の困窮に配慮して、また作助から金七両を貸すことにした。

慶応三年四月付の、七郎右衛門から作助宛の詫び証文には、①十八世紀中の譲り証文に「由緒有之」とあるので「御親類同様」だと考えたこと、②仲裁者から、土地譲渡の際の事情は、「由緒之名目ヲ付譲り渡し度段譲り主（七郎右衛門─引用者註）方ゟ其節村役人江達而相願聞済之上祝儀金請取相極候上者、地縁ニ付本末之趣意柄可在之謂無之、右地所縁ヲ切年来進退ニ相成候得者、請返シ等者勿論譲り主方何様之義御座候共御掛合等可致筋毛頭無之、猶譲地差遣し置候迚親類突合等之儀者郷例無之段」の説諭を受けたが、七郎右衛門としては納得できなかったこと、③しかし、先非を後悔し、以来譲り地に関して無心や掛け合いはしないこと、などが述べられている。

②にあるように、仲裁者側では、七郎右衛門と作助との間に「地縁」・「地親類」の関係を認定しなかった。また、ここで「請返シ」に言及されているが、実際養子披露一件の際、七郎右衛門は「地所可相返旨」を主張している。

さらに、慶応四年四月には、作助方へ流地になった山の立木を、七郎右衛門が「理不尽」に伐採した。彼は、困窮を理由に、金を貸してくれなければ再度伐採するなどと言い募った。このときも、取扱人が作助に「慈愛之無心」を申し入れたため、作助は仕方なく米一俵と金二両二分を山廻り料の名目で差し出した。また、同年十一月にも、「前同様作助方へ種々難題ケ間敷義申掛」けたため、上粕屋村新三郎が立ち入り、作助から七郎右衛門に金一両一分を貸与した。

明治二年二月には、七郎右衛門が、神奈川県からの出役に、難渋を理由に山口家への譲り地を請け戻したい旨嘆願した。出役は、下粕屋村大惣代名主五郎助・上粕屋村同麻生善兵衛（間部知行分）に取扱いを命じた[29]。

その後、明治二年六月に、七郎右衛門が作助に、寛政年間に兵蔵から山口家に売却した地所について、「兵蔵より売渡し候代金余り下直ニ付可相返趣不筋又々申掛」けた。作助としては、問題の地所は兵蔵から買いとったものなのだから、七郎右衛門からあれこれいわれる理由はないはずだと考えたが、七郎右衛門が、この地所に関して、「地代金幷是迄借金調達之上者立木伐木雑木山植付共可相返」、「立木伐取元雑木山ニ付雑木之根ヲ植付可相返」などと主張したため、村役人に届け出た。村役人が七郎右衛門を教諭したので、彼はいったんは引き下がったが、今度は下粕屋村五郎助に訴え出た。五郎助は善兵衛と相談し、二人から七郎右衛門に厳しくいい聞かせたが、七郎右衛門は、作助が金を貸してくれるまでは何度でも掛け合うと主張した。そこで、仕方なく、五郎助・善兵衛の取り計らいで、従来の出金分合計一七両三分に加えて、さらに作助が一二両一分を貸し、あわせて三〇両の借用証文を作る代わりに、以後は当該地所に関して「難題ケ間敷義」は決していわないということを取り決めた。

ところが、明治二年八月になって、七郎右衛門は今度は次のようなことを言い出した。すなわち、先年山廻り料の名目で受け取った米一俵と金二両二分については、これまで給料だと思っていたが——返す必要のない金だということであろう——今度新証文の三〇両のなかに加えられて借金扱いになったため、これまでの山番は無給で務めたかたちとなった。ついては、米一俵と金二両二分をあらためて渡してほしいというのである。

作助が五郎助・善兵衛に事情を話したため、両人は新三郎（慶応四年十二月の立入人）から七郎右衛門に意見させた。しかし、七郎右衛門が、金を貸してくれないならば妻子を連れて作助方へ押し込むなどといったため、新三郎から作助に「厚示談申入」、新たに五両を貸与させた。

さらに、同年九月四日にも、七郎右衛門が作助方に来て、互いの貸借関係に関してまた談判に及んだ。あげくに、七郎右衛門は、懐中から角材（木刀ともいう）を取り出して作助の眉間を殴打するという暴力沙汰にまで至ったという。この件は、厚木町において神奈川県出役の取り調べるところとなったが、その際にかかった経費で七郎右衛門が出すべき五両のうち、二両二分を作助が「助合」として出金している。七郎右衛門は、十一月晦日に縄目を解かれている。十二月二日には、剃髪した七郎右衛門が村役人らに付き添われて詫書をもってきたが、そのとき作助は一〇両を、「改心元手金・相続手宛料」として恵んでいる。

その後、明治三年八月（もしくは九月）に、七郎右衛門は難渋を理由に麦一俵の借用を申し入れてきた。作助は最初断ったが、このときも前出の山本新三郎が間に入って作助に無心し、結局一両二分を渡している(30)。作助は、七郎右衛門に対して、一貫して温情的に対応している。

以上の経緯は基本的に作助サイドからの描写であるため、どこまで事実を忠実に伝えているのか不安は残る。しかし、一応以上を前提に、そこから注目すべき点をあげておこう。

第一に、七郎右衛門は、慶応二年、明治二年とくり返し元の所持地の請戻しを要求している。彼の主張の正当性を支えていたのは、譲渡・質流れなどで土地を手放してから年数が経過した後でも、元金を返済しさえすれば土地を請戻せるという無年季的質地請戻し慣行の存在であったと思われる(31)。相模国は、全国的にみても、この慣行が強固に存在した地域であった。また、上粕屋村についても、たとえば慶応三年十二月に、同村字峯岸の良仙から作助に宛てた質地証文には、「金子調次第何ケ年相立候とも御返シ可被成候」との文言があり、これが無年季的に請戻し権を留保したうえでの質地契約であったことがわかる(32)。こうした事例は同村でほかにも存在する。七郎右衛門がくり返し作助に談判を行なった背景には、こうした慣行が存在したのであり、彼の主張はまったくの不法だというわけではなかった。

しかし、第二に、作助のみならず扱いに入った上粕屋村や周辺村の村役人も七郎右衛門の主張を肯定せず、彼らの説諭の結果、七郎右衛門も何度か自己の主張を撤回していることからわかるように、無年季的質地請戻し慣行は幕末維新期にあって必ずしも村のなかで強固に位置付いていたわけではなかった。むしろ、この慣行を認めない作助のような豪農や村役人層の存在によって、その正当性は次第に崩れつつあったのである。

第三に、こうした状況下で、取扱人たちの基本姿勢は、七郎右衛門の主張を受け入れられないとしつつも、七郎右衛門は「極窮之もの」、作助は「身柄之もの」だという理由で、作助に一定の出金をさせることで事態を収拾しようとするものであった。そこには、七郎右衛門の主張を断固否定するという姿勢は見受けられない。むしろ、富裕な者は貧しい者のためにその富の一部を拠出してしかるべきだとする考え方がみてとれる。無年季的質地請戻し慣行も、土地を手放すことになりがちな経済的弱者たる小前層を保護するという機能をもっていたことを考えると、この慣行自体は正当性を失いつつも、その基礎にあった考え方自体は、幕末維新期にあってなお生命力を維持していたといえよう。

第四に、作助が、土地の請戻しは拒否したものの、度重なる出金要請には応じざるをえなかったように、村一番の地主・豪農といえども、第三点として指摘したような考え方に拘束される存在であったことが指摘できる。そして、そのことは、せっかく土地を集積し財をなしても、いつ小前層から土地請戻しや出金の要求があるかわからないという意味で、豪農層の経営を不安定なものたらしめていたのであった。

4　組分け据置願い

ここでは、明治四年に上粕屋村内の七五三引組から出された組分け据置願いについて検討する。まず、史料を引用しよう。

史料(33)3

組分据置願書

相州大住郡上粕谷村
七五三引組
小前惣代
古宮伝右衛門
組頭
山田庄三郎
名主
麻生善兵衛

右者私共村方之儀元来五給ニ而、四給合高六百廿八石九斗三升壱合者去ル辰年籏下上知被仰付、合給いたし人撰入札之上改役人奉願上、私共組之儀者高五百五拾八石九斗六合朝臣ニ而相残り居候処昨年七月中士族上知ニ被仰付、依而者籏下士族之無差別五給合高千百八拾七石八斗三升七合一纏ニ可相成之御趣意奉承伏候得共、従来籏下上知分四給者御検地帳焼失候哉本紙無之写又者名寄帳相用候儀ニ而組分名目も不分明ニ御座候得共、私共組之儀者往古良弁僧正大山開山之砌一ノ七五三与相唱ひ、村中江御鳥居建立有之候ニ而七五三引村与申伝ニ而、既ニ其後寛文十三丑年御縄入御検地帳ニ茂相模国大住郡糟屋庄七五三引村与暦然記し有之候儀ニ御座候得者、素ゟ別村之儀ニ而何分一纏可相成謂無之、殊ニ籏下士族合給相成候而者、高千百八拾七石余戸数百九拾弐戸ニ相成平常諸向不弁治り方不宜、殊ニ往古ゟ七五三引村与唱ひ来候儀を無跡形相成候而者、私共組小前一同深悲歎罷在何分

治り方相成兼候間無余儀奉願上候、何卒従前仕来之通上粕谷村七五三引組与御据置被成下置度此段連印を以奉願上候、以上

右村
小前惣代
古宮伝右衛門
与頭
山田庄三郎
名主
麻生善兵衛

明治四未年正月

神奈川県
御役所

史料3の概要は、次のとおりである。①同村はもと五給で、うち間部知行分を除く四給分は明治元年に「簱下上知」、すなわち明治政府に収公・一体化され、入札のうえ村役人を選び直した。しかし、間部内膳正は、いち早く新政府に帰順して本領安堵されたため、七五三引組（間部知行分）(34)のみはそのまま存続した。しかし、明治三年七月には、やはり収公され（「士族上知」）、神奈川県から旗本上知分との一体化が指示された。②しかし、旗本上知分は、従来から「組分名目も不分明」だったのに対し、七五三引組は、寛文十三年（一六七三）の検地帳に「七五三引村」と記載されているように、もとから明らかに別村であって一纏めにされるいわれはない。③旗本・士族両上知分をあわせると村が大規模になりすぎ、「平常諸向不弁治り方不宜」、ことに古くからの七五三引村という呼称が消えることには小前たちの抵抗が強いので、これまで通り「上粕谷村七五三引組」として存置してほしい。

こうした願いが出される背景には、近世の各給分が集落を基礎に設定されていたという事情があった。すなわち、間部知行分は七五三引・子易、中川帯刀知行分は秋山、中川鉄七郎（主計）知行分は峯岸、中根知行分は石倉を、それぞれ中核的基盤としていたのである。もっとも、間部知行分の百姓は他集落にもおり、山口家も幕末までは石倉集落に住んでいたのであって[35]、各知行付百姓が集落ごとに明確にわかれていたわけではなく、各給分の田畑に至ってはさらに複雑に入り組んでいた。

史料3の願書に対して、明治四年二月二十三日、旗本上知分の村役人惣代が、神奈川県に次のように申し出ている[36]。一村合給となれば、村役人も減り、諸入用の節減にもなってありがたい。「当村元給々与者乍中田畑幷戸数入交自他之境界発輝与相分り兼候程之次第故、小前末々ニ至迄幾々不都合之場合も有之」、それを組分けなど仰せ付けられては「万事隔意相成御用村用共御差支相成」るので、組分けには反対である。七五三引組が、われわれに一言の相談もなく組分けを願い出たのは納得できない、と。

一方、七五三引組では、同月、「百姓惣連印・年寄・名主」を差出人として、安永年間（一七七二～一七八一）の年貢割付状に「七五三引村」と記載されていること、文政十年（一八二七）の改革組合村の結成後も村名のみは一村としたが公用向きは組々が順番に務めてきたこと、旗本上知分とは石盛・年貢率が異なっていること、などを理由に、「御割付面」などにおける組分けの据置を神奈川県に再願している[37]。

この問題は、明治四年四月に、士族上知分が「懸合方不行届」の点を認めたことで、旗本・士族両上知分小前一同の相談がまとまった。そして、旗本・士族両上知分の村役人が、上粕屋村は「大高場広之村方」なので合給となっては「治方不行届」であるし、また士族上知分の一体性については古証書もあるので、今後とも七五三引組として組分けを据え置いてほしいと、神奈川県に願い出て認められている[38]。

なお、この願書の案文には、「士族上知分七五三引村与申立候通別村ニ而、近来上粕屋村与名目計組込ニ相成り居候得共、都而取計向者別段ニ而」、「慥成ル別村之証拠物も有之」などの表現があったが、いずれも修正されている。二月の再願書においても、七五三引組は近世以来の独自性を主張していたが、実態としては、近世においてはあくまで上粕屋村として一村であり、その中に間部知行分が含まれていたのであった。また、案文が修正されているということは、旗本・士族両上知分の相談の過程で、上粕屋村の一体性を前提とした上での組分けというかたちで合意が形成されたことを物語っていよう。

その後、明治六年六月には、士族上知分字七五三引戸長兼副区長山口作助と副戸長・小前惣代が、足柄県に次のように願っている。七五三引は、安永年間頃までは粕屋庄七五三引村と唱えていたが、その後上粕屋村字七五三引と唱えるようになった。このたびの地券取り調べに際して実際の耕地と検地帳との照合作業が「地所錯雑」のため困難を極めたが、その原因は「近来旧名ヲ廃シ一名ニ相成候」ところに求められるので―このへんの論理はやや不明瞭である―旧名七五三引村への村名唱え替えを願いたい、と。[39]

ここでは、組分けからさらに進んで、七五三引村という村名の復活を求めているのである。しかし、この要求は認められなかったもようであり、逆に明治八年二月には、両上知分の村役人が一本化された。このとき左七郎がはじめて戸長に選ばれたのである（この点は後述）。

以上の経緯から、次のようにいえよう。明治初年においても、近世の知行分のまとまりは強く残っていた。[40]それは、各知行分が、集落を基礎に設定されていたことにもよるものであった。近世の集落は、今日の区に引き継がれているように、[41]現在までその意味を失っていないが、幕末維新期における方向性としては、曲折はありつつも支配・行政の面では村の一体性がより前面に出てきたと評価できよう。

5　小　括

以上、左七郎が上粕屋村に来る以前の状況をみてきたが、ここで本節の論旨をまとめておこう。

第一に、幕末期において、村方騒動や小作騒動にみられるように、小前・小作層の動きが活発化したことが指摘できる。その結果、村財政の透明化、村役人制の改変、小作料減免などの成果があがった。ただし、村方騒動の主体と小作騒動のそれとは必ずしも一致せず、村内に多様なつながりがあったことを推測させる。

第二に、上粕屋村が大きな村で、近世には五給にわかれていたことから、村内には知行所や集落（小名、谷戸）単位のまとまりが存在していた。そのつながりの強さは、組分け据置願いや万延元年の小作騒動において示されたが、方向性としては、慶応期の小作騒動や明治八年の両上知分の村役人一本化にみられるように、村の枠組みの重要性が増していった。

第三に、こうしたなかで山口家は、小作騒動や七郎右衛門一件では小前・小作層と対峙する一方、間部氏から村（知行所）への賦課を一人で肩代わりするなど経済面で村のために貢献もしていた[42]。同家は幕末期には村役人でなかったため、村方騒動では攻撃対象とはならなかったが、明治になると戸長・副区長・里長などを務め、組分け据置願いにおいては七五三引組の村人たちの代表ともなった。山口家にとっては、幕末期における苗字帯刀御免の給人格としての別格的地位から、村役人として村運営の責任者の立場へという大きな転換があったのである。

第四に、無年季的質地請戻し慣行の残存や小作騒動の展開が、山口家の土地所有・地主経営にとっての不安定要因となっていた。こうした状況にどう対処するかが、明治期における同家の課題であった。

二　金子村時代の左七郎

本節では、金子村時代の左七郎（間宮仁三郎）の意識と行動について、彼の日記を中心的に用いつつ、年を追ってみていきたい[43]。当時の彼の名は間宮仁三郎であったが、本節では左七郎に統一する。

1　慶応四年・左七郎二十歳（数え年）

日記には、手習いをしたとか和歌を作ったという記載が目立つ。学問にいそしむ日々であった。七月十六日には、訪れた友人とともに夕刻より和歌を詠みはじめ、徹夜で二〇首ほど詠んでいる。また、『玉あられ』（本居宣長著）、『万葉考』（賀茂真淵が著した万葉集の注釈書）などの書物を読んでいる。左七郎の師は、小田原藩士で国学者・歌人の吉岡信之（小田原在住）であった。ただ、慶応四年（明治元年、一八六八）には、吉岡に日常的に師事していたわけではなく、左七郎が小田原に行ったときに訪問したり（七月九日、八月九日、同二十三日、十一月十六日）、逆に吉岡が泊まりがけで間宮家に来訪したりしたとき（十一月十八日〜二十一日）に語りあうという関係であった。

また、十月十六日に、柳川村（現秦野市）の友人熊沢儀正《のりただ》が訪れた際ともに和歌を詠んでいるように、和歌は他者とのコミュニケーションの手段としても機能していた。後年日々の歌作は行なわなくなっても、和歌は左七郎の感情表現の手段、もしくはコミュニケーションの手段としての役割を果たし続ける。

七月六、七日には、兄の発句開巻《ほっくかいかん》（俳諧の作品を一座の前で公開すること）の手伝いをしている。八日には、「隣家の発句講来る」の記事がある。家内や近隣に発句を楽しむ文化的環境があったのである。七月二十六、二十九日には都々逸《どどいつ》（三味線の伴奏で唄う俗曲）の口読みをしている。ただし、二十六日には「誠ニつまらなく一夜を更しぬ」

とあり、都々逸遊びに心から満足していたわけではなかった。

一方、八月十三日に、「近き頃はうたも不読手習も不致とて閑等（等閑カ）に怠る已（而脱カ）也、とても願望可成しとは不みえ候事」とあるように、自己の怠惰を自戒する文言が随所に出てくる（七月二十三日、八月六日、同十五日、九月二日、同十六日、十月二日、同七日、十一月四日、同二十六日、十二月七日、同十四日、同二十一日など）。さらにいくつか例示すれば、八月十五日には「誠に柔弱の甚しき也」、九月十六日には「近き頃はうたも不読、読書もいたさす、怠るのはなはたしき事筆にしるしかたし」、十一月二十六日には「夜に入うたは一首にして終る也、たま〳〵の耕作にてつかれしにや眠る也、誠はをのれかをこたれるわさそかし、心すへし」、十二月七日には「夜に入、証文五本計したゝめけれは、うたも不読、書見も不致、むなしく眠る也」、十二月十四日には「内の用事のみにて、なにもいたし不申候事、むなしく眠る」、同二十一日には「近頃はうたも不読、手ならひいたし不申、怠る事顕也、是己のこゝろの憤発せさる事顕然なり、誠に歎息の到りなり」などとある。これらからは、左七郎が毎日の歌作を自らに課し、それができなかったときに反省の弁を記していることがわかる。

歌作に次いでは、読書・手習いが重視されていた。彼は、農作業や家内の用事もこなしており、ただ怠惰にすごしていたわけではなかったが、家業のために歌作が疎かになるとき空しさを感じていたのである。向学心に燃える青年の心情を読みとることができよう。しかし一方では、十二月九日～十一日には、友人たちと小田原に行って、成田楼・高橋楼に登楼して遊んでいるように、時には羽目を外すこともあった。

八月十八日には、酒匂川が出水して川越えしようとした人が行方不明になったため、村方の人足を大勢引き連れて捜索に当たっている。若さをみこまれて、当時名主であった父若三郎や兄金三郎の代理を務めたのであろうか[44]。兄の名代として葬儀に参列することもあった（十月八日、十一月二十三日）。農作業にも頻繁に従事しているし、小作に出している土地の作柄検分（十月三日）や「日雇勘定」（十月二十八日）をするなど家の経営にも関与していた―同家では、奉公人や日雇いを雇っていた—。また、間宮家では酒造も行なっていたので、その手伝いもしている。

人的交流の面では、後に左七郎が大住・淘綾両郡の初代郡長を務めた時に足柄上郡の初代郡長であった中村舜次郎（松田惣領村〈現松田町〉在住）が何度も来訪し（六月二十二日、七月六日など）、八月十一日には逆に左七郎が中村方を訪れている。九月十一日には、報徳運動の指導者として著名な福住正兄《ふくずみまさえ》が訪れている（正兄には八月十四日にも小田原で会っている）。

十二月十八日からは、環《たまき》新一郎（節堂）が間宮家に滞在している。環は、林鶴梁に学んでのち塾頭にもなった儒学者で、珠算にも長じていたという(45)。彼が左七郎の儒学の師となった。また、「晋誠」（履歴不明）という人もたびたび訪れ、左七郎に手習いを教えている。

七月二十一日は、村の祭礼だったので手習いを休んで何もしなかった。十月二十日には、えびす講で村人たちと大いに語りあったため、和歌は一首も詠んでいない。また、十一月二十日は村の休み日だったため、鎮守の山に神楽を見に行っている。このように、左七郎が村の年間行事のサイクルにあわせた生活を送っていたことも付け加えておく。また、十月以降、父の病気が左七郎の心にいくぶん暗い影を落としていた。

2　明治二年・二十一歳

明治二年（一八六九）も、歌作・読書・手習いと、学問中心の年であった。環新一郎が頻繁に訪れて滞在し、彼から儒学を学んでいる。環は、当時相模・駿河両国各地を回っていた。九月二十二日には、「環は一世之儒生也」との評語がみえる。日記には、「からふみ」（漢文）を読み、「からふみ」、「からうた」（漢詩）を作ったとの記事が頻出する。読書をし、かつ創作に励んでいたのである。三月十六日には、「たまきそれかしにものよみけることをならひにけり、近きころは、かれこれとのみいたし、うたも不読、やまとこゝろのひとことのはもいてす、からふみのみならひにける、夜にならは、みしかきこゝろに、かつみしかき夕へなりけれは、うたよまんにもいとものうくて、かはかりをこたれるのはなはたしき」とあり、和歌から儒学へと学習の中心が移っていたことがわかる。ただし、和歌を詠むこともやめてはいない。また、四月八日には、村人たちに勧められて「発句」を一、二句詠んでいる。ただし、「やむことを得す」と記しているように、あまり積極的ではなかった。

洋学の学習をはじめたことも特筆すべきであろう。五月六日には『西洋時辰儀』（時辰儀とは時計のこと）を読んでいる（六月六日にも同書を読む）。日記中にも「四字」（四時）などの洋式の時刻表記が現れ（五月十八日、同二十日、七月四日、同二十四日など）、近世以来の表記法と併存するようになる。六月十六、十七日、十二月二十三日には、間宮鉄太郎(46)から洋算（数学）・洋学を習っている。六月二十五日の欄外には、「テルモメートル四十度位歟」とあり、気温の計測もしている。

一方では、和歌を作り続け、吉岡信之方も訪問している（二月十八日、三月八日、七月四日など）。二月二十五日には子どもたちの手習いの手本を書いてやり、五月十四日には子どもたちに漢文を教えている。読んだ書物には、『史略』（環に就いて学ぶ）、『日本外史』、『万葉考』、『漢書』、『後漢書』、『西洋博物新編』などがあった。

左七郎は同年数えで二十一歳であるからまだ若者組のメンバーであり、七月二一二、二十四日には若者組の寄合に参加し、二十四日は徹夜までしている。同月二十五日にも「若きもの連中に立交」っていたところを家に呼び戻され、神奈川県の用事で人足五〇〇人ほどを連れて曽屋村十日市場（現秦野市）方面に出かけ、二十七日まで徹夜で活動している。盗人捕縛のための出張だったようである。

十月八日には、父のいいつけで、神奈川県の役人に同行して山王原村（現小田原市）まで行っている。十月十六日には、家で「組合村々家数村高人別等しらへした〻め」ている。十一月二十一日には、近隣の村で火災があり、小田原から検視の役人が来たので、二十三日には役人に提出する書類の作成に忙殺されている。このように、村の公用をも務めているのである。

　家の耕作も手伝い、小作米取り立てにも携わっている（十一月二十六、二十八日）。酒造の手伝いもしている。五月二十日には、「夕つかたは野を廻りて来る也、是はわか世わたるわさなれは、おこたらむはや」とあり、農業を自らの本業と位置づけている。その一方で、農繁期には、十月二十三日に、耕作で忙しくかつ疲れるため「むなしく過るこそうらめしけれ」、同月二十七日には、耕作が忙しくて、「ものならひえむ事のせんすへなき」などとある。また、十月二十九日には、「野に出てたかやし帰る此ころは　かき残すへきことくさもなし」と詠んでいる。いずれも、農事多忙のため学問をする時間がないことを嘆いているのである。九月二十四日の欄外には、「不得其志光陰其行焉、実可不憂乎」とある。以上の記述から、農業と学問の狭間で葛藤する左七郎の心情が読み取れる。

　学問を怠ることへの自嘲・自戒の言はほかにも散見される（八月二十一日、十一月十日、同十一日、十二月八日、同十六日、同二十六日など）。八月二十一日には、「とかくむなしきことのみおほかるにや、うらやみかちに社《こそ》」、十一月十一日には「かくまておこたるものかなと、われなからあきれつゝ過る」、十二月二十六日には「かれこ（れ脱カ）いそかしけれはむなしく過るかち社くちをしけれ」などとある。

　八月八日の欄外には、「余近世正移世俗事真驚也、故文事怠矣」とある。十二月三十日には、「たきゝとり草かるまゝに賎のをは　今年もつらく過にけるかな」という歌を詠んでいる。社会の激動に目を見張り、一方では日々の家業に時間を割かれて、学問の時間が十分取れないことが左七郎の悩みであった。

3　明治三年・二十二歳

　明治三年も、前年とほぼ同様の日々が続いている。和歌を詠み、読書をし、「から史」（漢文・漢詩）を書き、環新一郎に儒学を習っている。また、小田原の吉岡信之方をたびたび訪問している（五月一日、同十八日、同三十日、六月一日、九月十二日、十月一日など）。一月十五日には、「たまきそれにから史のこゝろわきかたかりけるを、ときて給ひけること也聞て、夜はに発句する人々の来、われにもいたしてよとすゝめのまに〳〵おもひのまゝにいひ出」とある。友人とともに和歌を詠んだり（五月二十日、同二十五日、九月六日）、「うた会」に行くこともあった（十月二十五日）。

さらに、間宮鉄太郎（当時は沼津在）には洋算を習っている（六月二十七日、同二十八日、十二月二十一日、同二十三日、同二十四日など）。間宮は、六月二十三日〜二十九日と十二月二十日〜二十五日には金子村に来ていた。三月十五日には、「九字」（九時）という時刻表記が出てくる。もっとも、旧来の時刻表記法も併用している。読んだ書物は、『さねかた集』（『実方朝臣集』、藤原実方の歌集）、『養生法』（松本良順著の医学書）、『西洋事情』（福沢諭吉著）、『国史略』（巌垣松苗編の歴史書）、『天満宮故実』（『太宰府天満宮故実』、貝原益軒著）、『孫子』（『孫子十家註』）、『枕草子』などであった。また、『護国新論』（慨疑道人著）、『北條分限録』（『北条分限帳』）、『土佐日記』、『玉鉾百首』（本居宣長著）、『詠史百首』（加藤千浪編の和歌書）などを写している。

農作業にも従事しており、多忙のため学問を怠りがちになることへの反省の言もくり返しみられる（一月二十五日、同二十七日、同二十九日、二月二十八日、閏十月十九日など）。「奉公する人々の取きめすることの、いともいそかしけれは、をこたりかちになりぬことのいまわしけれ」（一月二十七日）、「はやむ月くれなんとするにまた、うたもよみ得す、むなしくうちけるこゝろ（のカ）めうち、つたなき筆につくし兼けれ」（一月二十九日）、「夜に入、もの考うことあれはとてむなし、近き頃はかゝるさまにていとをこたりけるの、はなはたしくなりぬ」（閏十月十九日）、といった具合である。

八月十八日には、赤田村（現大井町）で盗人が逮捕され、頼まれてその取り調べを行なっている。翌十九日には、その関係で、小田原藩から小太郎という者の召喚状が来たので、村役人たちと相談している。八月二十四日には、やはり赤田村盗人一件で神奈川県から書状が来たため、藤沢に向けて出発している（同二十六日帰宅）。閏十月十四日には、前日神奈川県の役人松倉某が来村したため、徹夜で文書作成に忙殺されている。十一月二十一日には、「むらかたの貢ものかそへること」をし、十二月十四日には、「政庁御改に付、宮々の由来、社寺ひろさなとしたゝめ、いたく更」している。このように、父の代理としてであろうか、それとも見習いとして経験を積むためであろうか、村役人が行なうような職務もこなしているのである。父が病気のため、十一月二十日には、小作人たちから小作米を受け取っている。十月九日には、村の鎮守の屋根葺き替えがあり、藁や縄を持って行っている。あらためて、左七郎も村落共同体の一員であることが確認できる。九月二十九日には、箱根湯本の福住正兄宅に出かけている。「其実しるしかたし」とあって、話の中身が気になるが、残念ながら知ることができない。閏十月二十二日には、井ノ口村（現中井町）の大嶋四郎兵衛と養子の話をしている。大嶋四郎兵衛が、間宮家と山口家との養子縁組の仲介者であった。十一月六日には、はじめて上粕屋村の山口家を訪れている。

明治三年も、父親の健康状態はすぐれなかった。二月七日には、病状が重くなり、左七郎は徹夜で看病している。二月十日には、わざわざ横浜から佐藤泰然という医師を呼んでいる。同二十八日には、父の看病で、「おなしことのみいたしつゝ過けるまに〳〵、いたつらにのみなりかちこそ、くちおしけれ」と記している。三月五、九日に『養生法』を読んでいるのも、父の病に関連してであろう。その後、病状が好転した時期もあったようだが、六月十二日には再び悪化したため「くすし」を呼び、キニーネを処方してもらっている。翌十三日には、小田原に行って薬を買ってきている。閏十月二十八日にはいったん床上げをしているが、全快というわけではなく、年末にはまた病状が悪化している。

十二月二十九日には、「貧しきことのつらさ、けふ社しるけれ、夜に入ても、少したに眠らさりける、ちゝのやまひのこゝろにかゝりける、そかなかに入来る、かけとりいへる人こそ、まことににくし」と記されている。日記の末尾には、「待春といふことを」と題して、「明ぬやと起いてみれは庭つ鳥　又来ん春をつけろとそなく」と記されている。明治四年こそ明るい春が来てほしいとの切なる願いであろう。

明治三年の間宮家は、小作地経営を営む程度の経済力は有していたものの、父若三郎の病もあって家運が傾いていたようである。若三郎は、明治四年に死去する。

三　明治四〜十一年の左七郎

本節では、明治四〜十一年、すなわち左七郎が上粕屋村山口家に養子に来てから初代の大住・淘綾両郡郡長に就任するまでの時期の、彼の意識と行動について素描する。方法としては、第二節同様、彼の日記を中心に用いて年次順に述べていきたい。その後で、とくに注目すべきいくつかの点をとりあげることにする。

はじめに、この時期の左七郎の動静を概観しておこう。明治四年八月に山口作助の養子となった左七郎は、同五年四月に仁三郎から左七郎に改名し、十月には家督を相続する。同六年九月には、旧旗本間宮将監の娘で、大住郡生沢村二宮平次郎貞勝の養女になっていた槙と結婚し、同八年六月には長男多朗が誕生する。一方、明治七年五月に第二大区蚕種世話役、同八年二月に上粕屋村戸長、同九年二月に大住・淘綾両郡の地租改正取調掛総代人となり、村・地域運営に関わっていく。明治九年十二月には、一転して、神奈川県庁に十二等出仕として勤務することになり、横浜に単身赴任する。同十年一月には県七等属に任じられた。しかし、同十一年三月には県庁を依願退職し、同月第二大区地租改正取調掛総代人となり、十一月には大住・淘綾両郡の初代郡長に就任した。

ここで注意しておきたいのは、明治五年十月に家督相続したとはいえ、経営の実権がすぐ左七郎の手に渡ったわけではないということであり、それは同家の経営帳簿の作成主体をみればわかる。すなわち、「売買帳」は明治十二年一月まで作助が作成しており、「金銀出入帳」は明治七年一月まで作助、八年には作助・左七郎の両人、十一年は左七郎が作成主体であった。「万覚帳」の作成者は、明治七年までが作助、同八、九年は作助・左七郎、十年以降は左七郎であった。「当座帳」、「田方年貢取立帳」、「畑方年貢取立帳」の三帳は、いずれも明治六年まで作助、七～九年作助・左七郎、十年以降左七郎が作成している(47)。

ただし、明治十年には、左七郎は横浜に単身赴任しており、帳簿の名目的作成者は左七郎であっても、実際の経営は作助や槙に委ねていたものと思われる。よって、明治四～十一年の時期において、左七郎は次第に家経営の中心となりつつも、いまだ経営の主導権を一手に掌握してはいなかったことがわかる。

では、以下、各年の左七郎の行動をみていこう。

1　明治五年・二十四歳

明治四年は日記が残されておらず、くわしく述べることができないので、明治五年からみていく。

明治五年は、左七郎が山口作助の養子になった翌年にあたる。同年の動静の特徴として、洋学の学習に力を入れていることがあげられる。読んだ書物としては、『西洋事情外篇』、『西洋道中膝栗毛』、『セルフヘルプ（西国立志編）』（スマイルズ著、中村正直訳）、『西洋くに尽し（万国国尽）』、『横文字早まなび』、『真政大意』（加藤弘之著）、『地がく事はじめ』、『生産道案内』、『万国公法』、『西洋航海ひざくりげ』などがある。『セルフヘルプ』、『西洋くに尽し』は再読、『西洋事情外篇』は三読している。

上記のうち、『横文字早まなび』は外国語の学習参考書であろうし（三月十三日の欄に同書を習いはじめたとの記載あり）、一月二十一日、同二十二日、二月四日、同十四日、同十五日などの欄外には英語の書き込みもある。ナポレオンについては、「真正才智剛毅志向也」との評語を記している。一月十六日には、新聞を読んでいる。

一月二十五日の欄外には、「十八日より世間絶読書」とある。二月十八日の欄に、「夜に入ては常のことく、床上に座してあかす」とあるように、夜を徹して読書することもままあったようである。彼の学問への打ち込みぶりをよく示している。なお、明治四年十一月に養父作助が上京した際、『博物新編』三冊、『西洋事情』二冊、『西国立志編』、『與地誌略』（青地盈訳の外国地誌）三冊、『新聞雑誌』（木戸孝允の影響下の政府系新聞）一八冊などを購入している(48)。ただ、これが左七郎の依頼によるものかどうかは定かでない。また、五月二十八日からは、栗原村（現伊勢原市）の石井吉右衛門の紹介で、東京で学んだという大槻村（現秦野市）の弥九郎を招いて、「独乙（ドイツ）学」を学びはじめている。同日の日記には、「かのとくこ、ろさし侍る西洋の学を、けふはしむ、そは欧誉巴・泰西中にもよく人のしることは得学（カ）はすに日曼といふくにのこと学ひはしめぬ、師なる人は大槻むらの人に而、とし月あつまに行て学し侍るひとに而、弥九郎とかいふ、わかさとなるくり原むら石井吉右衛門縁ある人なれはとて、なかう人（仲人カ）にけふきはしめける、夜に入けふをしえをうけ侍ること学ひつ、枕もそへす眠る」とある。彼は、訳書を読むだけでなく、ドイツ語学習まではじめているのである。これ以降は、洋学の学習に邁進している。六月十二、十八、二十日には、「教師」（弥九郎か）が来て洋学を学んでいる。洋式の時刻表記も散見される（二月二十三日など）。和歌もときどき詠んでいる。三月二十七日には金子村の実家に行き、久しぶりに環新一郎に会っているし、同二十九日には小田原に行って吉岡信之に和歌の評を乞うている。四月二十日には、環が中村舜次郎らと山口家を訪れているし、五月十九、二十日には松田惣領村で環に会っている。

学問と同時に、四月からは、当時名主を務めていた作助の補助として村政に携わりはじめたことも明治五年の特徴である(49)。戸籍帳（壬申戸籍）の作成に従事し、その過程で伊勢原の会所にたびたび出かけている。四月十六日から二十五日までの一〇日間などは毎日通っている。五月下旬までは、とりわけ忙しかった。六月二十七日には、作助にいわれて小田原の足柄県庁に行き、諸規則の通達を受けている。また、五、六月には氏子札（守札）を書いており、六月十七日には伊勢原の会所に行って「氏子札調印」をしている。翌十八日に、氏子札を書き終えている。

三月十一日には、「神武天皇の祭なれはとて、日枝の社（上粕屋村の産土神《うぶすながみ》日枝神社）まて詣」でている。五月一日には、「日食九り九分にかけると人のいひけるか、さもありけん、暫時はいとくらくなりぬ」と日食について記録している。

なお、四月二十四日に、左七郎と改名していることも付け加えておこう。

2　明治六年・二十五歳

明治六年の日記の表紙裏には、「一、節制　二、沈黙　三、順序　四、確志　五、節倹　六、勤労　七、誠実　八、公義　九、温和　十、清潔　十一、寧静　十二、謙遜」という自戒一二箇条が記されており、日記の末尾には、「明治七年自意教戒」として、「一　節製《(制カ)》　一　沈黙　一　門ヲ出不可持　杯《さかずき》ヲ」の三項目があげられている。

一月一日の欄には、「大きみの御のりかしこみものことに　いや新しき春はきにけり」、「移風易俗開化春　公明正大百事新　朝有賢野無洩　勝神州明治既六年」、「去年までは、けふかしこゝ、村内を年始なとし侍るか、去年のくれおほやけの御定によりて、ふることともさら〳〵になくなりて、ものことに新らしきことにのみ移りぬ」などと記されている。明治維新による社会の一大変化を肯定的にとらえる心情をみてとれよう。また、元旦には、産土神である日枝神社に初詣をしている。四月七日には、「わかさと土産《(産土カ)》の神日枝（日枝神社）のまつり」に行っている。この日は神武天皇即位日ということで境内に玉串を祀っていた。左七郎は「はた大前に打伏し四方の国しつけくもまもらせ給へなと」乞い願ったあと、競べ馬を見て帰った。人々は酒に酔い、眠り込む人もいた。ここには、国家の祭祀と村の産土神の祭りとの混淆がみてとれる。八月十一日には、久しく雨が降らなかったため、日枝神社で村人たちが雨乞いをし、左七郎も行って「雨ふらし給へ」と願っている。九月一日には、夜明け前に家の裏手の川で身を清め、「とし月わかなせしくさ〳〵の罪とかを、やきかまのとかまもて焼はろふこと、しうちはらはせ給へ」と大山の神を拝み、「はたわか産土の皇神たち、あはれめくませ給へ、けふより後、かはかりもまかことなく、木の世遠くわれもつゝしみおこなひまをす、そのおこなひにひかことなくなさしめ給へと、命をかけて乞ひねきまつり、こゝろまてみそきしけるなり」と、神々に願い禊ぎをしている。残念ながら、禊ぎを思い立った契機や願いの内容はわからない。

学問としては、『勧善訓蒙』、『農政本論』（佐藤信淵著）、『自由之理』（ミル著、中村正直訳）、『測地略』、『国史略』、『時計便覧』、『性道教』（小西正蔭著、小西は小田原の人で左七郎の友人）、『教林新報』などを読んでいる。「独書」すなわちドイツ語文献や、新聞を読み[50]、洋算（「こと国そろはん」）も勉強している（六月二十五〜二十八日、七月二日、同十四日、同二十五日など）。六月六日には、「日報社へとて投書なと考へけるなり」との記事もみられる。とはいえ、二月三日に「久しうちける故、独書なとさらひける也」、同七日に「久しく得よまさりし独書ふく（復）して過る」、同二十七日に「近き頃はおのか好めるふみら、かはかりも得よます」、六月五日に「いと久しくうちすてける独乙ふみなと」読む、六月二十五日に「こと国そろはんなと、久しう打捨けるにつけて、おもひ出して学ひけるなり」などとあるように、村政関係の仕事に時間を取られて、学習時間は減少している。六月二十二日には、小田原で杉浦某という士族の家を訪問して西洋式時計の修理を頼んでいる。八月十二日には「午過る三時の頃」、十一月七日にも「午過る三時頃」とある一方、旧来からの時刻表記法もなくなることはなく、両者が混在している。九月六日には、今宵が旧暦の十五夜であることを、人に言われて初めて認識している。そのとき、「こかれつゝみしや今宵の月かけをことしは人のをしへにそしる」と詠んでいる。

小田原に出た折には吉岡信之宅を何度か訪問し、また十一月一日に小田原で開かれた吉岡の還暦祝い（福住正兄らが中心になって企画）には出席しているものの、日常において和歌を詠むことは稀になっており、墓参など何か事あるにつけて詠むという程度である。

明治六年には、前年にも増して村政関係の仕事が増えている。区長である養父作助の補助である。日常的に書類作成や計算に取り組み、深夜に及ぶことも多かった。ときには、徹夜もしている。二月以降は、村役人たちとともに行なう地券取調べが中心となっている。この仕事は、六月二十四日に一段落した。ほかにも、足柄県庁の御沙汰書を村々に布告（一月十二日）、行き倒れ・寄留人の調査（一月十五日）、人別調べ（二月十六日）、「司法省日誌」を見て調べ物（二月二十四日）、戸籍帳作成（四月十一日、同十二日、同十五日、同十九日、同二十一日、十二月二十九日）、川除《かわよけ》書上・学区書上・水車書上など各種書上の作成（四月十二日、同十三日、同二十八日、同二十九日、五月五日など）、送籍状作成（四月二十六日）、「畑のみつき（貢）」の勘定（五月二十四日、同二十五日）、村絵図作成（五月二十七日）、徴兵関係の調べ物（八月三日、同五日、十月二十七日）、名寄帳作成（八月七日以降九月八日まで）、県庁への出頭（八月二十三日、十月八日、同十三日、十一月二十七日、同三十日、十二月七日、同十一～十三日、同十九日など）、区内割徴収（十月四日）、大山での新嘗祭に作助の代理として出席（十一月二十三日）、廃堂廃寺関係の仕事（十一月五日、同十二日、十二月二十一日など）、貢税・村費上納不足の勘定（十二月二十五日）、「むら方みつきもの」の徴収（十二月二十六～二十八日）などの多様な仕事をこなしている。十一月七日には、神奈川県令柏木忠俊が視察の途中、山口家に立ち寄り一泊した。五月七日には、足柄県庁に出向いた帰途、道で出会った老人に、「われはあふり（雨降）山本の農夫なり」といっており、彼が「農夫」としての自己認識をもっていたことがわかる。しかし、日記における農作業関係の記述としては、六月十一日の麦打ちなどの手伝い、同十三日の草取り、十一月十二日の薩摩芋引き、十一月二十二日の茶種蒔きなどがある程度である。村政業務の多忙化により、直接農作業に携わることは少なかったのであろう。なお、小作料の徴収にも関与しているように（一月三十一日、八月十三日、十一月二十五日）、家の経営にも関わっているが、同年にはまだ家政の実権は養父作助の手中にあった。八月二十三日には、小田原において、以前からの念願だった断髪をしている。九月十四日に槙《まき》と結婚し、九月三十日以降、妻に『西洋勧善訓蒙』

(『泰西勧善訓蒙』〈フランス人ボンヌ著の倫理学入門書〉のことか)や漢文を教えている。十二月二十日には、伊勢原の山田という「新しきから物うる店」で「こたひ太政官より御のりありけるわかくにのしるしとて、日の丸のはたしるしを、祝日のしるしにたつへしと、仰ありけるまに〳〵、わもそのはたをものせん布をもとめ」ている。大晦日には、「まつはことしもことのあらたつなく、しつかに過にし事のうれし」と記している。

3　明治七年・二十六歳

明治七年は日記が残されていないので、簡略に述べる。同年における大きな変化は、五月に足柄県から蚕種世話役に任じられたことである。この蚕種世話役は、小区に一人ずつ置かれたもので、桑苗植え付け奨励や蚕卵紙製造をはじめ養蚕業全般の振興と監督・統制にあたった。十一月には、左七郎が五〇〇本、上粕屋村戸長鵜川九兵衛・副戸長麻生専二郎が各二五〇本、合計一〇〇〇本(代金一〇円)の桑の苗木を、村内の養蚕の意欲はあっても苗木購入資金がない者に「施行《せぎょう》」したいと足柄県に願い出ている。ここに、殖産興業の先導役としての左七郎の姿をみてとれる。なお、明治八年七月時点で、上粕屋村の養蚕戸数はまだ一八戸であった。

五月には作助が病気により戸長を退役したため、鵜川九兵衛が後任の戸長になり、左七郎は副戸長になった。明治七年には、左七郎ははじめて副戸長・蚕種世話役などの公職に就き、村や地域での主体的活動を本格的に開始したのである。自作地では、米のほか、小麦・大豆・粟・稗・黍・蕎麦・胡麻・大根・薩摩芋・牛蒡・辛子・菜種・茶・木棉などを栽培している。実際の農作業には、下男・下女らがあたっていたようである。また、これら農作業関係の記述は、妻槇の日記「松風遺薫」(51)に記されており、そこから農作業の監督は槇が行なっていたのではないかと推測される。

4　明治八年・二十七歳

元旦には、「かみつ世にまつもかさりもたちかわり　御しるし（日の丸の旗）なひくとしはきにけり」という和歌を詠んでいる。

二月十日に、洞昌院（上粕屋村の寺院）で村の寄合があり、村役人の改選が行なわれた（定員三人）。投票結果は、投票総数二一九票、うち山口左七郎八六票、細野鶴吉五六票、鵜川九兵衛二七票、麻生専二郎二〇票、山口市之丞一三票、麻生今助八票、麻生次郎左衛門五票、秋山今右衛門二票、山口源兵衛二票であった。この結果を受けて、左七郎は戸長就任を要請されたが、翌日の時点で、左七郎のみならず、細野鶴吉・鵜川九兵衛も村役人就任に難色を示している。結局、左七郎は戸長に就任するが、四月二十八日には細野鶴吉が辞職した（しかし、彼はその後も何らかの村の役職には就いていたようである）。このとき、左七郎と鵜川九兵衛も辞職を申し出たが、彼らは勤続することになった。九兵衛は、六月二十五日、十月三日にも、病気を理由に退役を願っている。最終的に退役願いは許可され、十一月四日には九兵衛の主催で退職祝いの酒宴が開かれており、左七郎も出席している。この時期の村役人は激職であったため、進んでなろうという者は少なく、折りあらばやめたいと思う者が多かったのである。戸長になった左七郎は、徴税・徴兵・学校・種痘など諸種の業務を行なった。三月二十八日からは、村の寺院である洞昌院を「郷内会所役場」（村役場）として借り受け、戸長・副戸長は毎日そこへ出勤することになった。戸長が自宅を役場として、そこで執務する体制があらためられたのである。村行政において、公私分離が進んだといえる。

左七郎は、洞昌院や下粕屋村弥杉《いやすぎ》（現伊勢原市）の小区扱所に通って忙しく仕事をした。そのため、四月三十日は前年死去した師吉岡信之の一周忌であったが、参列できなかった。四月には、学校資本金の村人たちへの割り付け方をめぐって、村内で揉めている。結局、一般農民たちも出金を承知して解決した。ところが、左七郎は五月六日には病に伏すこととなり、なかなか全快しなかったため、五月二十三日には辞表を認《したた》めている。五月十五日の欄外には、

「薬法　キニーネ」とあり、西洋医学によって治療していた。そして、六月五日には、足柄県の村役人制度改正にともない、「とし月なしこし、戸長云役の、けふよりゆるさる、ことゝは也ぬ、（中略）わかゑやみもこ、ろよきころこのことありて、まことにいと、よろこはしきことかきりやはある」と記している。病が快方に向かうとともに、戸長を辞めることができそうな状況になって喜んでいるのである。左七郎にとっても、戸長職は進んでやるべきものではなかった。だが、六月半ばに大区に里長（戸長を改称）の退役願を出したところ、六月二十九日に、病気療養中は代理を立てることとされて、里長辞職自体は却下されてしまった。里長の代理は麻生専二郎になった。左七郎はその後次第に回復し、十月四日には全快祝いをしている。

職務に復帰した左七郎の最大の課題は地租改正業務であった[52]。しかし、彼を補佐すべく地租改正掛になった秋山今右衛門ら四人が、十月二十四日には辞職したいといい出すなど、作業は順調とはいえなかった。そこで、十月二十六〜二十九日、同三十一日、十一月一日には、谷戸《やと》（村内の組、集落）ごとに村人たちを集めて、地租改正の沙汰を読み聞かせて、時間をかけて納得させ、また酒代を与えたりもしている。ほかにも、検見・学校・村費徴収・道路測量・徴兵や諸種の調査・届けなど、多様な業務をこなさねばならなかった。十二月十一日には、谷戸代理（集落代表）からの申し出により、彼らと左七郎が村の会所（洞昌院）に集まって、山口市之丞が月番村役人を務めていた時（正確な時期は不明）の村費について「月番賄勘定帳」を取り調べた。「村費の事に付、谷戸代埋くさ〴〵たつねけることしらふる也、こと〴〵にいと濁れる業もあらされはとて、こともなく終る」と、何の問題もなく済んだが、幕末に上粕屋村で起こった村方騒動[53]の結果獲得された村費算用の公開性・透明性が、明治八年においても維持されていることがわかる。村人が村費算用に疑問があれば、すぐに調査がなされたのであり、幕末期の遺産がきちんと継承されていたといえる。

次に、彼の学習活動についてみよう。まず目に付くのは、ドイツ語文献の学習である。日記中には、「独乙書」、

「かにもし（蟹《かに》文字、横書きの外国語のこと）」、「かにもす」（「かにもし」のこと）などの語が頻出する。二月二十日には伊勢原でドイツ語辞書を購入している。三月九日には、「独乙書、シウードレル究理書弐冊、独英対約(訳)壱冊、南校出来、ヒーブル暦(歴)史壱冊、〆四冊」を友人から受け取っている。七月十六日には、妻に『独乙フヒーベル』という本を隠されて夫婦喧嘩をしてもいる。また、五月八日の欄外にはカステラの製法、同二十八日の欄外には「ハンダ凝解粘(着カ)差ノ法」を記している。カステラは、実際に作ってみたようで、小麦粉が多すぎたなどと記されている。もっとも、こうした学習は病気療養中にもっぱら行なっており、里長の職務に復帰して以降は、学習は思うに任せなかったようである。ほかに読んだ書物としては、『農業三事』、『国体新論』（加藤弘之著）、『泰西農学』、『松の落ち葉』（高畠藍泉著）、「簑笠翁のかきあらわしける玄目放言」（「蓑笠翁」とは一八世紀前半の幕府地方役人蓑笠之助《みのかさのすけ》正高のことか）、『膝栗毛』十二篇・十三篇などがあげられている。六月二十一日の欄外には、「権田直助翁述　詞の径緯図　壱折　詞真澄鏡　壱折　同図解　壱冊　同例言　弐冊　東京小伝馬町三丁目　吉岡十次郎　別、雅言集覧　十五冊」とある。これらは、東京の書肆から取り寄せたものであろうか。権田直助《ごんだなおすけ》は、幕末・明治前期の国学者・神道家で、明治六年には大山阿夫利《あふり》神社の神官となっている。漢文（「からふみ」）を読んだり、新聞をみたり（一月十三日）もしている。東京に行った村人から、新聞や書籍がもたらされることもあった。なお、日記中の時刻表記は洋式中心になっていった。

　農業経営に目を移すと、明治八年の山口家では、米・大麦・小麦・粟・蕎麦・大豆・大根・茄子・キュウリ・インゲン・エンドウ・ささげ・「かりまめ」・薩摩芋・「赤目いも」・辛子《からし》・麻・菜種・茶・桑・木棉などを栽培し、養蚕を行なっていた。五月十二日の欄外には、「小麦花媒助法行フ、農業三事之内」とある。また、七月三日の欄外には、「五月十二日ヨリ同月十三日、同十六日、小麦花媒助法三度、右試験」とあり、それに続けて小麦の「媒助加エシ方」と「不加方」との比較の数値がある。『農業三事』という書物から小麦の受粉についての知識を学んで、実地に試しているのである。ここから、左七郎の学問の実証的な一面をみてとれよう。五月十九日の欄外には、「蚕数今日ノ径検《（経験カ）》ニテハ、初度掃下ケ凡其数八千四百頭余、再度掃下ケ大約壱万余」との書き込みがある。七月十六、十七日の欄外には、「寒温機九十」「八十四度」という書き込みがあるが、養蚕の温度管理であろう。このように、山口家では製茶・養蚕などの商品生産を行ない、左七郎もある程度それに主体的に携わっていたのであるが、明治七年のところでみたように、実際の農作業の大部分は下男・下女が行ない、それを妻の楨が監督していたもののようである[54]。

六月二十六日には長男多朗が誕生した。十月七日には、二宮村塩見（現二宮町）の伊達家に行き、伊達時《だてとき》（時次郎、のち左七郎が郡長時代に郡書記を務めた友人）に初めて会っている。また、蚕種世話役は三月に辞職したが、十月には、前年に有志で桑の苗木一〇〇〇本を無償で「施行」したことが「天聞ニ達シ」、奇特であるとして木盃と金一円が下賜された。一、二、六、七月には、環新一郎が山口家を訪れている。一月十三日には、弥杉の郵便扱所に行き、大阪と沼津に郵便を出している。二月十一日には、紀元節ということで上粕屋神社（日枝神社）に詣でており、ほかの村人たちも集まって式典が催された。

5　明治九年・二十八歳

明治九年は日記が残されていないが、この年、左七郎は里長であった。頻繁に村方会所に行き、時には大区・小区の扱所にも行っている。二月五日には、足柄県から地租改正取調掛総代人に任命された。これは、各大区から三人くらいずつ任命されるもので、第二二大区からは左七郎と下粕屋村葛貫万兵衛・生沢村二宮貞勝（左七郎の義父）が任じられた。以後は、大区内各村を巡視する機会が多くなり、多忙の度合いを増している。二月十三日には、左七郎から、地租改正取調掛総代人になったことを理由に、里長の後任を決めてほしいと村方に頼み、二十三日には峯岸の秋山今右衛門が里長代理に選ばれた。四月には足柄県が廃止されて神奈川県に合併されたが、地租改正取調掛総代人は留任とされ、地租改正作業は足柄県時代の方針が継承された。この時期、明神前の用水路の件について、明治八年十二月十一日、十五日、十六日、十八日、十九日、同九年二月二十二日、二十三日、四月十八日、二十七日、五月十二日、十四日などに話し合いがもたれ、五月十二日には議定書（後掲史料4）がとり交わされているが、この件については本節9（2）において後述する。

左七郎は十二月までずっと各村の巡回に忙しかったが、同月神奈川県庁に十二等出仕として勤務を命じられ、同月二十五日には、七五三引の全員に見送られて県庁のある横浜へ出発している。なお、三月には、作助が、質地の件について、左七郎が留守なので彼の帰宅後相談して返事すると相手に答えており、このころには家政の決定権が左七郎に移っていたと思われる。

6　明治十年・二十九歳

この年、左七郎は前年十二月からの県庁出仕のため、単身横浜で暮らしている。一月十八日には、あらためて県七等属に任じられた。平日は出勤、土曜日は半日勤務、日曜日は休みという役人生活になったのである。地理課に勤務し、三月二十二日〜二十七日には羽村《はむら》（現東京都羽村町）辺から下流の多摩川の堤防を視察している。同二十三日に羽村に着き、東京府官員穂積敬重（準十一等出仕）に会い、「多摩川上水南縁のこと」について協議するも整わなかった。二人で夜遅くまで「世の中なといとうれゐてかた」っている。二十六日には、小金井（現東京都小金井市）の桜と多摩川の清流を見て和歌一首を詠んでいる。ほかに、七月二十六、二十七日には神奈川県下の渇水の状況を、九月二十八、二十九日には井の頭池から神田上水をそれぞれ視察しているが、日々の勤務内容については詳しくはわからない。断片的に、一月四日に「統計表達類よむ、地理寮よりたのみおこしつる調ものはしむ」、同八日には県庁で「統計表のことなしつるなり、はた地租百分の弐分五厘に減し候布達のことにつけて、伺書案文しぬ」、同十二日に県庁で「官有地調へ、はた民費賦課の方法を調なと」し、同二十六日欄外には「民費賦課法案持参ス、宿にて調査スル也」などの記載がある。二月十一日は「気《紀》元節の佳辰」なので、礼服を着て県庁に行きセレモニーに参加している。

十一月一日には地券掛を命じられており、十二月十二日には「けふは地券書換のことにつけて、いと夜更るまで庁にありて過く」とある。『肉蒲団』（中国清代の艶笑小説）、『法令彙纂』、『近事評論』などを読み、六月二十日からは「和田英学塾」に入って英語の勉強をはじめている。不定期に、退庁後に通っているのである。「かにもし」・「からふみ」・新聞を読んだとの記載も散見される。ときたま和歌も詠んでいる。二月十日には本箱を買おうとしている。横浜の地で、文明開化を肌で感じてもいる。一月五日には、「伊勢善」という店で「沓」（靴）を貰い、同二十六日には「沓下」を買っている。一月八日には時計の修理を頼み、一月十九日には外国人の「手つま」（手妻、奇術）を見に行った。一月二十四日には電報が届き、同三十日には「今宵この横浜なる町会所にて、かす（ガス燈）云ものともしつるゆへ」見に行った。時刻表記は完全に洋式になり、三月十八日には「午前十時四十五分のくるま（汽車）」に乗って東京に行くというような細かい時刻も記されている。もっとも、時には「未下る頃」（九月二日）といった旧来からの時刻表記法も用いている。四月二十九日以降は「唐人」・「清人《しん》」とくり返し会っているし、牛肉もたびたび食べている。五月十七日には「根岸なる外国人の競馬するをみに行」き、十一月十日には西洋料理店に行っている。寄席に「高談」（講談）などを聞きに行くこともあった。

東京に出ることもあり、一月十四日には帰りに新橋から横浜まで汽車に乗っている。ほかにも、二月三〜四日、三月十八〜十九日、四月七〜八日、六月三十日〜七月二日、七月十四日、八月十九日、九月八〜九日、同二十八〜三十日に東京に行き、往復にはよく汽車を利用している。二月四日には上野の料理屋「八百善」で酒を飲み、三月十八日には「開拓使の博覧会」に行った。九月九日と同二十九、三十日には上野の博物館で開催された博覧会に出かけて、三十日には「機械の運転もよくみ」ている。十一月二十七日には、横浜の町会所に、矢野文雄・江木高遠・沼間守一《ぬまもりかず》らの演説を聞きに行った。

また、中村舜次郎と会って酒を飲んだり、手紙のやりとりをしたりしている。伊達時とも東京や横浜で会っており、彼とは飲み友達だったといってよかろう。二人で、座興に和歌を作ったりもしている。なお、十月十日に長女が誕生した。

明治十年の手作地は一町五反五畝あり、その作付状況は、稲一反五畝、大豆八反、小麦六反、大麦五反、小豆三反、菜種二反五畝、蕎麦一反五畝であり、ほかに製茶五貫三〇〇目があった。ちなみに、明治四年には、手作地から粳《うるち》米三〇俵二斗、糯《もち》米六俵三斗、大麦三三俵、小麦三〇俵、粟三一俵三斗八升を収穫しており、それと比べると明治十年の手作規模は縮小していたようである。

7　明治十一年・三十歳

一月に、黄金井伝四郎との訴訟が東京上等裁判所で敗訴となったため（第四節参照）、二月一日に、左七郎は、「わがねきことは、おのれみづからなさんとおもひさだめぬ」と決意して、二月は大審院への上告のために忙しくすごした。三月十二日には県に辞表を提出し、十五日にはそれが認められて、県庁の人たちと別れに和歌をとり交わしている。三月二十一日には、県庁で地租改正取調掛総代人の辞令を渡されたが、すぐには承諾しなかった。(55) 六月以降、大審院での審理のため上京することが多くなる。七月二十日には、「近頃ねきことのしらべいとくわしく、そのことまやかなる、むかしにくらべ侍るは中々につらくおもほへて　なか〳〵に治まれる世のことあげはすゞろやすくはもはざりけり」との感想と歌を記している。九月三十日に、ようやく実質勝訴の判決が出た。

訴訟のため頻繁に上京した副産物として、西洋近代の思想に直接ふれる機会が増えた。三月二十五日には東京三田の慶応義塾に行ったが、福沢諭吉には会えなかった。五月三日、六日、七日には、慶応義塾に伊達時を訪問し、六月九日には、伊達らと東京本町四丁目に演説会を聞きに行った。九月二十一日には、「向両国中邨屋」での講談会に行き、西周・福沢諭吉・河津祐之・アメリカ人モールらの話を聞いている。九月二十六日には、東京の招魂社に参詣し、小日向水道町（同人社外塾）に二宮貞節（貞勝の子）を訪ね、さらに「王子なる製紙会社」や「瀧の川村の紡織機」を見学している。九月二十八日には、慶応義塾の演説会を聞きに行き、その際に福沢諭吉とはじめて親しく話している。これ以外にも、伊達時とは東京でよく会っている。

読んだり購入したりした書物には、『造化□《破損》論』、『西山遺事』、『先哲叢談』、『須磨紀行』、『弓張月』（上京時に東京の貸本屋で借りたものらしい）、『新橋雑記』、『国権論』、『民権論』などがある。

なお、左七郎は、五月には上粕屋村で茶摘み・製茶をしている。上粕屋村の村用掛は前年以来麻生専二郎が務めていた。左七郎は、県庁勤めを辞めて村に帰ったものの、村役人に復帰したわけではなく、また訴訟のために家を空けることも多かったため、村役人らの動向との間に若干のズレを生じていた。たとえば、七月五日には、三日、四日に続いて村一同の農休みということで山口家の下男たちも休みをとったが、左七郎は従来の農上り休暇は二日間のはずなのに、五日がどうして休みなのかと首を傾げている。村一同の農休みの日取りは、村役人が中心になって相談して決めているはずだが、左七郎はそこには加わっていないのである[56]。

8　小　括

ここまで左七郎の日記から彼の意識と行動の軌跡をたどってきたが、そこにみられる特徴をまとめておこう。

①彼が学んだ学問は、明治元年の和歌・国学から、同二、三年には儒学・洋学へと重心が移り、明治五年以降は洋学が中心になっていく。ただし、これは一方が他方を駆逐するという二者択一的なものではなく、しだいに地層が

形成されるように、重層的に学問が積み重なっていく過程だと考えられる。また、和歌や国学を重視する一方で、俳諧や都々逸を一段低くみる傾向があった。

②彼が学んだ洋学には、ⅰ生活・生産の洋化、ⅱ外国語（英語・ドイツ語）学習による新知識の吸収など複数の可能性・方向性があった。ⅰには、洋式時刻表記、気温の測定、郵便・電報の利用、西洋医学による医療、洋算の習得などがある。気温の測定は、養蚕の導入と結びついていたと思われる。ⅱは多様な新知識の習得を可能にしたが、そのうちカステラ作り・ハンダ付け・小麦の受粉などは実地に試みており、彼の知的好奇心の旺盛さを示している。総じて彼の学問は、豪農の当主に必要な教養、コミュニケーションの手段、実利・実学・実験的側面、好奇心・知識欲の充足など多様な性格をもっており、知識欲のなかにも、カステラの製法のような純粋の知識欲と、政治制度のような実社会に関わるものとがあり、後者は民権思想につながっていったと思われる。

また、机上の学問だけでなく、横浜や東京で実地に文明開化を体験したことも大きな意味をもったろう。博物館や博覧会に行き、演説会を聞き、福沢諭吉と親しく話したという体験も、民権運動への参加を容易にしたと思われる。

③学問・家業・公務三者の葛藤。左七郎は、自分が農業を本業とする農夫だという自覚をもっており、それは村共同体の成員であるという意識に通じていた。他方で向学心も強く、明治元年から三年には学問と家業との葛藤を強く感じていた。山口家に養子に行ってから明治五年三月頃までは学問に専念できたが、六年以降再び学問と家業との葛藤がはじまった。

一方、彼は明治元年から三年にすでに村の公務の手伝いをしていたが、五年四月以降山口家でも公務を手伝うようになった。明治六年には公務が多忙化し、七年には副戸長・蚕種世話役に就任して公的世界に身を置くようになった。明治八年には戸長になり、地租改正などの激務の渦中に巻き込まれた。以後は、公務が学問・家業の双方を圧倒するようになる。農作業は妻の槙や奉公人任せになり、明治九年末に横浜に行ってからは完全に農業から離れることになった。しかし、横浜でも英学塾に入るなど、向学心はもち続けている。

また、蚕種世話役（明治七年〜）・地租改正取調掛総代人（明治九年〜）などの大区・小区の役職に就き、明治九年末からは神奈川県庁に勤務することで、村→大区・小区→県というようにしだいに視野を拡げることができた。

④左七郎は、明治元年以降の社会の変化の早さに驚いている。彼の場合、さらに養子になったことによる環境の変化という個別事情も加わっていた。彼は書籍や新聞から新知識を吸収し、横浜で暮らしたり東京に出たりすることで時代の変化を肌で感じていった。ただし、洋学を学んでからも何かあると和歌を詠んでおり、日記からも近世以来の時刻表記法がなかなか消えないように、近世の生活慣習や文化は新しい文化の浸透を受けつつも根強い持続性をもち、新旧両文化は一面では重層・混淆していた。

左七郎は基本的には時代の変化を肯定的にとらえていた。洋学や文明開化に対する抵抗感もみられない。しかし、激職である戸長の辞職を願ったように、一面で不安も抱えていた。時代の変化に適応しながら不安を解消して、自己を社会のなかに安定的に定位させたいという思いの一つの表現が自由民権運動への参加だったのではなかろうか。

9　「近代」のもたらす葛藤

本項では、明治四〜十一年における山口家と上粕屋村の動向のなかから、注目すべきことを二点あげておきたい。

（1）質地請戻し一件　この一件は[57]、明治六年に、上粕屋村士族上知分の農民小沢忠蔵と倅忠次郎が、同村の山田八兵衛に対して質地の請戻しを求めたものである。忠蔵側の主張は、次のようなものであった。請戻しを求めている土地は、寛延年間（一七四八〜一七五一）に村方の太左衛門から譲り受けたもので証文もある。山田八兵衛方に、この土地の「地所進退之証書」があるならみせてほしい。もし証書がないならば、「今般地券取調ニ付」、もともと質地に渡しておいたのだから、質入れしたときの金高にかかわらず、「当時相当之地価」をもって請戻したい、と。

この主張で、注目すべきは以下の点である。①忠蔵は、遙か昔に手放した土地もいまだ質入れの状態だという認識であり、ここから彼が無年季的質地請戻し慣行という近世以来の慣行に則って請戻しを要求していることがわかる。②とはいえ、彼の主張は近世の慣行そのままではない。無年季的質地請戻し慣行においては、証文の文言如何にかかわらず請戻しを要求できたが、ここで忠蔵は、むしろ自分が証文をもっていることを強調し、相手八兵衛には証文の提出を要求して、「証文無之地所ヲ彼是申募り地所返し呉不申次第ハ如何之事ニ候哉」と述べているのである。この点で、忠蔵は証文重視の立場をとっている。③無年季的質地請戻し慣行においては元金による請戻しが原則であったが、忠蔵は「当時相当之地価」による請戻しを要求している。ここからも近世的慣行が一定度変容していることをみてとれる。④地券交付が、請戻しを要求するきっかけとなっている。

これに対する山田八兵衛の反論は、次のとおりである。自分の家はいったん退転したため証書はどこかに紛れてしまったが、「村方組替ニ相成居候得者右証拠之事ニ而永地ニ心得候」[58]。問題の土地は、小沢忠蔵から買い受けた後、高平友右衛門へ渡し、さらに五〇年前に麻生庄兵衛に売られ、それから麻生次郎左衛門の手に渡った。それを一〇年前に高平友右衛門が請戻した（このときの証書はあるという）。そして、「同人苗地進退罷在候処、今般地券御調」につき、自分は土地を所持していないし、友右衛門は親類でもあるので、このたび友右衛門から請戻して自分が地券を受けることにしたのである。よって土地を返すことはできない、と。

八兵衛の主張で、注目すべきは以下の点である。①彼のいう「村方組替」、「村法組替」というのが何を指すのかわからないが、村における何らかの仕法を経ることによって、忠蔵の土地への権利が失われたと述べているのだと思われる。すなわち、「村法」を根拠に請戻しを拒否しているのであろう。②八兵衛も、無年季的質地請戻し慣行は肯定している。八兵衛は、高平友右衛門が、いったん手放した土地を四〇年後に請戻して「苗地」としたことを当然視しているのである。

すなわち、問題の土地は、明治六年から少なくとも五〇年以上前に、忠蔵→八兵衛→友右衛門へと移動したのだが、忠蔵側も八兵衛側もそれぞれ自分に請戻し権があるとして、どちらも無年季的質地請戻し慣行という共通の土俵のうえで争っているのである。この一件は、村役人が取り扱い示談にするよう上から指示されたが、村役人も判断に苦しんだことであろう。このとき、山口作助は戸長であり、村運営の責任者であった。示談はなかなか成立せず、村役人は再度上の指示を仰いでいる。

明治六年四月四日付の梅原修平（大区副区長）から上粕屋村正副戸長宛の書簡[59]では、この出入りを県に取り次いだところ、「不都合之願ニ者有之候得共、今節各村年来之質地も夫々示談いたし候折柄ニ付、其村内振合も可有之間」、村役人で示談にするよう指示されたことを伝えている。足柄県では、忠蔵の願い出に正当性がないことを認めつつも、村方の慣行に沿った示談を指示しているのである。県も大区役人も、この時点では近世以来の慣行を真正面から否定することはせず、村役人に下駄を預けてしまっている。

以後の詳しい経緯は不明だが、明治六年四月二十日に、上粕屋村副戸長笹子惣左衛門から足柄県に宛てて、係争地を高平友右衛門から小沢忠蔵へ売り渡すことで示談が成立した旨を届け出ている。すなわち、無年季的質地請戻し慣行に基本的に依拠した忠蔵の請戻しが実現したのである。作助ら村役人は、近世以来の慣行にもとづく村人の主張に理解を示しつつ、他方で地券交付のような明治政府の新政策を村において実現しなければならず、またその過程でのトラブルは独力で解決することを求められ、難しい村運営を強いられていたのである[60]。

（2）水路敷所有権の確定　明治九年四月、地租改正の過程で村内を流れる用水路に関して、次のような議定書が結ばれた[61]。

史料4

議定書

当村養水路之内字明神前より下流峯岸河上ニ至候水路之義者、村内田地過半涵養し必要之養水ニ有之候処、旧来明神前通拾弐軒ニ於而者右水路ニ石蓋等致し或ハ家作補理有之堰浚等出来兼候ニ付、自然洩水いたし候場所も処々有之候より終ニ末流者旱魃之処も難計と、村内一同ゟ今般地租改正ニ際、水路敷地之義者官地たるに依向来堰浚等便宜之為水路関係之家屋者勿論石蓋共此度悉皆取除可申旨申出候処、明神前十弐軒ニ於而者従来家屋建設幷ニ石蓋等致来候者全銘々共宅地ニ而水路も随而宅地内を流通候義ニ心得候、我等私有之確証無之ト雖も別而官地たるの証も亦々無之、地所当今ニ至家作石蓋共断然取除候義者難心得、且農間営業ニも差支甚迷惑之義ニ御座候、依而者其御筋へ相伺御見分ヲ以官私之区別御所分相済候上之義ニ可仕ト申出之段、其旨村方一同と者大ニ齟齬致居和解難相成候処、地租改正掛幷ニ山口源之丞殿秋山今右衛門殿御立入被下双方御諭被下、下流旱損之処ニも不至且明神前水路関係之者ニ於而も農間営業之差閊ニも不相成候様談示之末遂ニ和解ニ相成候、其件々他日違背無之為議定致置候処左之如し

一、地処区別者道敷幷ニ川敷之中央ニ有之候地所共更ニ官地たるへき事

但、私有宅地者川巾ヲ除之外川際ゟ丈量可致事

一、従前水引ニ付白昼者子易前田通麦田江引入レ夜分而已水下江相下候弊習之処、将来昼夜之別無当分ニ割合水下江相下し可申事

一、水旱之節者水掛反別ニ割合歩合ヲ定候上分水可致事

但、子易前田通麦田之義者外谷戸田ト違過分之水も要するニ付、其段分水之節注意可致事

一、堰浚等之儀者水路関係之十二軒ニ而申談、堰浚普請共其宅地之前通者勿論自然普請不行届之義有之節者、十二軒ニ而申談宅地前通ニ限協力担ひ合洩水無之様注意可有之事

一、石蓋并ニ家屋建設現今有形ニ而据置、尓来作掛致間敷事
一、水路上石蓋并家作共従来之通ニ而、一村内ニ於而彼是故障申者壱人も無之候事
右件々定約相整候段一村協義を尽し候儀ニ而村内ニ於違背申者一切無御座候、若亦後年ニ至今般之議定忘却致洩水等閑等有之候節者、下流一同より手入致堰普請致可申候とも違乱無之儀者確約也、尤下流ニ於而も今般之定約之由永年悖戻仕間敷候、依而者水路関係之十弐軒より永く共和之義ニ基き、鎮守上粕屋神社江連歳酒壱樽を供共ニ信義ヲ可表ニ至迄示談行届候ニ付、為後日其旨相認双方為取換置処如件

明治九年四月

大住郡上粕屋村
谷戸惣代連署
水路十弐軒
村　吏

史料4の内容は次のとおりである。上粕屋村の字明神前から字峯岸・河上にいたる用水路（千石堀）は、村内の田の過半を灌漑する重要な水路である。ところが、旧来から、明神前通りの一二軒が、水路に石蓋をしたり、家作を建てたりしているため、堰浚いができず、あちこち漏水するようになり、下流の水不足が心配される状況になっていた。そこで、今般の地租改正に際して、村内一同から、水路の敷地は官有地なのだから、堰浚いの便宜のため、水路上の家屋・石蓋はすべて撤去すべきだという声があがった。これに対して、明神前一二軒の側では、①水路は自分たちの宅地内を流れているのだから宅地の一部であると考えて、これまで家屋を建設したり石蓋をしたりしてきたのである、②水路の敷地が自分たちの私有だという確証はないけれども、官有地の証拠もない、③家作や石蓋を撤去しては農間営業に差し支える―そこに店舗を設置していたものであろうか―との理由をあげて撤去に反対し、「其御筋」に伺って「官私之区別」をつけてもらいたいと主張している。[62]

このように双方の主張は大きく対立したが、地租改正掛らが仲裁に入り、下流の田が水不足にならず、明神前の一二軒も農間営業の差し支えにならないような解決法を相談し、ついに次のような内容で和解が成立した。①用水路の敷地は官有地とする。②これまで昼間は「子易前田通麦田」（明神前近辺の耕地）へ引水し、水下では夜だけ取水してきたが、それをあらため、昼夜の別なく「当分」（等分）に割合い取水することとする。③明神前の一二軒が協力して「宅地前通」の堰浚い・普請を行ない、漏水のないよう注意する。④現存の石蓋・家屋はそのまま存置するが、以後新規の建設は行なわない。

以上は、一村が協議を尽くした結果である。明神前の一二軒から「永く共和之義ニ基き」、以後毎年鎮守上粕屋神社に酒一樽を供え、「共ニ信義ヲ可表」きこととする。

このような内容の史料4においては、次の点が注目される。第一に、近世においては厳密に問題にされることがなかった用水路の地盤所有権に関して、地租改正の過程で明確化する必要に迫られ、そのために村内で対立が生じていることである。近世以来の既存の状態を維持しようとする明神前一二軒と、地租改正を契機としてそれを改変しようとする水下の集落とが対立していることから、村内でも地租改正への対応に差があったことがわかる。地租改正が、村内の土地所有・用水利用関係を改変・明確化する外的契機として作用しているのである。

第二に、この一件では、用水路の敷地は官有地とするということで、地租改正の原則には一応沿いつつも、実際には在来の建造物をそのまま存置するという妥協的解決が図られていることである。何よりも、村内の和を重んじた解決法だといえよう。そのことは、明神前一二軒が、村内の「共和」、「信義」を唱えて、鎮守に酒樽を奉納するという行為に象徴的に示されている。鎮守の神威に頼って村の平和を維持しようというのであり、そこでは近世以来の村人の心意が継続しているといえる。

第三点は、この問題が村の地租改正掛や左七郎を含む大区の地租改正取調掛総代人らの手で解決されていることである。村方で示談が成立したのは明治九年二月二十四日だったが、このときは地租改正取調掛総代人の葛貫万兵衛と二宮貞勝が明神前の者を、左七郎と山口源兵衛がほかの村人たちを、それぞれ説得したのであった。

左七郎らは明治政府の新政策を、村人たちの反発を招かないように気を付けながら村にもちこみ、かつ村人同士の利害の対立を調停しながら新政策を実施するという困難な役割を果たさなければならなかったのである。地租改正をはじめとする明治政府の近代化政策は、このように屈折したかたちで徐々に村社会に浸透していったが、左七郎ら豪農層はその過程の要の位置にいたのである。

（3）経営上の配慮　ここでは、この時期の山口家が、同家の経営面で、一般農民にどのような配慮をしていたかをみておこう。まず、明治七年「当座帳」から、その一部を引用しよう。

史料5[63]

①

一月　同十七日

（中　略）

明神前

出金拾両遣ス　丸屋音二郎跡式

橋井久米二郎殿

夫丸屋清二郎

油屋今助

右者同人ゟ田地参り居年来相立流地ニ付、此方ニ而地券受候処、右へ者聊申分無之候得共、此度潰家相続致候

ニ付恵呉候様、油屋今助ヲ以無心ニ付、右之通相続手当として遣ス

②

（十二月十八日）

一、二軒台市太郎組合与兵衛・岩二郎・浦二郎三人来り、市太郎大借ニ付、家屋売払片付候間、此方小作年貢暫く猶予いたし呉候様申来候、承知いたし遣ス

③

（十二月三十一日）

出金拾円渡ス

前田太左衛門殿
夫当人

右者字小山ニ於而下畑弐反四畝歩先年中より質地ニ受取置候処、此度証文書改メニ付上ハ借与して貸呉候様無心ニ付、其段聞届遣ス、尤先年金七円五十銭ニ而参り居候ヲ、此度拾円都合拾七円五拾銭ニ相成候、依而先般年季ヲ相増し、更ニ当戌ノ十二月ゟ来ル辰ノ十二月迄中六ヶ年季ニ相成候、依而右古証文相返し新証文并地券証受取候、但し古証文中絵図面之義者残し置候

①は、山口家と橋井久米二郎との関係である。山口家が久米二郎の所持地を質流れのかたちで入手し、地券も山口家名義で受けた。久米二郎もそれには異存なかったが、彼がこれまで潰れ家となっていた丸屋音二郎の跡式を相続するにつき、「恵呉候様」「無心」をしてきたので、山口家が相続手当として一〇両を出金したのである。②は、借金が嵩んで家屋まで売り払わざるを得なくなった市太郎に対して、小作料の支払い猶予を認めているものである。③は、

前田太左衛門との質地をめぐる関係である。山口家は、前田から下畑を質地に取っていたが、このたび彼から、証文を書きあらためて上借（追加借用）をしたいとの無心をうけたので、それを承知してさらに一〇両を貸与し、質年季も明治十三年まで延長したというものである。

いずれも、金銭貸借関係や小作関係を結んだ相手に対して、山口家が恩恵的な配慮をしている事例である。幕末から明治初年における近世的土地慣行の残存や小作騒動の高揚といった事態をふまえると、村人との関係を円滑にし村内の平和を保つためには必要な措置であったといえよう。

さらに、関係する事例をいくつかあげておこう。

①明治二年二月十三日に、峯岸の万兵衛に対して、文政七年（一八二四）に五両の代物として質地に取っていた畑を担保にさらに九両一分二朱を上貸ししている。しかし、上貸し金の全額が未進分などと相殺されたため、実際の金の動きはなかった。ここでは、四五年前の質地がいまだに質流れになっていない点が注目される。ここでも、無年季的質地請戻し慣行が機能しているのである[64]。

②秋山の原茂兵衛からは、天明年間と文政年間に質地をとっていたが（代金九両三分）、明治四年十二月十九日に一〇両一分を上貸しした。そして、明治六年四月二十三日に、二〇両を受けとって土地を返している。その際、「難渋ニ付無心」をされて一両を渡している。八〇年以上前に質に取った土地を、実際に請戻させており、さらに金を与えてもいるのである[65]。

四　黄金井伝四郎との訴訟

本節では、明治十〜十二年にかけて黄金井伝四郎との間で争われた訴訟[66]をとりあげて、それがもつ意味と左七郎に与えた影響とを考察したい。

1　発　端

黄金井伝四郎とは相模国愛甲郡七沢村《ななさわ》（現厚木市）に住み、酒造業を営む豪農であった。七沢村は上粕屋村から北へ四キロほどのところにあった。明治九年二月に、上粕屋村の山田新兵衛が、黄金井伝四郎から「営業資本入用」として一八〇円を借用しその抵当として所有する土地建物を「第二番書入」にした。年利一二・五％、返済期限は明治十一年十二月二十日で、返済不能の場合は書入物件を売却し、代金はまず「第一番書入金主方」への返済に充て、その残金を黄金井への返済に回すという契約であった。そして、この「第二番地所家作書入借用金証」には、組合総代山田八兵衛・親類総代山田庄三郎・里長山口左七郎が連署し、副戸長目黒久四郎が奥書をしたが、この連署が問題の発端となった。

新兵衛はこの借金が返せないまま、明治十年二月六日、横浜裁判所管内小田原区裁判所において身代限りの処分を受け、財産は入札払いとされた。だが、黄金井への配当分は残らなかったので、裁判所では、前記借用金証に「加判人ヨリ済方可受者也」という裏書をして黄金井に与えた。黄金井は、この裏書を楯に、八兵衛・庄三郎・左七郎の三人の加判人にしきりに弁償を求めた。そこで、左七郎は、同年二月二十三日、神奈川県小田原支庁に次のように願い出た(67)。自分の加判は「従来地方ノ習慣」に則ったものである。田畑の質入・書入についての法制は整備されつつあるとはいえ、村吏調印などの書式についてはいまだ規定がないので、「従前之慣行」により公証しているのである。「旧足柄県下一般ノ習風」では、里長が、担保の土地が借り主の所有地であることを証し、それを確認した上で戸長が奥書・割印をすることになっていた。よって、自分は請人・証人として加判したのではない。自分が奉職中に捺印した証書は数十通に及ぶが、これらすべてに弁償義務を課せられることには承服できない。よって、弁償の義務を免れるようご処置いただきたい、と。

この願い出に対して、二月二十七日、小田原支庁は、区裁判所に出願すべしとの判断を示した。そこで三月二十九日、左七郎代人の関島宇兵衛（横浜太田町五丁目居住）が小田原区裁判所に出願したが、ここは借用金証に裏書をした当事者でもあり、出願は却下された。

これをうけて、左七郎は、四月十一日に神奈川県に再願したが、そこでの主張は次のとおりであった。明治八年五月以降の足柄県における里長連署・戸長奥書制は、「従来之慣習」をただ継承しただけではない。上粕屋村を含む第二二大区は、一小区が広大なため戸長役場（小区扱所）において貸借の事情を詳知できないので、県に伺いその指示を得て、「従前之慣行ニ因リ」証文に村吏が連署することとしたのである。これは当大区で一般に行なわれている村吏の職務上の行為であり、私情に出たものではない。よって、左七郎に弁償の義務はない、と。

左七郎の出願と併行して、明治十年三月に、第二二大区副区長梅原修平・同大沢精一が神奈川県に次のような伺いを出している。旧足柄県においては、田畑売買・書入・質入証文に、「地方従来ノ慣行ニ因リ」村史が連署し、さらに戸長が保証を加えることとなっていた。この村吏の連署は、「全ク戸長ニ準拠シタル保証」だと考えられる。これに関して、負債主が返済不能のときは村吏が弁償の義務を負うとする説があるが、それでは大変不都合である。そこで、村吏に弁償義務はないものと考えてよいかお伺いする、と。(68)

神奈川県では、三月二十三日に、こうしたケースで裁判になった際には、村用掛は貸借上の保証人ではない旨裁判所に申し立てるべきこと、以後は村用掛が証印する必要はないこと、を指令した。さらに、二月二十六日には、県権令野村靖から第二〇～二三大区副区長・正副戸長に対して布達が出され、地所建物などの質入・書入証書に従来は村用掛も連印してきたが、裁判上の不都合もあるので、以後戸長のみ証印すべきこととされた。

2　裁　判

前項でみたように、村吏連署制度は廃止されたが、廃止以前に左七郎が連署した黄金井の件については、明治十年四月十日に、黄金井が、高瀬董七郎（横浜不老町二丁目居住）を代人に立てて、八兵衛・庄三郎・左七郎の三人に山田新兵衛の借金元利計二〇四円三七銭五厘の返済を求めて、横浜裁判所に出訴したことにより、以後は法廷で争われることになった。

四月十八日に、左七郎代人の関島宇兵衛が横浜裁判所に提出した返答書[69]を次に掲げる。

史料6

神奈川県第壱大区壱小区
横浜太田町五丁目
被告代人　関島宇兵衛

貸金催促訴ノ答

右相州愛甲郡七沢村黄金井伝四郎代人高瀬董七郎貸金催促ノ儀訴上ケ候ニ付、今十八日御呼出ノ御状拝見仕御答申上候

此段原告請求スル金額ノ加判タルヤ弁償ノ義務ヲ負担セシモノニ決テ無之候、如何トナレハ従来田畑建物書入質証書ヘ村吏保証ヲ為スハ旧足柄県下一般ノ儀ニシテ、該証ノ書式ニ於ケル負債主ト連署スルモ亦一般ニ出テ、独リ山田新兵衛ノ証書ノミニハアラザルナリ、右情故ヲ要スルニ廿弐大区ノ区画ニ於ケル壱小区（旧足柄県ノ定メシ所）ニテ数里ノ遠キニ渉ルモノ不少、之カ為メ戸長役場ニ於テハ人民貸借ノ事情ヲ詳知スル不能ヲ以テ旧県ヘ相伺庶務課ニ於テ指示相成候儀モ有之、且ハ地方従来ノ慣行ノミナラズ村吏ハ親シク実際ニ詳明タルヲ以テ先ツ証印セシメ、然ル後戸長之ヲ保証スルモノトス、当時左七郎於テモ里長タルヲ以其職名ヲ掲ケ保

証セシ儀ニ有之候、何ソ私ニ其職名ヲ掲クルヲ得ンヤ、嘗テ該廿弐大区々長ヨリ、村史保証印ノ儀ハ仮令負債主ト連署シタルモ其職務上ニ就タル所分ニシテ戸長ニ準ジシ公証タル旨ヲ神奈川県庁ニ上申シ、全ク弁償ノ義務ヲ負担セサルノ儀ヲ保証アラン事ヲ乞シニ、県庁之ヲ保証スルニ村吏ハ受人証人ト異ナル旨ヲ法庭ニ訴フヘシトノ儀ヲ以セリ、然リト雖モ猶事理ノ断然タラサルニ付乃チ左七郎ヨリモ出願致置候儀モ有之際、現ニ区戸長証之県庁亦之ヲ保証セントス、是則受人証人ト異ナル所以ニシテ毫モ故意ヲ加ヘサルモノニ候ナリ、加之前陳地方ノ慣習及旧県下一般タルノ儀ニ於テハ、本件原告ヲ始メ被告ノ内連署セシ者共ニ於テモ能了知スル所ニシテ、茲ニ呶々セサルモ瞭然タル儀ニ御座候、故ニ素ヨリ弁償ノ義務ヲ固有スル理由聊モ無之儀ト存候、因テ此段御答申上候

明治十年四月十八日

関島宇兵衛

前書之儀私ヨリ御答可申上筈ニ御座候処、不得已事故ニ而出頭仕兼候ニ付、関島宇兵衛へ代人相頼候、然ル上ハ同人ヨリ申上候事柄幷御受申上候事柄トモ後日ニ至リ私ヨリ異儀申上間敷候、為後証奥印仕候

神奈川県第廿二大区七小区

相州大住郡上粕谷村

被告人　山口左七郎

明治十年四月十八日

横浜裁判所長

立木四等判事殿

これは、従来の左七郎側の主張をくり返したものであった。同日、山田八兵衛・山田庄三郎も、横浜裁判所に答書を提出し、自分たちの連印は最寄り一般の習慣にもとづいて担保物件を保証したまでであって、弁償義務はないと主張している。

また、四月二十三日には、第二二大区副区長大沢精一・第二三大区九小区戸長代理中丸稲八郎・第二二大区七小区戸長葛貫万兵衛・第二二大区一小区戸長二宮貞勝が、左七郎に、田畑建物書入質証書への村吏の連署は従来地方の慣習であり、大区の正副区戸長が協議し足柄県にも伺ったうえでとり決めたものであることを保証する「証」を出して、左七郎の援護をしている。横浜裁判所における判決は八月十三日にいい渡されたが、次のような内容であった。問題の借用金証書には被告人（左七郎ら）の署名捺印はあるものの、そこには組合惣代または親類惣代とあって、受人・証人とは記されていない。ことに左七郎は当時の上粕屋村の習慣により、里長の職掌をもって加印したものである。また、証書中には被告人において「引受弁償」するとの文言はない。よって原告（黄金井）は、被告人に対し滞納金を請求する権利はなく訴状は却下する。

すなわち、左七郎らの全面的勝訴であった。これを不服とした黄金井は、同年十一月九日に、代言人植木綱次郎（横浜在住）を立てて東京上等裁判所に控訴した。控訴審で、黄金井側は次のように主張した。①被告（左七郎ら）が借用金証書に加印したのは、証文の文面を保証するためである。また、明治八年第一〇二号布告に、「弁償ノ明文有無ニ依リ義務ヲ負フト負ハサルトノ区別之レナシ」とあり、右の布告以後は決して横浜裁判所判決のいうような習慣は存在しない。たとえ存在したとしても、その習慣をもって成文の効力を否定することはできず、よってその習慣は無効であるから、左七郎にも弁償責任はある。②被告側は、里長の連印がなければ戸長の奥印がもらえない旨を主張しているが、明治九年十二月付の質地証文に、親類・組合・里長の連印がないのに戸長が奥印している例があるので、被告の申し立てるような習慣はない。

これに対して、被告側の代言人横地鉄平（横浜在住）は、従来からの主張に加えて、明治八年の第一〇二号ならびに第一二一号布告受人証人弁償規則では、証文の文言中における弁償についての明文の有無にかかわらず弁償の義務ありとされているが、これは受人・証人が加印した証文の場合であって、誰でも加印すれば弁償義務が発生するわけではないと反論した。しかし、横地は一方で小田原区裁判所の裏書について、左七郎は当時この裁判に関係していたので承知しており、彼から山田八兵衛・山田庄三郎にも通達したので明治十年三月の時点では被告三名とも裏書の内容は知っていたとも述べているが、この点が後の判決に影響することになった。

明治十一年一月十八日に言い渡された東京上等裁判所の判決は、次のようなものであった。小田原区裁判所裏書の内容については被告も承知していたのだから、不服があれば三か月以内に控訴すべきであった。しかし、実際には控訴しなかったため裏書は「確定ノ効アルモノ」となった。したがって、当初被告がどのような理由で加印したかについての判断を示すまでもなく被告には弁償責任があるものと心得るべし、と。

黄金井側の逆転勝訴であった。裏書がなされた時点で、左七郎らがそれを知っていたことを重視したのである。ただし、この判決では左七郎らの連署の性格については何の判断も示されていない。左七郎らはこれに納得せず、同年二月に大審院に上告した。このとき、左七郎は代言人を立てずに自らが直接裁判に臨んだ(70)。彼が、二月二十六日に提出した上告書の要旨を逐条ごとに示そう。

第一条

東京上等裁判所判決文においては、被告ら（左七郎ら）が小田原区裁判所裏書の内容を知ったため、明治十年三月に神奈川県庁に伺いを出し、三月二十三日付の県からの指令を得たものと認定されている。しかしこの伺いは、黄金井伝四郎のような事例が多数あるため、里長が弁償義務を負わされては大変なことになると考えた区・戸長らが伺い出たもので、「敢テ自分共ノ関渉セサルモノ」である。それを、被告が弁償義務を免れるために伺い出たもののようにいうのは根拠がなく、不適当な判決だと考える。

第二条

上等裁判所の判決では、県の指令が三月二十三日付であるから被告が裏書の内容を知ったのはそれ以前であることが明瞭だとして、それを前提に控訴期限を算定しているが、この伺い・指令は「自分共ノ関渉ナキ」ものであるから、これによって控訴期限を起算するのは不条理である。この裏書は「加印ノ原由ヲ質サス唯義務ノ相続ヲ指示サレタルニ止ルノミ」であって、債主が請求の出訴をしなければ裁判官が弁償を申しつけることはない。被告らは、裁判所に出廷もせずいい渡しも受けていないのに、裏書のみをもって控訴期限を算定されるならば、初審を経ずして控訴するに等しい。しかるに、上等裁判所判決文が「控訴」の語を用いているのは法に適うものではないと考える。

第三条

裏書は裁判とは異なるものである。そのことは、黄金井が横浜裁判所に出訴した際、左七郎らの答書が受理されたばかりか勝訴していることから明らかである。

第四条

上等裁判所判決文では、被告らが当初どのような理由で加印したかについては判断する必要がないとしているが、被告が控訴したのは「加印ノ原由」を論じるためであった。しかるに判決文は控訴期限にふれるのみで「原被訴外ニ出タリ」、すなわち中心的争点をはずしている。かつ、控訴期限云々が不適当であることは前述したとおりである。上記の理由により、東京上等裁判所の判決を破棄していただきたい。

以上が、上告書の要旨である。その当否はひとまず措くとしても、左七郎が相当法律の勉強を積み時間をかけて準備した書面であることがうかがえる。職を辞し代言人も断って、自ら法廷に臨む左七郎の意気込みが伝わってくるようである。そして彼は里長として、従来の慣行にもとづき連署したことの正当性について確信を抱いていたことが、第四条から読みとれる。これに対して、被告黄金井伝四郎の代人小木半兵衛は次のように答弁している。

第一条

原告人（左七郎ら）は、小田原区裁判所へ出廷もせず裏書のいい渡しを受けてもいないが、すでに裏書の内容を了知しながら所定の期間内に控訴しなかった以上は、裏書にある弁償責任を承認したものといえる。よって、東京上等裁判所の判決は至当である。

第二条

原告人は明治十年三月の県庁への伺いには無関係だと主張しているが、東京上等裁判所での審理において、原告自身が伺いに関係している旨を明言している。

第三条

原告は「控訴ノ名称ヲ付シ裁判アリシハ法ニ適セス」というが、小田原区裁判所の裏書に不服があっても原告にはそれを初審に出訴する権利はなく控訴をすべき筋合いであることをもって、東京上等裁判所においては「該裏書ニ不服アレハ控訴スヘキ云々」との判決を出したのであり、妥当である。

第四条（原告の第三条に対応）

被告（黄金井）が横浜裁判所に出訴した趣意は、「右裏書ノ不服ヲ出訴セシニアラスシテ該裏書ノ金額弁償ヲ需シ訴ナルヲ以テ、受理セラレタルハ当然ノ條理ト思考セリ」。

以上の原告・被告双方の主張を受けて、大審院では、「上告ノ主点ハ左ノ條件ナリ」として、次の判断を示した。

史料7[71]

一、黄金井伝四郎カ山田新兵衛ヲ被告トシ小田原区裁判所へ出訴シ裁判ヲ受タル節、山口左七郎外二名ニ於テハ審庭ヘモ出テス言渡モ受ケサルニ小田原区裁判所ニテノ証文裏書ヲ了知セシ上ハ確定ノ効アルモノトシ、右区裁判所ニテ初審裁判ヲ受タルモノ、如ク裁判セラレタルハ不法ノ裁判ナリトノ事すなわち、大審院においても、小田原区裁判所裏書が初審裁判にあたるかどうかに判断のポイントを絞ったのであり、左七郎らの連署がもつ意味については、またも判断が見送られたのである。そして、史料7の点についての大審院の判断は以下のとおりであった。明治十年二月二十日の太政官布告控訴上告手続第一章第二条によれば、初審を経ない訴訟は控訴とはよばない。しかるに、小田原区裁判所の裏書は、伝四郎と新兵衛とに関する問題であって、左七郎外二名は原告でも被告でもなかった。よって、伝四郎から左七郎らへ「請求ノ追訴」をしないうちは、左七郎らはいまだ初審を経ていないのであるから控訴すべき理由はない。それを、東京上等裁判所において、当初裏書がなされた「明治十年二月六日ヨリ控訴期限ヲ起算セシハ不法ノ裁判ナリトス」と。

そして、明治十一年九月三十日の判決では、「右ノ理由ナルヲ以テ東京上等裁判所ノ裁判ヲ破毀シ、更ニ大坂上等裁判所へ移スニ因リ其裁判ヲ受ヘキモノ也」と告げられたのである。これは上等裁判所への差し戻しではあるが、実質的には左七郎らの勝訴とみてよい。

3　結末と評価

その後、明治十二年三月三十一日に、黄金井の居村である七沢村の中村良助と大住郡板戸村（現伊勢原市、上粕屋村の隣村）和田平兵衛が立ち入り、「今般和議熟談相整ヒ且訴訟入費ニ至迄示談行届金額取引相済」んだので控訴は取りやめたい旨の済口証文を、大審院に提出している。明治十二年二月段階での作成かと思われる「済口対談書之事（下書）」[72]によれば、和解の条件は、①黄金井伝四郎の貸し金元利未済分については、山田新兵衛の組合・親類と立入人が総額の一部を支払い、残金は切り捨てること（よって左七郎は支払い義務なし）、②訴訟入費のうち左七郎分に限り、「訴訟入費高金額之内エ立入人心配ヲ以見舞旁内金差入レ」ること、などとなっている。おそらく、これに近いかたちで最終決着したのではなかろうか。だとすると、左七郎は山田新兵衛の負債を肩代わりせずに済み、訴訟費用についても一定の配慮をしてもらったことになり、左七郎の主張がほぼ通ったかたちでの解決だといえよう。

以上みたように、この訴訟は、左七郎にとっては、小田原区裁判所裏書で弁償の指示→初審勝訴→控訴審敗訴→上告審差し戻し（実質的勝訴）→和解により弁償義務なし、と二転三転し、決着まで丸二年を要した大事件であった。裁判所の側も、こうした問題についての明確な判断基準をいまだ確立し得ていなかったといえる。

左七郎にしてみれば、証書への連署は、近世以来の名主連印の慣行を継承した足柄県の制度に則った公証行為であった。しかし、黄金井は、そうした地域の慣行には頓着せず、証書に連署している以上弁償義務ありという、より形式にこだわった論理を突きつけてきた。黄金井には、記載文言の背後にある慣習や個別事情への配慮がみられない。そして、明治十年前後には、彼のような「近代的契約・文書万能主義」とでもいえる考え方をもつものが増えてきつつあったのである。そうした立場からは、里長の連署は公証行為に純化しておらず私的な保証人の性格をも帯びたものと考えられたのであり、このような訴訟を経て、契約行為における公私の別が明確化されていったのである。左七郎はそれまでも洋書を読んだりしてヨーロッパ近代思想を頭で理解してはいたかもしれないが、現実生活において外部から迫ってくる新しい「近代的」思考法を体験することで、それに対応できるよう自らの意識と行動をも変えていかざるを得なかったのではなかろうか。

おわりに

最後に、以上の分析から導き出される論点を三点あげておこう。

第一は、幕末期と明治初年との関連である。幕末期において、衰退しながらも残存していた無年季的質地請戻し慣行は、明治初年においても、いまだその生命力を失ってはいなかった。また、幕末期の新動向としてみられた村入用をめぐる村方騒動や小作騒動の高揚の記憶は豪農・村役人層の心中に定着してその行動に潜在的な圧力を加えていたものと思われる。幕末期の動向の延長線上に、明治八年における谷戸代理の要求による村財政の再チェックや、山口家の小作・小前層への恩恵的配慮を位置づけることができる。よって、明治十二年までの上粕屋村と山口家の動向を理解するには、その前提として幕末期のあり方をおさえておくことが必要不可欠なのである。

第二は、明治の最初の一〇年間に二〇代の青年期をすごした山口左七郎の成長過程を、時代の急激な変化と関わらせつつ、全体としてどう捉えるかという問題である。彼の日常は、学問・農作業から次第に村政の実務へと中心を移していく。

学問については、吉岡信之から和歌・国学を、環新一郎から儒学を学んだうえに、さらに洋学―ここでは、西洋から輸入された学問・思想の総体を広く洋学と呼んでおく―の知識が積み重ねられていった。しかし、和歌や儒学の素養はけっして洋学によって駆逐されたわけではなく、和歌がのちのちまで左七郎の感情表現やコミュニケーションの手段として使われたように、彼の心に深く根を下ろしていた。また、洋学の摂取や演説会への参加によって、彼が次第に自由民権思想についての理解を深めていったことは確かだが、明治十二年までの時点では、左七郎にまだ独自の政治論が芽生えていたとは思えない。そして、輸入の農学を学んで実際に小麦の受粉試験を行なっているように、洋学の知識は農業技術の改善に向かう芽をも含んでいた。一方、ドイツ語や英語の学習は、純粋な知識欲から出たものといえるのではなかろうか。洋学を含む左七郎の学問は、豪農の家を継ぐ者としての当然の教養、他者とのコミュニケーションの手段、新しい政治制度や文物についての知識の吸収、実際の農業への適用の可能性、純粋な知識欲の充足といった多様な意味をもつものだったといえよう。

次に、村政への関わりについて。左七郎は、明治六〜九年頃には村・地域運営の主体として非常に忙しくかつ真面目に活動し、そのなかで次第に経験を積んでいった。行政能力の獲得過程だといえよう。しかし、他方で、任命され、または選ばれたから蚕種世話役・戸長・地租改正取調掛総代人などを務めるのであって、けっして進んでやりたいわけではないという側面があったことも忘れてはならない。彼は、維新変革自体は肯定的に捉えていたが、それにともなう諸施策実施の過程で、軋轢の矢面に立つことは必ずしも望まなかったのである。ただ、左七郎が、明治七、八年に蚕種世話役として村を越えて活動し、私財を投じてまで地域の殖産興業に一定の貢献をしたことは評価しておく必要がある。農業に関しては、左七郎は農業を自分の本業と意識し、実際に農作業に従事することもあった。しかし、日々の生活においては、村政業務があまりに多忙だということもあって、手作地での農作業は基本的には妻の槙（もしくは養父の作助）や下男・下女に任せていた。

以上、明治六～九年の左七郎は、農夫であるとの自己認識をもち、本音のところでは学問に励みたかったが、村政業務に忙殺されて、学問も農業も思うようにはできなかったということであろう。

第三に述べたいのは、村・地域の人々への対応の仕方についてである。この点を一言でいえば、左七郎や作助は、近世以来の伝統的思考法をとる小前層と、「近代的」な考え方をもつ黄金井伝四郎のような村外の豪農との双方から挟撃されて、経営と村運営の両面において、難しい舵取りを余儀なくされていたといってよかろう。左七郎らは、村・地域の指導層として、地租改正をはじめとする明治政府の新政策を村・地域にもちこむという重要な役割を負わされたが、そうした新政策は、近世以来の伝統・慣行に依拠した小前層の正当性観念とはズレるところがあったから、いきおい村内に摩擦を生じざるをえなかった。当時の県や大区の区長らは、村内の個々のトラブルについていちいち明確な判断を示さなかったから、いっそう左七郎ら村役人層の役割は重要であった。左七郎らは、小前層の意向に配慮して村の和を重んじながら、新政策を何とか実現しようと、必死で妥協点を模索していたのである。逆にいえば、明治政府の新政策は、左七郎ら中間層というフィルターを通すことによって、微妙にニュアンスを変えつつ在地に浸透していったのだといえよう。また、経営面においても、山口家では、金銭貸借や小作料徴収などにおいて、小前・

小作層の成り立ちに配慮した慈恵的対応をとっていたが、これも富者は貧者の生活を成り立たせる社会的責務があるとする近世以来の通念に配慮したものといえよう。

その一方で、黄金井伝四郎との訴訟は、左七郎が近世以来の慣行として当然の如く行なった里長加印の意味について、彼に深く考えさせる契機となった。黄金井の主張は、契約文書への連署は公私いかなる立場によるものか明確にされなければならないという立場から、左七郎に対して突きつけられたものであった。彼は、「近頃ねきことのしらべいとくわしく、その理のこまやかなる、むかしにくらべ侍るは中々につらくおもほへて」と訴訟の過程で時代の変化を肌で感じつつ、またそれに順応する必要をも痛感したであろう。

左七郎は、小前層にとっては「近代」の体現者として、黄金井にとっては近世的慣行の主張者として映ったといえようか。こうして、明治十二年までの左七郎は、伝統的思考法と近代的思考法との狭間で、その局面ごとに苦心の対応をするという複雑な過程をたどりながら、何とか近代を生き抜くための自己を確立しようと努力を重ねていたといえよう。

註

（1）　本項の記述は、斎藤康彦「幕末・明治初年段階の小作農の存在形態」（『日本歴史』三七二号、一九七九年）、同「『松方デフレ』期の耕作農民の存在形態」（『小田原地方史研究』一〇号、一九七九年）、同「南関東農村における豪商農経営の実態とその分布状況」（『土地制度史学』九一号、一九八一年）に依拠している。

（2）　本項の記述は、野崎昭雄「初代大住淘綾両郡長山口左七郎について」（『神奈川県史研究』三八号、一九七九年）、田嶋悟「明治初年相模国の豪農の実態」（『伊勢原の歴史』一〇号、一九九五年）、大畑哲「山口左七郎と湘南社」（大畑哲ほか編著『山口左七郎と湘南社　相州自由民権運動資料集』まほろば書房、一九九八年所収）による。

（3）　このあたりは、史料によって数値が異なったり、計算があわなかったりするところがある。なお、明治三年の上粕屋村の石高約一一八八石、反別約一九〇町四反六畝を基準にすると、山口家の所持石高約二〇〇石は約三二町に相当する。
（4）前掲田嶋悟註（2）論文。
（5）前掲斎藤康彦註（1）論文「南関東農村における豪商農経営の実態とその分布状況」。
（6）嘉永六年十月「差上ケ申御詫一札之事」（四六四、伊勢原市史編さん室作成の未刊行目録の文書番号、以下同じ）。なお、間部知行分は七五三引（〆引）分とよばれていた。
（7）幕末期の間部知行分には、七～九名の組頭がいたが、彼らは同知行分の百姓が集中する各集落の集落代表的性格ももっていたと思われる。よって、「台組組頭」のように組（集落）名をつけて呼ばれたのであろう。
（8）小前たちは、長左衛門のやり方を聞いて、今後はほかの者も呼び出されるだろうし、また当時はちょうど将軍徳川家慶死去による鳴物停止期間中だったため、この小前集会自体も禁止されるかもしれないと考え、他村に行って相談するつもりで、二、三人ずつ村を出たのであるが、それが一同申しあわせての門訴だという噂になったのだと弁明している。しかし、これはいかにも苦しい。実際は、やはり門訴だったものと思われる。
（9）なお、山口作助は、門訴騒ぎが起こった前日の七月二十五日から江戸に出府していたが、そこで間部氏から異国船対策のための武器整備費として二〇〇両の出金を求められた。しかし、ただでさえ村方が揉めているところに、さらなる出金など求めてはどのような騒ぎがもちあがるかもしれないので、山口左司右衛門（作助の父）が個人で四九両二分一朱を出すことにしている。
（10）安政二年九月「為取替議定書之事」（五一二）。なお、中川帯刀知行分は、その中心的な集落名をとって秋山分と呼ばれた。
（11）安政四年九月「乍恐以始末書奉申上候」（五四二）。
（12）この争論の背景には、各知行主に属する田畑・山林が「御入合ニ相成居」、すなわち相互に入り組んでいたという事情があった。
（13）このなかには、安政二年に新たに組頭になった喜兵衛も含まれている。
（14）安政四年四月「入置申議定一札之事」（五三五。九一五はこの下書である）、安政四年五月「入置申議定一札之事」（五三九）、年欠（近世）「（名主役長左衛門年内の賄帳披露不致につき、前後欠）」（八一一）。なお、前二者は山口家が預かることになっている。

(15) 安政四年五月「入置申議定一札之事」(五三九)。

(16) 万延元年十二月「乍恐以書付願上候」(山口善文家文書三九一、山口家文書六二〇)。

(17) 左司右衛門（作助の父）は山口氏だが、ここでは苗字を名乗っていない。同家は当時苗字帯刀御免の給人格だったが、それはあくまで間部知行所内でのことで、中川氏に訴え出るときなど知行所外との交渉の際には苗字を名乗れなかったのである。なお、彼は幕末期に改革組合村の大惣代を務めていたが、その関係の史料には「年寄（または名主）左司右衛門」として出てくる。

(18) 春地米とは何なのかはっきりしないが、当地方では湿田のことをハルタというので、湿田でとれる米のことをさすのかもしれない。伊勢原市史民俗調査報告書四『伊勢原の民俗―高部屋地区―』（伊勢原市、一九九一年）八八〜八九頁参照。

(19) 廻り畑については不明である。

(20) 明治になっても、地主間の協議はなされている。たとえば、明治二年十一月九日には、山口作助・山口市之丞・麻生善兵衛・鵜川九兵衛の四人が「小作方米納之儀」について相談している。また、山口家は、明治二、八、九、十の各年に、山口市之丞家との間で、小作米・麦類の仕切相場をとり決めている。以上は、各年の「当座帳」による。

(21) この場合の「郷法」は、それが間部・中根知行分の地主と中川知行分の小作人の双方を規定していたことから、一知行分に限らず、上粕屋村全体を律していたものと考えてよかろう。

(22) 本項は、慶応元年十一月「小作議定書之事」(山口善文家文書、『伊勢原市史　資料編近世二』五八二〜五八四頁に収録)、慶応元年十一月「一札之事」(山口善文家文書四二五)、慶応元年十二月「詫入申一札之事」、慶応二年四月「乍恐以書付奉歎願上候」(六八四)に依拠している。

(23) 上粕屋村は相給のため、四給（飯河知行分には独自の名主がいないため除外）の各名主がひと月交替で月番名主となり、村全体に関わる問題についての責任者となっていた。

(24)『伊勢原市史　資料編近世二』(伊勢原市、一九九二年) 五八二〜五八四頁に収録。原本により一部を訂正した。

(25) 本項は、年未詳「七郎右衛門ゟ作助江相掛り地所一件書付写」、年未詳（明治二年カ）「下書写」、年未詳（明治二年カ）

「下書」に依拠している。なお、「下書写」は、作助代親類与兵衛・組頭九兵衛が神奈川県裁判所に提出したもので、「下書」も「下書写」とほぼ同内容である。よって、これらに依拠した本項の記述は、作助側の視点に立ったものになりがちだという限界をもたざるをえない。この点をいくらかでも免れるために、価値判断の入った史料表現は、たとえば「不法」のようにカギカッコをつけることにする。

(26) いずれの場合も、譲渡証文とはなっていても、左七から七郎右衛門に礼金が支払われており、実質的には売買、もしくは上ハ金（追加金）を払っての質流れであった。

(27) 上粕屋村周辺地域では、親族慣行の一つにジエン・ジシンルイ・ジルイなどとよばれるものがある。これらは、主に古い時代に土地を分けて分家した家同士の関係を指し、ときには売買によって土地を分け合った家同士の関係をも指すという。ジエンの家同士は対等の関係で、冠婚葬祭の時などには協力し合うのである。註（18）伊勢原市史民俗調査報告書七三〜七六頁参照。七郎右衛門の行動は、こうした親族慣行にもとづくものだったと思われる。しかし、彼の行動は、慣行からもいささか逸脱したものであったことは、後にみるとおりである。

(28) このときの養子は忠造といい、作助の養子となったものである。しかし、彼は後に離縁され、そのあとに左七郎が養子に入ったのである。

(29) 慶応四年「当座帳」。

(30) 明治三年「当座帳」。

(31) 白川部達夫『日本近世の村と百姓的世界』（校倉書房、一九九四年）I第一章、同『近世質地請戻し慣行の研究』（塙書房、二〇一二年）。神奈川県については、土井浩「明治初期の質地および質入状況」（『神奈川県史　各論編一　政治・行政』神奈川県、一九八三年所収）を参照。

(32) 慶応三年十二月「相渡申質地証文之事」。なお、山口左七郎が生まれた相模国足柄上郡金子村においても、無年季的質地請戻し慣行が存在していた。その一例をあげるならば、慶応二年十二月に、間宮若三郎から金子村常七に出された証文（神奈川県立公文書館収蔵間宮家文書、金融・状（四）―七八）では、上田一反二畝一歩を一五両で渡すが、「右又受返申候義も有之候ハ、前書之金子ニ而其節無相違御返可被成候」とあって、とくに期限を定めずに請戻し権が留保されていることがわかる。

同形式の証文は、同家文書の金融・状に分類されたもののなかに多くみいだせる。時期的には、この形式の証文としては明治四年二月のものが最後であるが、明治七年十一月にも、若干形式は変化しつつも、基本的に同内容の証文が作成されている。
（33）鵜川隆家文書八一。なお、ほぼ同文のものが山口家文書一一六二にもあり、田嶋悟「明治初年相模国の豪農の実態」（『伊勢原の歴史』一〇号、一九九五年）一一頁に引用されている。
（34）七五三引組（〆引組）は、七五三引の集落を中心としていたものの、他にも子易・台・辻・峯岸などの各集落居住者とその所持地をも含んでいた。ただし、史料の文脈からは、七五三引以外の集落についてはほとんど考慮されていないように思われる。
（35）山口家は、明治二年に居を石倉から七五三引に移した。
（36）明治四年二月「乍恐以書付奉申上候」（鵜川隆家文書七五）。
（37）明治四年二月「組分据置再願書」。
（38）明治四年四月「組分ケ御据置再願書」（鵜川隆家文書八〇、八一）。なお、田嶋悟は、註（33）論文において、この問題が解決をみるのは明治四年十一月十四日の足柄県設置前後になったと思われるとしているが、すでに同年四月には一応の決着をみていた。
（39）明治六年六月「村名唱替願」。
（40）ただし、組分け据置願いが出されたのは間部知行分のみで、旗本上知分はむしろ組分けに反対していたこともおさえておきたい。据置願いが出された背景には、間部知行分の規模の大きさと、ここだけ上知が遅れたという経緯とがあったものと思われる。
（41）註（18）伊勢原市史民俗調査報告書、五二頁以下。
（42）山口家の経済力が上粕屋村から頼りにされるという状況は、明治に入っても変わりなかった。たとえば、明治十年五月十四日に、左七郎は、村用掛麻生専次郎に「村方賄金ニ差支無心」されたので一〇円を貸している。同様のことが、明治九年三月二十三日、同年十一月二十七日にもみられる。以上は、各年の「当座帳」による。
（43）山口家文書中の左七郎の日記については、福田以久生「山口家文書と同目録」（『幾徳工業大学研究報告A　人文社会科学編』三号、一九七八年）一三頁に目録が掲載されている。第二・三節で用いる史料は基本的に日記であり、それについてはいちいちの注記を省略する。

(44) 左七郎は、すでに慶応元年三月二十四日に、父で名主の間宮若三郎から、「役人代」として河原林村に派遣されている。年欠「日記」（間宮家文書冊の部冊一八）。

(45) 『足柄上郡誌』（足柄上郡教育会、一九二三年）四八三～四八四頁。

(46) 間宮鉄太郎は、のちに左七郎の妻となる槙の実兄。旧旗本であった。彼は、明治二年五月三日に一時金子村に引っ越してきたが、翌明治三年には沼津に移住していた。

(47) 明治七年の筆者は、一貫して作助であった。

(48) 明治四年十一月「出府諸用覚」。

(49) 廃藩置県にともなって明治四年に設置された足柄県では、二〇～五〇か村を一組として、名主のなかから四、五名の大惣代を置き、名主・組頭は存置された。明治五年四月には戸籍区が設定され、正・副戸長が設置された。明治五年十一月の大区小区制施行にともない、正・副戸長は副区長に、名主・組頭は正・副戸長にそれぞれ改称された。このとき、それまでの第二二区は第二大区となり、上粕屋村は第七小区に属した。作助は、明治四、五年に名主であり、明治五年春の戸籍区の設置以降、副戸長をも務めた。明治六年には、上粕屋村戸長を務めると同時に、大区小区の設置以降少なくとも明治六年十一月までは小七区の副区長をも兼任した。

明治八年五月には、大区小区の区画が改定されるとともに、従来の副区長から大区副区長、小区正・副戸長を選び、一村限りの正・副戸長は里長と改称された。同月以降、区内人民の地所質入書入証文には、必ず里長連署のうえ、戸長が奥書証印すべしと区長から指示された。

(50) 新聞を読んだという記載は、二月二十三日、三月九日、同十九日、同二十二日、四月二十八日、五月一日、同十日、同十一日、同十四日、同十五日、同二十二日、同二十三日、同二十五日、同二十八日、同三十一日、六月二日、同五日、同十一日、同二十四日、七月一日、同六日、同三十一日、八月五日、同十三日、同十九日、同二十八日、同二十九日、九月一日、同二十六日、同二十九日、十月三十日、十一月八日、同十九日、同二十二日、同二十三日、十二月十四日、同二十七日に出てくる。

(51)「松風遺薫」は、山口家文書中に明治七、八年の分が残されている。

(52) 渡辺隆喜「神奈川県地租改正事業の特色」(『神奈川県史研究』四号、一九六九年)によれば、神奈川県の地租改正事業は次の五期に区分できる。①明治五年七月から同七年二月頃まで。旧来の検地帳・名寄帳などの土地台帳にもとづく地代金調査と壬申地券交付の過程。②明治七年三月から同九年四月まで。地租改正法の布達と地押丈量による反別調査および地引絵図の作成、小作米金調査による地価決定の過程。③明治九年五月から同十年七月まで。収穫および肥料代調査と地位等級の体系化の過程。④明治十年八月から同十一年八月まで。関東諸府県の地方官会議による各県収穫量の調整とそれにもとづく地価(地租)配付および耕宅地の新税施行許可に至る過程。⑤以後明治十三年九月まで。地租改正の対象が耕宅地から山林原野に移りそれが完了する過程。

①、②の時期に上粕屋村は足柄県に属していたが、同県の地租改正作業も神奈川県のそれと時期的には若干前後しつつも、大枠では共通する過程をたどった。また、神奈川県における地租改正の結果は、田方が一四%の減租であるのに対して、畑方は約二倍の増租となり、全体として二六%以上の増租となった。『神奈川県史　通史編四　近代・現代(一)』(神奈川県、一九八〇年)参照。

(53) この村方騒動については、本章第一節参照。

(54) 山口家の経営には、ほかに外部者が関わっていた。明治九年までは、七五三引の八兵衛が、田畑小作世話方をはじめ家事取締向き万般を扱っていたが、老齢のため明治十年から峯岸の秋山周次郎に交代している。また、明治八〜十年において、「当座帳」、「万覚帳」などの経営帳簿の作成には、大山町の神崎茂枝が関わっていた。彼は、「帳面認メ」、「帳調」などをしており、明治十年七月には同年一〜六月分の給料一円五〇銭を受け取っている。ただし、神崎の人物像や帳簿作成への関与の詳細などは不明である。

(55) のちに引き受けたようである。しかし、山口家にとっては迷惑だったようで、(明治十一年)五月六日付左七郎宛作助書簡(書簡七五一)では、「今般者地籍調掛り被仰付候よし、誠ニ御迷惑奉察候、殊ニ落成迄者凡来年中位之よし、右承り候而者、実々宅ニ而当惑致候」と述べられている。そして、左七郎は八月に免職を県に願い出ている。

(56) 明治十一年「当座帳」。

(57)　明治六年「以書付奉伺候（小沢忠次郎質地受戻しの件示談につき）」（四〇五）。
(58)　同じことが、「村法組替之趣意ヲ以永地之次第ヲ申」す、とも表現されている。
(59)（明治六年）四月四日付上粕屋村正副戸長宛梅原修平書簡（一二一一）。
(60)　当時の村運営の難しさを示す事例を、もう一つあげておこう。明治八年に、左七郎は、「公平均一」を旨として地租改正事業を早期に完了すべく村人たちを説諭したが、峯岸では以後も谷戸内がまとまらず、明治十一年七月五日に至ってようやく問題が解決し、左七郎が出した酒代を使っての酒宴が開かれた。
(61)　明治九年四月「議定書」。本史料は、農政調査会編『地租改正関係農村史料集』（農政調査会、一九五三年初版、御茶の水書房より一九七八年復刻版）二一八〜二一九頁に収録されている。ただし、原史料により一部訂正した。史料4は四月付だが、最終的に議定書が結ばれたのは五月であり、史料4はその過程で作られた案文である可能性がある。しかし、二月の時点ですでに示談が成立しており、基本的に問題解決の方向性は定まっていたと思われるので、議定書の正本も史料4と大枠では共通の内容であったと推定できる。
(62)　地租改正の原則からすれば、水路敷は官有地とされるべきものであるが、この時点で明神前一二軒の側では、自分たちの主張が官に認められると考えていた。
(63)　明治七年「当座帳」。
(64)　慶応四年「当座帳」。類似の例として、明治五年一月二十七日に、伯母様村（三之宮村の小名）字原田の弥八後家との間で、小作未進金を皆済し、質地代金を返済したならば、質地は「何ケ年相立候共相返」すべきことをとり決めている。明治五年「当座帳」による。
(65)　明治四、五年「当座帳」。類似の例としては、明治六年四月一日に、山王原の善左衛門に、天明五年（一七八五）から質地になっていた土地を元金で請戻させているケースがあげられる。しかも、この金は善左衛門の給金と相殺されている。つまり、善左衛門は、実際に金を払うことなく、九〇年近く前からの質地の請戻しを実現しているのである（明治五年「当座帳」）。また、秋山の由太郎の場合には、明治六年四月三十日に、天明八年以来の質地（質地代金五両二分）を、「無心ニ付旧来之縁ヲ以」、ただで請戻させている（明治五年「当座帳」）。さらに、明治二年十二月に七五三引の源兵衛に対しても同様の取り計らいをしている（慶応四年「当座帳」）。

なお、すでに田嶋悟は、山口家や栗原村石井家、成瀬村石井家の分析にもとづいて、明治前期の地主の土地契約には有合質地慣行や「上貸」、「返り証」などの措置が付随していたこと、それを地主側の配慮や恩恵と単純化することはできず、近世以来の当地域における土地取引の歴史的性格と関連させて理解すべきことなどを指摘している。前掲田嶋悟註（33）論文、田嶋悟「地方金融機関の設立と地主」（『伊勢原の歴史』五号、一九九〇年）、同「神奈川県における一〇〇町歩地主の成立」（『日本歴史』四九一号、一九八九年）を参照。

（66）本節の記述は、明治十一年「（黄金井伝四郎との訴訟関係書類留）」などによる。

（67）明治十年二月「村吏保証印之儀ニ付願書」。

（68）村政責任者の職名は、明治八年五月に戸長から里長に変わり、同九年七月以降用掛となった。

（69）明治十年四月「貸金催促訴ノ答」。

（70）作助は、代言人はあてにならない旨をくり返し左七郎に伝えている（書簡七三一、七三五）。左七郎は、二月上旬から三週間の休暇をとり、その後神奈川県庁を辞職しているが、辞職の理由も黄金井との訴訟に専念するためだった可能性がある。その傍証として、（明治十一年）二月四日付左七郎宛書簡（書簡七三五）において、作助が、東京上等裁判所の判決が出て黄金井から償金を迫られるなかで、「夫共償却致し置、御自分も辞職被成、一先宅へ御引取被成、其上之事ニ被成候共、何れニも取急キ御決着可被成候」と述べていることがあげられる。（明治十一年）二月六日付左七郎宛作助書簡（書簡七三六）でも、辞職のことにふれられている。

（71）明治十一年「（黄金井伝四郎との訴訟関係書類留）」。

（72）（明治十二年二月カ）「済口対談書之事（下書）」。

第三章　河内国の村・地域と岡田伊左衛門

はじめに

本章は、近世畿内村落史研究の現状を把握して、残された課題を確認するとともに、河内国丹南郡岡村（現大阪府藤井寺市）の岡田家文書を素材に、今後の研究の展開方向について考えることを課題とする。

このテーマに関しては、一九五〇～一九六〇年代を中心に、先進地帯畿内におけるブルジョア的発展と地主制の評価をめぐって多くの研究が積み重ねられてきた。しかし、その後はこの面での研究は停滞傾向を示し、研究者の問題関心は国訴・流通構造・支配の特質論などに移っていった。本章は、今日の研究水準をふまえて、畿内村落と豪農の特質を経済・社会構造もふまえて考えてみようとするものである。

第一節では、本章の課題に関わる先行研究を整理しておく。なお、第一節での研究史整理はあくまで本章の課題に関わる範囲内でのものであり、各論者の業績を全面的に検討するものではないことをあらかじめおことわりしておきたい。

第二、三節では、私自身の今後の研究の方向性を見定めるための一階梯として、一つの具体的な共同研究の成果（渡辺尚志編『畿内の豪農経営と地域社会』思文閣出版、二〇〇八年）に全面的に依拠しつつ、それを近世の全体像へと拡げ、さらに近代史研究につなげる方途を模索したい。

第二、三節でとりあげるのは岡田家文書である。同文書は、河内国丹南郡岡村（図2参照）の豪農・地方名望家である岡田家に伝来した文書群であり、現在は一橋大学附属図書館に所蔵されている。

岡田家は、岡村に住む豪農・地方名望家で、十八世紀末以降同村の庄屋を世襲しており、農業（自作・小作経営）をはじめ、金融業・商業などを営む村で一番の有力者であった。また、明治期には、短期間ではあるが、「岡田銀行」という地方銀行を経営している。岡田家文書は、近世・近現代において同家が作成・授受した文書一万数千点からなる。

一　近世畿内村落史研究の現状と課題

1　古島敏雄・永原慶二の説

古島敏雄・永原慶二の共著『商品生産と寄生地主制』（東京大学出版会、一九五四年）は、近世畿内地主制研究における先駆的かつ画期的業績である。古島が、「この書で追求し得た主要問題は、大阪を控えた地域が、棉作を主体とする農民的商品生産の顕著な発展を示し、農村地域に広汎に在郷商人を生み、在郷商人層の成長と共に生産者たる農民層の地位を向上させつつも、幕末期にいたって、在郷商人的階層が領主財政と結びつきつつ寄生化していく姿である」（古島・永原『商品生産と寄生地主制』「はしがき」一頁）と述べているとおり、同書は、商品生産の発展と寄生地主制形成との内的因果関係を解明することを最大の課題としている。古島は、商品生産の発展をふまえつつ、それをゆがめて自らが封建地代の搾取者となっていく性格、商品生産の発展を通過し、これを掌握することを通じて、古い権力にとって代わりうるものになっていくという性格、このような性格をもつ地主制をこそ寄生地主制として把

図２　丹南郡岡村周辺図

註：『大阪百年史』の付図「市制町村制施行直前行政区画図」に近世の郡境、郡名を補った。平成18年度一橋大学附属図書館企画展示「江戸時代の豪農と地域社会：岡田家文書の世界」の際に大城綾子氏が作成したものを転載。

握すべきである（同一五頁）と述べており、氏にあっては、寄生地主とは単に小作料に依存する地主を意味するにとどまらず、商品生産の発展と、それをめぐる幕府・領主・都市特権商人・農民各階層の動向が交錯するなかから成立してくる存在として把握されていた。したがって、寄生地主制の研究は、近世から近代への変動を解明するうえできわめて重要な位置を与えられていたのである。

河内国若江・渋川両郡を主要フィールドとする同書の概要は、以下のとおりである。

同地では、宝永元年（一七〇四）の大和川付け替え工事の完成以降、年季奉公人労働に依存する棉作農業と綿加工業が発展した。高持百姓上層は、自作農業経営をもち、あるいは綿加工業を営んで、かなり多くの雇傭労働を用いるようになった。さらに、中農層の成長に加えて、小作人層のなかにも、高額の小作料を負担しつつもなお雇傭労働を使い、経済的に発展する者を生みだした。

文政六年（一八二三）の摂津・河内一〇〇七か村農民による国訴は、大坂三所綿問屋の譲歩を引き出し、在郷商人と棉作農民（中・富農層）の繁栄、農村の商品経済の発展をもたらした。そして、天保初年（一八三〇～）においては、地主の寄生化と手作経営の拡充による富農化という二つの方向が対抗しつつも、しだいに前者が優位を占め、村内貧農層との対立と矛盾をいよいよ激化させていく情勢にあった。

こうした商品生産の展開は土地所有の集中をもたらしたが、土地所有の集中はただちに経営拡大には結びつかず、小作地の増大という結果をもたらした。小作人の側からすると、土地の借り入れは、経営の発展的拡大のためというより、最低生活維持のためという性格が強かった。小高持層・水呑層は、零細小作経営を営みつつ、ほかへ農業労働者を供給する層へと転落を進めた。

地主は、天保期以降、棉作をはじめとする手作経営を縮小する一方で、小作料収入を目的とする土地集中に多大な努力を示し、幕末明治初頭に寄生的性格を確立した。商品生産者としての発展が阻まれるという条件の下で、上層農民は金貸し・商人（酒屋など）・小作料収得主へと性格を転換し、そこからの利益によってますます土地所有を拡大していったのである。この時期には、庄屋あるいはそれ以上の地位をもち、領主層と密接に結びついた家、またはその分家が所持石高を増やすほかは、上・中層を含めたあらゆる階層が土地を喪失していった。

畿内棉作地帯における幕末の棉作農業の衰退と、それにもとづく土地の喪失・集中の基本的原因は、繰綿価格の肥料価格に対する相対的かつ傾向的低廉性に求められる。その背景には、幕府の商業・流通政策と、それに応じた大坂三所綿問屋などの特権商人層の存在があった。

また、商品生産が小作人層までも捉えているなかで、領主への年貢をも上回る地主作徳分が生じうる高額・高率小作料を実現するために、地主は領主権力と結合し、領主権力を楯として、年貢とともに自己のとり分を確保することに努めた。彼らは、領主の代官として年貢徴収の実務に携わったり、御用金を上納したり、領主に金を貸したりする一方で、領主が借用した公金の一部を自己の営業資金に回したり、領主に高率小作料の収取を認めさせたり、小作料滞納者への強制取立をなさしめたりした。

すなわち、「農民への高利貸附業者たると共に、領主層に対する御用貸の能力をもった一連の人たちが、この地域における地主層の性格であり、……この人達が、地主仲間として小作条件の協定をやりつつ、小作層に高率小作料を強制しているのが、この地の小作関係の基本的な性格をなしているのである」（同二七一頁）。

そして、近代に入り地租改正を経ることで、かつて地主取り分を領主権に保証せられた地主層は、領主取り分をわが手に納めるとともに、その取得権を新しい国家権力によって保証されるに至ったのである。

以上のように要約しうる同書の内容は、その後の近世村落史研究に多大な刺激をもたらした。たとえば、天保期以降における上層農民の性格転換の評価は佐々木潤之介と山崎隆三の農民層分解をめぐる論争へと展開し、地主の高率小作料の源泉の一つとしての「縄のび」については竹安繁治の一連の研究（『近世小作料の構造』御茶の水書房、一九六八年など）で発展させられ、文政六年の国訴の主体をめぐってもその後多様な議論が展開されたのである[1]。私が、現在、同書から受け取るべき課題だと考えているのは、次の二点である。

課題の第一は、地主の経営を、金融・商業などの側面を含め、また幕府・領主との関係をもおさえて、総合的に解明することである。もちろん、古島もこれらの点について指摘しており、さらに一定の分析をも加えているのであるが、「商品生産と寄生地主制」という課題設定の仕方と、調査に十分な時間をとれなかったことにより、前記の点についてはまだ深める余地が残されている。すなわち、寄生地主制の形成過程を追究するという視角からすると、当然のことながら、豪農経営のうち地主経営の側面が重点的に分析され、それと有機的に結びついた金融・商業については相対的に分析が手薄にならざるをえなかったのである。

課題の第二は、地主と村の関係である。古島は、地主の奉公人雇傭に関して、次のようにいう。「棉作・綿業の発展のなかにおける労働雇傭は、小作人が地主に対する隷属的な関係から子弟を年傭として長年期の奉公に出す場合とはやや異った特色を労働関係それ自体のなかに生ぜしめている。その特色の中心は、雇傭関係の内容が村内雇主一般に通じるものとなっている点に認めることができる。身分関係が強く掩っている場合には、下男下女の取扱いは主家の『家風』たる色彩を強く持っているのが常である」（古島・永原『商品生産と寄生地主制』一七五頁）。「従来知られている雇人の労働条件・待遇に関する規定は、通例家法として定められている。譜第下人が年期奉公人となっても、雇傭関係は家の内部関係であるのが通例であった。それが此の地方では村の雇主の共通関心事となり、昼休が太鼓で知らされるという労働時間の客観化が行われ、更に待遇が一般的な規定に従うものとなっているのである。雇傭関係の一般化がここまでの変化を生じていることは、この地方の農業生産の商品生産としての発展の影響であり、日雇労働的色彩を持つものの発生と共に、賃労働としての性格が強固に形成されつつあるあとを示すものといえよう」（同一七九～一八〇頁）。

このように、古島は、奉公人の雇傭条件を雇い主たちが協定し、雇傭関係が「一般化」している点に注目し、さらにそれが村役人名で公示されていることにも言及しており、そうした事実を「賃労働としての性格が強固に形成されつつあるあとを示すもの」と評価している。だが、私は、雇傭条件が村役人名で公示されている、すなわち村によって公定されている点を重視して、そこから地主の奉公人雇傭に対する村の規制力について考えてみたい。雇傭関係の「一般化」も、基本的には村レベルでの一般化ではなかろうか。

また、古島は、地主と小作人との関係においては、奉公人の場合のような地主層の協定の動きは近世の史料ではみられないとしつつ、明治七年の市場村で、小作人層の要求を受けて、村役人立会のうえで地主・小作人が相談して小作料を減免している事例を紹介している。しかし、私は、近世の畿内においても、小作料に関する地主層の協定、地主層と小作人層との集団同士の交渉、村による小作料相場の公定、などといった事態は存在したものと考えている。総じて、地主と小作人・奉公人との関係を個別の関係とのみ捉えず、その間に入る村の役割をも視野に入れて考察することが求められよう。

同書では、対象地域の村と地主の性格について、「個々の地主がそれぞれ家父長的村落構造の頂点に立ち、そのような村落構造を支えるものとしての稲作灌漑用水の管理、自給肥料・自給薪炭給源としての入会地管理の権限を掌握することによって、協同体的支配の力を持つものではない。そのような契機の最も少い条件の下において、幕末としては最も顕著な高率小作料収得者としての地位を獲得しているのである」（同二七〇〜二七一頁）と述べられている。また、①地主が村協同体内部において伝統的な地位を保持している必要はなく、むしろ分家などの新興勢力である場合が多いこと、②地主の所有地中における村外所有地の比率の高さは、協同体的強制を直接の契機とする強制の可能性を少なくしていること、③このような地主と結びつく小作人は、当然一地主の土地のみを数代にわたって耕すような密接な関係を結ぶものではないこと、なども指摘されている。これらは、当該地域の特徴として重要なものであるが、にもかかわらず、同地域においても村の固有の意義と役割を軽視することはできないと考える。

さらに、古島は、『資本制生産の発展と地主制』（御茶の水書房、一九六三年）においても重要な指摘を行なっている。

幕末における経済発展の最高段階を示す棉作・綿業においては、「地主小作関係が高度に展開した下に零細耕作の小農の兼業労働力・耕作を放棄した層の労働力によって綿業・搾油業に単純協業たる資本賃労働関係の展開の端緒をみせるが、工業生産の量的に支配的な形態は問屋制前貸ないし、農業の余業としての家内工業である。農業は小農の商品生産として高度の展開を示すが、土地所持の喪失は賃労働者を大量に創出するよりは、余業収入で補充されつつ、農耕を続ける小作小農を生みだす段階にあったということである」（同「はしがき」七頁）、幕末以降の海外貿易の開始により、「農業はその多くの商品生産的作物部分で打撃をうけつつも、直ちに小農生産を放棄する結果を生まないで、余業生産収入に支えられつつ小生産としての在り方を存続しているのが（明治―引用者註）十年代の一般的な様相である」（同三二一頁）というのが、同書での古島の主張である。

畿内に関しては和泉国の分析を行ない、和泉国北部では、「綿業におけるマニュファクチュア発展・問屋制家内工業発展の存在を示唆する村民の職業分化の中で、耕作規模別階層の上層から下層まで広汎に小作関係に結ばれて農耕を継続し、綿業自体も零細小作農の存在と密接に結びあって」おり、「農業自体が旧来の小農制を否定する動向を示さ」ないこと（同三五一頁）、和泉国のなかでも商工業が最高度の発展をみせた宇多大津・下石津両村では、無耕作層の高度の展開、とくにそこにおける賃労働的階層の多さが特徴的だが、近隣の村々ではそれとは様相を異にしていること、宇多大津村などにみられる事態は商品生産・流通の発展を示すが、そこからただちに農業が新しい生産力段階に入り、それに照応する新しい賃労働の収奪関係が一般化しつつあるとはいえないことなどを指摘している。

農業における商品生産の高度の発展と農産加工業の展開がみられつつも、小百姓は農業生産を放棄せず、小農（小生産者）としてのあり方を維持し続けたとする主張は、それが生産力論に裏打ちされて述べられているだけに説得的かつ重要である。

2　葉山禎作・丹羽邦男の説

古島の主張を、それぞれ異なった方面から継承・展開したのが、葉山禎作と丹羽邦男である。

葉山禎作は、『近世農業発展の生産力分析』（御茶の水書房、一九六九年）において、河内国古市郡誉田《こんだ》村を対象に次のことを明らかにした。

同村では、中位以下の小農民のもとでも、生産物の恒常的な販売を目的として棉作経営が行なわれていた。棉作は稲棉輪換作の形態で行なわれ、棉作付地は集団をなして、毎年その場所を移していた。各農民の所持地の一筆ごとが零細でかつ相互に入り組んでいる「零細錯圃制」のもとで、互いに隣接する耕地の耕作者が相違しているにもかかわらず、棉作付地が集団をなして稲作付地と交遷するためには、隣接する耕地の耕作者相互間で、棉作付地を画定するための協議が必要である。そこでは個々の農民による自由な棉作付地の選定は制約されざるをえない。その制約がもっとも強く現れる場合には、村としてその年の村内棉作地を画定するという村全体の規制となるのである(2)。

しかし、「零細錯圃制」の制約の下で、地主経営は、貸付地と手作地の振り替えによって、常に棉作付地を確保することができた。地主経営の棉作付地選定に際する優位性は、小作経営の自主的な耕地利用を否定することによって支えられていた。地主経営は、従来の耕地条件から生み出される制約の枠内で、小作経営を犠牲にすることによって、耕地条件に自己経営を適合させていたのであり、従来の耕地条件を変革しようとする指向性はなかった。

地主経営がこのようなものであるとき、その対極に存在する小作経営もまた従来の耕地条件のなかに繋ぎ止められるのであり、地主経営・小作経営ともに、「零細錯圃制」にもとづく制約を打破して生産力の質的な発展を創出するという方向性をもたなかった。一部の自作経営のなかに、この制約を打破する可能性が存したが、それは単なる可能性にとどまっていた(3)。

こうして葉山は、「零細錯圃制」という耕地条件が、地主に一定の棉作手作を保証しつつも、さらなる経営規模拡大による大経営成立に対しては阻止要因となっていたことを明らかにした。商品生産の発展と地主制形成との関連を、農業生産力構造の特質から照射したのである。

葉山はさらに、農民層分解のあり方について、以下のようにいう。

近世後期の誉田村には零細な規模の綿加工業が農村家内副業として広範に存在していた。しかし、それが独自の生産部門として農業から分離しつつある段階までには至っていなかった。そのため綿加工部門での雇傭の機会はきわめて乏しく（それは農業部門・流通部門でも同様であった）、無耕作層（全戸の二割程度）は出奉公人として村外に放出されるか、あるいは村内の生産活動からは遊離して、街道筋に特有な諸営業に従事せざるをえなかった。しかし、そのような余業も、余業のみによる生計の確立は困難であり、零細農業経営と結合することによって家計を維持している場合が多かった。

幕末期における農民層分化の方向は、家族労働を中心として零細小作経営を行なう層を広範に創出すると同時に、この層と、経営規模の上位に属する層との間に雇傭関係を保たせている。そこに見出しうる雇傭形態は、従来の年季奉公という形態にとどまるものではなく、日割奉公・日雇などという形態をとって労働力の売買に向っている。日割奉公・日雇という雇傭形態は、零細農民による労働力の売買という形をとって、自己経営と結びついた労働主体を雇傭関係の中に引き出している。そのことは、雇傭関係が従来のものより拡大・発展したということを示しているのであるが、それと同時に、雇傭される労働力が自己経営と結び付くことによって労働力の再生産を果しうる、ということをも示している。家族労働を中心とした零細経営の存在と表裏をなして、日割奉公・日雇などの雇傭関係が存在しているのである（葉山『近世農業発展の生産力分析』三二九頁）。

そして、葉山は、誉田村での検討を以下のように一般化する。

幕末期摂河泉の棉作・綿業地域においては、きわめて限られた地点では、綿加工業部門でのマニュファクチュアや雇傭労働に依拠した小作経営が成立したが、一般的には、依然として家族労働を中心とする小規模生産が農業の支配的形態を占め、少数者による土地の集積と多数の農民の土地喪失が進むなかで、両者の間に小作関係が広範に展開していった。この段階では、家族労働の限界を超えた生産規模の顕著な拡大の、全般的な進展という事態は醸成されていない。地域内部に発展度の差はあるが、高度の経済発展を示す生産形態が、時代とともに近傍地域に広く拡散・浸透するという方向には進まず、むしろ局所的な発展度の差は、体制的な地主制成立のなかに収斂されていった。

葉山が、労働力販売者層の拡大を評価しつつ、この層が一路脱農化するのではなく、小農経営を維持したうえで労働力販売を行なうケースが一般的であったと指摘している点は重要である。労働力販売者（賃労働者）というのは、小農がもつ多様な顔の一つにすぎなかった。

次に、丹羽邦男の説をみよう。丹羽は、『形成期の明治地主制』（塙書房、一九六四年）において以下のように述べている。

主に幕府直轄領に属する、畿内とくに河内国など大坂周辺地帯では、天保期以降、土地金融と土地集積が分離しており、前者は貨幣増殖の追求、後者は採算にもとづく有利な土地＝小作地取得という、それぞれ独自の活動を展開していた。金融活動と地主的土地集積とは、相互に密接な関係を保ちながら、それぞれ独自なものとして自らの活動を純化していったのである。すなわち、土地取得は永代売り→購入が基本であり、方土地金融は元利を返済して土地が請戻されることが前提となっていた。ここでの土地金融は、質入とは明確に区別される書入＝非占有担保金融としての性格を、すでに事実上もっていたと思われる。(4)

大坂周辺地域では、地主的土地所有の成長（事実上の私的土地所有の成立）がみられた反面、小作農民は、幕末においても、棉作などの商品生産を行ないながらも、いまだ耕作継続の保証を勝ちとってはおらず、地主の手作地変更が容易になされた。幕末期の地主・小作関係において、明治期に一般的にみられるような、小作農の全くの無権利状態を推定することはできないが、少なくとも永小作的な関係は成立していなかった。また、当地域では、小作人の集団的小作料減免運動が慣習化していたが、このことは地主・小作間の契約的関係の存在を示している。

幕末期にすでに地主・小作関係が確立していた大坂周辺地域では、地租改正における高額地価—地租の押し付けを、小作農層の強い抵抗を受けつつも、とにかくも小作農層に転嫁せしめえた。その結果、幕末期にはなお経営的発展の可能性を残していた小作農の商品生産は圧迫され、経営の没落が進行していった。

このように、丹羽は、畿内の土地金融・地主小作関係の地域的特質を、領主支配や経済構造との関わりにおいて把握しようと努めた。丹羽の考えは、「畿内での地主的土地所有の高度な発展は、その他の諸地域に一般化することはできず、それはむしろ、ごく限られた地域での特殊的な事実にすぎない」（丹羽『形成期の明治地主制』二八一頁）という言葉によく表れている。私もブルジョア的発展の問題に限定することなく、畿内の地域的特質を多面的に解明することが重要だと考える。

3　今井林太郎・八木哲浩の説

今井林太郎・八木哲浩は、二人の共著『封建社会の農村構造』（有斐閣、一九五五年）において、菜種作地帯である摂津国武庫郡上瓦林村と岡本家を対象に次のように述べている。

菜種作がもつ限界性により、一般中農層の摂津型的展開が期待できない状況下で、旧有力農民たる岡本家は、文政期まで摂津型（特殊西南日本型）的発展（富農的発展）を続けたのち、文政（一八一八〜一八三〇年）・天保（一八三〇～一八四四年）期の農民層分解の激化を経て、富農的発展が挫折し寄生地主化していった。挫折の原因は、文政・天保期における農産物価格の下落・肥料の騰貴に求められる。ただし、岡本家は、文政以降も完全に手作経営を放棄したわけではなく、村内から放出される年傭・季節雇・日雇によって二町前後の手作を続けたのであり、同家が全く小作料に依存する非生産的寄生地主となったのは明治に入ってからである。文政以降の手作継続に照応して、岡本家の貸付活動も高利貸的利潤追求というよりも、村内の零細農民への融通という性格が強かった。こうした岡本家のあり方は一般化しうるものである。

今井・八木が手作経営と小作地経営の併存を指摘し、ブルジョア的発展か寄生地主化かという二者択一的な問題の立て方をしていない点は重要である。

4　新保博の説

新保博は、『封建的小農民の分解過程』（新生社、一九六七年）において、西摂菜種作地帯に属する摂津国八部郡花熊村の分析を行なったが、氏の主張は以下の文章に集約されている。

徳川時代後期以降における階層分化の進展は、富農的経営の発展を結果することなく、地主小作関係拡大化の方向を指向していた。しかし、階層分化の結果あらわれてきた持高三石未満の農民とくに一石未満層・無高層は、すべて小農民経営をいとなむ小作人としてあらわれず、その大部分は飯米稼ぎのための零細な農業経営をおこないつつ労働力の販売や小商売などの農業外の稼ぎに主力をおく農民であった。このように農民の階層分化の結果、労働力を販売する農民があらわれてきているが、これらの労働力は農業経営に雇傭されることなく、村内あるいは村外の農業外営業に吸収されているのである。階層分化の進展が農業における資本主義的発展をもたらすことなく、一方では地主小作関係の拡大を指向しながら、他方において農業外営業の必要とする労働力を生み出している点は、明治以後の農村では広くみとめられるところであった。かくて幕末期の花熊村の農村構造は、近代日本の農村構造と本質的には同じ性格をもつとみなければならない。ここに、われわれは幕末期の農村構造と近代の農村構造の連続性を見出すことができる。

徳川時代後期以降における階層分化の進展が富農的経営の発展を指向しなかったのは、商業的農業が農民経営に余剰の恒常的な成立を可能ならしめなかったためであった。花熊村の場合、農業における商品生産は共同体的関係と矛盾せず、むしろ共同体的関係を前提として成り立っており、また幕府による統制や特権的株仲間による制約も大きかった。在方の絞油屋や商人たちもけっして農民と利害を共通にし、農民の商品生産を伸ばしていくものでなく、むしろ前貸的支配などを通じて農民経営の発展を制約するものとなっていた。このような条件の下においては、商業的農業の展開は富農的発展を可能ならしめることはできないのである（新保『封建的小農民の分解過程』三七二〜三七三頁）。

このように、新保の説は、近世後期に富農的発展よりも地主化の進展を認める点で、古島敏雄らの説と共通している。さらに、新保の説で重要だと思われるのは、次の二点である。

①徳川後期から幕末期にかけては、小作関係拡大化傾向と労働力販売農民増加傾向が手を携えて進行した。後者は、花熊村が都市近郊農村としての性格を強め、都市化が進行していることを示している。

幕末期の一石未満層・無高層は、その時の条件に応じて、かなり自由に小作人となるか奉公人となるかを選択していた（流動性、相互転換性）。小作関係は必ずしも継続的・固定的ではなく、小作人と奉公人とは相互に移行しあっていた。その背景には、一年季奉公人の給銀と小作人所得とがほぼ均衡していたという事情があった。一石未満層・無高層は漸次その比重を増してきていたが、幕末期においても、家族労働力を中心に自立再生産を行なっている小農民経営が全経営の大半を占めていた。

このように、新保は、一石未満層・無高層を、小作人と労働力販売者の双方を自由に選択しうる存在と捉え、相互の流動性・互換性を重視しており、さらに彼らが次第に増加しつつも、いまだ少数派であったことも指摘している。これらは、いずれも重要な指摘だと考える。

②花熊村では、菜種は個々の農民が油稼人に対して売り渡すのではなく、村役人の手を通じて一括して油稼人に販売されていた。農民たちは、自己の生産した菜種を村役人や有力農民層あるいは商人的性格の強い農民などに預けて肥代銀などに使う銀子の調達を受けており、他方、村役人や有力農民層はほかの農民から引き受けた菜種を自己の生産した菜種に加えて販売していた。

ここから、新保は、当時の商品生産が共同体関係を前提として成り立っていたという認識に到達しているが、この点は重要である。ただし、新保は、その事実を、富農的発展を阻む要因として否定的に捉えているようだが、そうではなくて、共同体が小農の商品生産の発展を育む役割を果たしていたものとして積極的に評価する必要があるのではなかろうか。

なお、新保自身が、同書の残された課題として、共同体的諸関係や地主・小作関係の具体的態様などの詳細な検討が行なわれていないことをあげている。

5　高尾一彦・岡光夫・森杉夫の説

高尾一彦は、「大阪周辺における綿作の発展と地主制の形成」（歴史学研究会編『明治維新と地主制』岩波書店、一九五六年所収）において次のように述べている。

大坂周辺棉作地帯では、明治初年に至るまで、織物業は一部の村に集中し、一般的には棉作と木綿織が密接に結合しており、農工分離は十分に展開していない。

寄生地主制形成の前提として、明和（一七六四〜一七七二年）〜寛政（一七八九〜一八〇一年）期の地主経営の動揺を乗り越えて文化・文政期（一八〇四〜一八三〇年）以後の棉作農業の発展が剰余を生むに至ったことがあり、同時に剰余がなお不安定であったことが寄生地主制形成の主因の一つとなった。文化・文政期以後に寄生地主制形成の方向がはっきり打ち出されたが、その過程で寄生地主制の形成を阻止する一要素として農業経営なり農村工業を組織する中農層（在郷商人）が存在していたことに注意する必要がある。ただし、幕末から明治維新期にかけて、農民諸階層とくに中農層以下は剰余の不安定から絶えず浮き沈みをくり返していたため、安定的な勢力たりえず、また棉の作付面積の点からいえば、棉作は幕末から明治初期にかけて衰退または停滞したため、寄生地主化の進展を押しとどめることはできなかった(5)。

高尾もまた、文化・文政期以降の寄生地主制形成の趨勢を認めている。高尾の説については、棉作と木綿織の結合と、中農層以下の流動性を指摘している点に注目しておきたい。

次いで、岡光夫『近世農業経営の展開』（ミネルヴァ書房、一九六六年）をとりあげよう。岡は、同書で「寄生地主制は、自作農の富農化の可能性が存しないから展開するのでなく、その可能性の上に展開する」（同四頁）として、河内国若江郡八尾木村木下家の分析から以下のように主張する。

木下家の手作地二町四反程度の規模が、近世の棉作の技術構造によって、最高の生産力をあげるのにもっとも適合した規模である。またこれは錯圃形態の下で雇用労働力を合理的に使役し、完全に燃焼しうる規模でもあり、これ以上拡大すると生産力もしくは収益の低下が予想される。雇用労働を労働力の根幹としながらも、労作経営としての限界が三町未満のところにあったのである。棉作を中心とする商業的農業を営み、畿内の富農の典型をなす木下家でも、小農経営＝労作経営から脱却することができず、耕地の零細錯圃形態の下で肥培や管理に職人的技巧をみせながらも、小農経営の枠内での富農化にとどまっていた。そのため、余剰の収益は貸金業に投下し、また嘉永年間（一八四八〜

一八五四年）には質屋を兼業することになった。これらの収益による、土地所有のさらなる拡大は再び地代収益を目的とせざるをえず、小農的富農経営自体に寄生化を生み出す要因を含んでいた。しかしながら、富農の高利貸的・地主的側面と、質地地主のこのような側面とは発生において区別しなければならない。

このように、岡は、地主化の原因を経営内的要因、なかんずく限界経営規模に求めている。[6] また、自作地の反当たり収益が小作に出すよりはるかに多いことから、富農層の経営的上昇の可能性を一貫して認めている。

ただ、村落共同体に関しては、共同利用の「村井戸」の存在は、農民をして共同体からの自立を不可能なものにしているといった興味深い指摘があるもの、[7] とりたてて追究されているわけではない。この点は高尾一彦においても同様である。

続いて、森杉夫の説をみよう。森は、「商品生産と農民層の動向」（木村武夫編『近世大坂平野の村落』ミネルヴァ書房、一九七〇年所収）において、河内棉作農村の地主層は、明治初年まで手作経営を営み、生産から遊離しない家が多いことを指摘し、さらに「幕末期河内綿作地帯の商品生産と農民層分解」（「ヒストリア」二七号、一九六四年）では、河内国若江郡小若江村を対象に次のように述べる。

①天保から慶応年間（一八六五〜一八六八年）にかけて、地主的土地所有は一段と進展している。そのもとでは、土地所有と経営規模との間には一応の照応関係がみられるが、幕末維新期には土地所有の分解の拡大に経営分解が随伴しなくなってきている。

②米作経営に中心をおくのは地主・富農層であり、中・貧農（とくに貧農小作層）が、農業外余業や賃労働によって棉作の不安定さを補いつつ、畑地における棉作商品生産を担っていた。すなわち、経営規模の小さい層ほど棉作率が高いという特徴が、幕末になるほど明確になっている。[8]

棉作担当層の下降傾向は、棉作が相対的に有利でなくなったことが原因である。したがって、維新期の棉作小作経営の不安定さは地主制発展の障害、不安定要因となっている[9]。

6　中村哲の説

以上みてきた、天保期以降に寄生地主化の進行を認める諸説に対して、幕末に至るブルジョア的発展を高く評価する諸説が存在する。そのなかで、まず中村哲の説をみてみよう。中村は、『明治維新の基礎構造』（未来社、一九六八年）において、以下のように主張している。

和泉国北部においては、商品生産の発展は、農民層の富農と貧農への分解をもたらし、初期プロレタリアの形成もみられた。特に、農村工業の発達した地帯では、農業から完全に切り離された賃労働者や専業の営業者、商業資本などの非農業人口をも生み出し、農村工業の中心地や商工業村落も形成された。商業的農業とその加工業の発展が、農業から切り離された商品経済のなかで生活する人口を生み出し、米商人の成立にみられるように、非農業人口の再生産のための社会的分業が形成されてきた[10]。しかし、農業生産力は、先進地帯においても小経営生産様式を変革するまでには発展しておらず、したがって分解の進行は富農の地主への転化を生み出しつつあったが（社会的分業の発展などによる農業雇傭労働の賃金高騰、労働力不足が原因）、地主・富農の手作地縮小、寄生地主への転化はまだ一般的ではなかった（それは開港以後、とくに明治初年の本源的蓄積の過程で一般化すると考えられる）。他方、広汎に発生した無高層は、一方で半プロレタリア・プロレタリア化の傾向を示すとともに、他方で小作人化の傾向をも示していた。

十八世紀後半以降、土地金融は土地取得を目的とする永代売と貸金の利殖を目的とする非担保占有形態の「質入」（＝書入）に分化し、地主・小作関係は質地小作から第二次名田小作（明治の普通小作に相当）に移行していった。

しかし、地主経営はまだ不安定であった。

寄生地主制は、一方における上層高持の経営の拡大を上回る土地集積による貸付地の出現、さらに社会的分業、農民層分解の進展による上層高持の手作経営の縮小、貸付地の急激な増大と、他方における零細高持、とくに無高層の広汎な形成、その小作人化の両面から形成されてくる。

十九世紀における上層農民の地主化は、自作・自小作・小作の一～二町経営の生産力がむしろ地主・富農のそれを凌ぎはじめたことによる。集約化の方向がさらに進んだために、三～四町規模においてその生産力を十分に発揮することが困難となったのである。

地主制は一定度のブルジョア的発展を前提とするばかりでなく、確立後においても商品経済および資本主義的諸関係と一定の限度内において結合していた。幕末期には、寄生地主制の成立と、資本・賃労働関係の広汎な形成とが密接にからみあいつつ進行していた。

幕末期地主制の内部構造を小作経営の側からみると、家族労働力によって耕作可能な中位の耕作規模の小作経営（＝小作中農）が小作面積ではもっとも多くを占めるが、戸数の点では零細小作経営と賃労働の結合によって再生産を維持しなければならない零細小作（＝小作貧農）が多いこと、小作経営のなかから雇傭労働力を使用する自小作・小作上層（＝小作富農）が現れてくることなどが指摘できる。

近世後期以降、農業からまったく切り離され脱農化した賃労働者層（初期プロレタリア）が広汎に形成されてくる。ただし、天保～明治初年の和泉国赤畑村においては、無作の零細小作化などにより、零細小作（半プロレタリア）が増加し、無作が減少している。その原因は、天保～弘化（一八四四～一八四八）期以降、十八世紀以来一貫して上昇傾向をたどってきた賃金水準が急速に低落しはじめたことである。明治初年の同村は、地主、自小作・小作上層（富農）、中位の小作（中農）、零細小作・無作（半プロ・プロレタリア）の四階層によって構成されていた。

和泉国では、無作層のうち、綿加工業の資本主義的家内労働者が約四割、農業・綿加工業・絞油業・交通業などの賃労働者が約四割で、残りの二割は小商人・小営業者であり、ごく一部にマニュファクチュア・ブルジョアジーや商業資本家がいた。

一般的には、明治十七〜十八年段階での、丹南・丹北・志紀郡の綿織物業は、農家副業として小規模に営まれ、紡糸・織布が結合している場合が多かった。

天保期以降、地主と小作人の力関係は、小作経営の小商品生産者化と生産力の上昇、小作人の闘争によって、次第に小作人に有利に傾きつつあった（小作料の固定化ないし減少、小作権の強化と小作期間の長期化傾向）。幕末開港前において、和泉国の地主制は衰退の危機にあったのである。

しかし、幕末開港により、綿糸生産・棉作は大きな打撃を受け、農民諸階層の窮乏・没落をもたらした。その過程（綿糸生産・棉作の打撃＋零細小作の激増、小作経営の悪化）で、地主と小作人の力関係は小作人に不利に傾いていった。

さらに、地租改正による大幅な増租に対応して、地主層はいっせいに小作料の大幅引きあげを実施した。それとともに、地主権の一方的強化、小作権の否定が実現し、小作経営は急速に悪化していった。

以上みたように、中村の説は、必ずしもブルジョア的発展とプロレタリアの形成を一面的に強調するものではない。ブルジョア的発展と地主制形成との密接なからみあいや、無高層におけるプロレタリア化傾向と小作人化傾向の併存、さらに小経営生産様式の強固な存続などに、正当に目配りしている。そのうえで、諸研究者のなかでは、相対的にブルジョア的発展や賃労働者層の形成を強調しているということはできよう。

また、近世後期から明治期をストレートに結びつけるのではなく、幕末開港から地租改正にいたる政治的・経済的変化の意義を重視している点も重要である。

ただ、中村にあっては、村の役割が軽視されているという難点がある。たとえば中村は、出入作の展開は封建的諸規制から土地保有が解放されていくことを示すとする。また、農業経営において、自村の者が他村の土地を耕作し、自村の土地は他村の者が耕作するケースが増加することから、「農業経営が近世的村落のわくにほとんど規制されなくなっている」（中村『明治維新の基礎構造』八一頁）という。しかし、そのようには評価できないのではなかろうか。

7　津田秀夫の説

まず、『幕末社会の研究』（柏書房、一九七七年）における津田の主張をみていこう。津田は、中村哲と同様、幕末期における農村の都市化の進行、非農業者の増加、賃労働の顕著な形成を重視する立場から、以下のように述べている。

和泉国大鳥郡宇多大津村では、天保期には、紛れもない賃労働者層が階層として成立している。ただし、慶応期においては賃銀の相対的低下と、それにともなう労働者の地位の低下がみられる。

幕末期に至っても、とくにブルジョア的発展が挫折したということはない。ただし、ブルジョア的発展に対する封建的対応として地主制が展開してくることは事実であり、封建的とブルジョア的という異なった性格をもったものが、同時代に併存していて、しかも両者が相互に規定しあっているのである。

近世中期以降の第二次名田小作段階では、領主的土地所有は完全に圧倒され、『事実上の農民的土地所有が確定し、この内部から地主的土地所有と、より本来的な農民的土地所有が対抗し、地主制が展開するにいたる」（津田『幕末社会の研究』一八〇頁)。

第二次名田小作のもとで、小作上層や自小作層のなかに、雇傭労働を用いて胚芽的利潤を生み出す階層が出現する。一般に小作人の立場は強化される。

第二次村方地主（第二次名田小作段階の地主）の形成には、近世的な村落共同体の解体がともなっている。すなわち、「村落共同体の一定程度の解体の進行をみなければ、村落内部で本百姓が完全に土地を放棄することも、また、集積することも不可能であるからである」。

第二次村方地主の村外での土地集積に関して、「土地の集中が村内のみならず、他村にまで拡大しうる条件というのは、一つには、対象となる他村の内部においても、同じように一定程度の共同体の解体が進行していて、村外地主が直接小作料を徴収しうるようになるとともに、たとえ、居住する村とことなった支配関係の場合でも、村外地主が滞納小作料を督促するのに、その領主の妨害を受けないことが重要な要件であろう」(同一八二頁)。

雇傭労働を用いて経営を行なう自小作層・小作上層が出現するためには、「農民層の分解、したがって、共同体の変質、すなわち、一定程度の共同体の解体が進行していることが前提条件である。すくなくとも、一定の共同体の解体が進展して、その結果、小作人の側に共同体規制に拘束されないままで、存立しうる状況ができてきたのである」(同一八七頁)。

しかし、共同体の変質・一定程度の解体という現象も、米作のための水利の共同利用からくる規制を全く免れることはできないため、自ずから一定の限界をもつ（その具体例として、嘉永七年（一八五四）の河内国丹南郡岡村の事例があげられている)。

以上のような津田の説は、ブルジョア的発展と地主制の併存と相互規定を説く点で説得的であるが、一方で次の問題点をもつと考える。i 非農業者・賃労働者を小農とは異質な一つの独自階層として捉えているが、それが誤りであることは前述の新保博や後述の谷本雅之が指摘するところである。ii 津田は、小作経営の発展のためには共同体の解体が必要であるとの立場に立ち、現実にも一定の限定付きながら共同体の解体が進行したと評価している。しかし、一定の共同体解体の進行は事実としても、それは一般に村外地主が他村の小作人を直接支配できるような段階には至っていないし、共同体解体が小作人層一般に利益をもたらすものでもない。近世後期から明治初期にかけての村落共同体については、さらなる実態究明と、そのうえに立った異なる評価が必要であろう。

次に、津田の著書『近世民衆運動の研究』(三省堂、一九七九年)をみよう。そこでは、次のように述べられている。

①「幕末期の畿内農村では直接生産者である小規模経営農民というのは、たんなる小規模な自作農であるだけでなく、小自作層・自小作層・小作層であるとともに、農工兼業の小商品生産者であり、賃労働者である場合もある点は無視しえない」(津田『近世民衆運動の研究』四八頁)。

幕末段階の和泉国北部では、農村に滞留せしめられた無産者層のうち、農業およびその他の産業へ賃労働者として吸収されることでしか生活の手段をもたない者がかなり存在しているが、これを半プロレタリア(半プロ)と区別して前期プロと呼ぶ。

②近世後期には、高持百姓が領主と一般農民の間に挟まって不安定な存在であることにより、「高持百姓を基軸にしたはずの村落共同体は、一方では、上からの支配機構としてその強化が加えられながらも、他方では、下からの抵抗の組織として一般農民に利用されるのである。とくに、村方騒動を通じて展開する小作騒動は、このあいだの関係を示すものといえるであろう」(同二八八頁)。この段階では共同体の二面性が認められるが、さらに幕末に至ると、村方騒動は小作騒動として純化されていく。

③維新直前の段階になると、小作人が地主に小作料の軽減を求める第三段階の村方騒動が発生してくる。その基礎には、封建的共同体の解体現象がある。「幕末期に封建的共同体の解体の現象がいちじるしく進行している」（同二〇四頁）のである。

幕末期の第三段階の村方騒動と打ちこわしは、「いずれも富農・富商層の共同体規制からはみでた側面（商業高利貸的側面と寄生地主的側面――引用者註）にたいする、村落共同体の枠からはみでた貧農層・日雇層の攻撃である」（同二〇六頁）。

村方騒動において、「村落共同体を内部から解体させる主要な素因は耕作農民（＝小作人――引用者註）の側にあ」り（同二六〇頁）、幕末期には最下層の零細な小作農民でさえ、共同体規制から脱しうるような条件ができていた。

④封建制から資本主義への移行を考える際には、「基本矛盾」や「従属矛盾」のほかに、さらにその前提となるべき根本矛盾が存在するが、それが共同体の問題なのである。「根本矛盾として示されるべき村落共同体は、これと同時に「基本矛盾」や「従属矛盾」の集中的に表現される母体であり、それ自身これらの矛盾の場として変質していくものであるはずである。このことから、さらにいいかえれば、共同体の問題というのは、一面では、歴史の発展と変革を生み出すダイナミックな構造の場であり、いま一面では、歴史の発展に、阻止的に働きを示しながら、われわれにいまなお対決を迫る場でもある。かかる両側面を並行して理解することが、日本史では重要であると思われる」（同二二三頁）。

以上の津田の主張のうち、④で共同体を、矛盾をはらみ変質していくもの、「歴史の発展と変革を生み出すダイナミックな構造の場」と捉える視座は重要である。また、共同体が歴史の発展に対して阻止的に作用する場合があることも事実であろう。

ただし、実態認識のレベルでは疑問がある。津田は、慶応期の岡村の村方騒動（第三節参照）などを、共同体の解体現象を示す事例としてとりあげ（同七一〜七二頁）、それを「封建的共同体の解体を促すような村内の政治過程」（同二〇九頁）であると評価し、村方騒動と直接の関係なしに、小作人のみによって起こされた農民闘争であり、小作人層の成長を示すものと位置づけている。しかし、岡村における村方騒動においても、小作人は村に依拠して闘っているのであり、それを共同体の解体を促すものとは評価できない。

また、万延元年（一八六〇）の岡村と藤井寺村との小作料未納をめぐる一件では、双方の村役人が関与して解決が図られていることを津田自身が述べており（同二五一〜二五二頁）、ここでも村が地主・小作関係に関与している。すなわち、共同体解体の進行という津田の評価とは異なる事態が現実には存在していたと考えるべきであろう。ここから、共同体の評価が核心的課題として浮上してくる。

8　安良城盛昭・小林茂の説

前述の中村哲・津田秀夫が強調した小作富農の存在に疑問を呈したのが安良城盛昭である。安良城は、『天皇制と地主制　上』（塙書房、一九九〇年）において、明治十六〜十七年段階で、大阪府は全国で唯一、小作農が自小作農に優越している府県であることを確認したうえで、次のように述べる。

和泉国大鳥郡下石津村について、津田秀夫は、小作経営にすら萌芽的利潤を生み出す条件が存在したとするが、実態としては、小作経営は、小作経営としてその経営規模を拡大再生産していく方向を示さず、さらに自小作経営・小自作経営も自作地の比重を高めていく。それは、自作地経営の小作地経営に対する圧倒的な有利性にもとづいていた。自立的農民経営は自小作層を中心に形成されており、非自立的小作農は農間余業・年季奉公人放出・日雇兼業と零細小作経営とを結合させることによって存立していた。

上層農民地主化の主因は、封建地代の重圧に求めるべきである。凶作期（幕末期は凶作の頻度が高い）に特徴的に現れる封建地代の重圧は、自己経営においては全て経営者自らの責任において処理しなければならないのに対して、地主・小作関係の下においては、それを小作人に転嫁しうるのである。

安良城が、小作富農が過渡的・例外的性格の経営だとするのは妥当な指摘であり、上層農民地主化の主因を封建地代の重圧に求めるのも独自の見解だといえよう。

次に、小林茂の説をみよう。小林は、『近世農村経済史の研究』（未来社、一九六三年）において、河内国丹南郡小平尾村脇田家などを対象として、次のようにいう。

①村役人層は、一方で封建権力の末端として村政を司どりつつ、他方ではその農業経営に商業的要素を十分に組み入れ、在郷商人的性格をもち、また利貸経営も行なっており、ブルジョア的（小商品生産者的）性格を有していた。

天保期においては、寄生地主制が成立したとはいえないが、「寄生地主への傾斜」はみられた。この時期、一部の中農層は上昇するが、大部分の中農層は転落し、彼らが農民闘争の指導層となった。

②村役人層が村惣代として国訴に打って出たのは、貢租納入の責任者という立場もあるが、自らの農業経営に直接関係してくるからであった。「彼らは、農民の各階層なりに生じてきた危機を、最も利害関係の深い立場から、必然的にみずからの利益のうちに吸収包含して、『百姓之不為之義』として推進したといえる」（小林『近世農村経済史の研究』三〇七頁）。しかし、そこには経済闘争としての限界があった。

③幕末期の村方騒動・村方改革においては、転落の危機に脅かされている中農層が、貧農層の革命的な政治闘争をある程度組み入れて、自らの危機を脱出せんと図ったのであり、彼らこそ村役人層を批判し、ときにリコールをも計画したのである。(11)

国訴と村方騒動には質的な差異があり、津田秀夫の国訴と村政民主化闘争とを直線的に結びつける見解には問題がある。

さらに、小林は、『封建社会解体期の研究』（明石書店、一九九二年）において、次のように述べている。摂津国豊嶋郡の場合には、幕末期に、寄生地主になる方向、可能性は多分に認められるが、「寄生地主制」ということからいえば未成熟の段階にあった（同三六一頁）。そこで、地主層は、領主権力に頼り、村共同体を利用し、小作人に恩義をかけて、自らの地主経営を維持・拡大しようとした。それに対して、小作人は以下のような対応をした。i 広範な農間稼ぎ、日雇・雑業への従事。ii 特定の地主に固定せず、短期間のうちに地主を変更した。小作人が地主を選択しており、近代的な賃契約の形態が生まれつつあった。iii 小作人が連合して地主に対抗した。iv その結果、小作人の取り分が地主取り分を上回って比較的有利であり、さらに凶作時には小作料減免もかちとっていた。寄生地主制の成立は明治十年代のことである。

小林の説では、幕末期の村方騒動の指導層を半プロや貧農層ではなく中農層に求めている点、小作人層の多様な対応を明らかにした点などが注目できる。

9　安岡重明の説

安岡重明は、「商業的発展と農村構造」（宮本又次編『商業的農業の展開』有斐閣、一九五五年所収）において、河内国丹北郡若林村池田家の分析から次のように述べている。

①三反以下の零細高持がもっとも高度に棉作を行なっており、小作層・水呑層の経営も棉作に比重が置かれていた。木綿織・小商業などの広範な余業が存在することで、集約的零細経営が可能になったのである。

②寄生地主が村役人の地位を占め、それによって地主・小作関係を補強した。そのため、小作人の地主に対する減免要求が村役人に対して行なわれたり、村役人が毎年小作料を決定したり、「肥し手当金融通」か地主・小作間で

はなく村役人・小作間の関係として現れたりするなど、私法的関係と公法的関係が錯綜する事態がみられた。③広汎な水呑層の家内工業・小商業等農業外経済活動への従事は、地主・小作関係の希薄化すなわち地主の小作人に対する規制力の弱化をもたらした。そのため、地主が村役人（あるいは村役人＝地主）と協議して小作料を定めるといった事態も起こった。その結果、地主の小作人に対する態度は恩恵的というよりもむしろ苛烈なものとなり、小作人の反発は強まった。両者の社会関係はより近代化されていた。「それは商品生産の発展・農民の分化・広汎な余業の存在がわが国の農村と切離せない家父長的・共同体的なものを清算し、利害の対立を鮮明ならしめてゆく過程でもあつたのである」（宮本編『商業的農業の展開』一三七〜一三八頁）。

安岡の主張のうち、②と③の評価は微妙に食い違っている。②では私法的関係と公法的関係の錯綜という重要な指摘を行なっておきながら、③では地主・小作関係の近代化を通して共同体的関係が清算されていくとするのである。しかし、③のような事態は近代に入って明瞭に現れるものであり、②で示されたような地主の姿勢はむしろ小作人の共同体への依拠を生むのである。また、村落共同体を地主の小作人支配の砦とのみ評価している点も疑問である。

また、安岡は、「幕末期畿内に於ける下層農民の性格と農村構造」（宮本又次編『農村構造の史的分析』日本評論新社、一九五五年所収）において、河内国若江郡荒本村や同国丹北郡若林村などを対象に、ⅰ文化〜天保期にかけて無高水呑層が七割に達するが、それ以上は増加しないこと、ⅱ「水呑の多くは小作人として地主の下に編成されたのであり、前進的な意味をもつ日雇労働者化したものがあつたとしても、その比重は小さいといわねばならない」（同四〇九頁）こと、ⅲ水呑層は、その内部で激しく交替していたこと、ⅳ若林村における白木綿織の展開は、自小作ないし小作層の副業的産物であり、木綿生産量の増加は、農村における産業資本の発展とは逆に、寄生地主制の展開と表裏の関係にあったことなどを明らかにしている。いずれも重要な指摘といえよう。

さらに、安岡は、「賃労働者層形成期の経済と社会」（宮本又次編『近畿農村の秩序と変貌』有斐閣、一九五七年所収）において、i 小作料額の決定に際して、近村間での取り決めがなされる場合があったこと、ii 文化・文政・天保期以降賃労働者層の形成が進み、幕末から明治前期には村の全戸の三割程度が賃労働者となっていたが、その内実は木綿織などの農村家内工業や日割奉公人などであったこと、iii 明治初年の若林村では、奉公人たちが口入れ稼業の者を通じて村役人に賃上げを要求していること、iv 河内ではマニュファクチュアの広汎な出現は明治二十年ごろとされていること、などを明らかにした。「賃労働者」を固有の層として理解することには疑問があるが（こうした安岡の理解は同氏の前稿ともニュアンスに差がある）、彼らの集団的賃上げ要求の指摘はたいへん興味深い。

そして安岡は、若林村では、地主層の村役人独占による地主・小作の直接的対立から、庄屋・戸長の緩衝者的役割の出現によって、地主・小作の力関係のバランスのうえに村政が行なわれるにいたり、小作層のある程度の支持なしには村政の円滑な運営は困難になっていたと述べている。重要な指摘だが、安岡にあっては、これが「村内部に生じた対立のため基本的には近世村落は内部から解体」する（同二二三頁）という評価につながっている。しかし、こうした事態は村の変容ではあっても解体ではないのであり、氏の共同体に対する評価には賛同できない。

10　山崎隆三の説

以上の諸研究をふまえて、畿内の農業経営論・農民層分解論の一つの到達点を示しているのが、山崎隆三著『地主制成立期の農業構造』（青木書店、一九六一年）である。同書は、摂津国武庫郡西昆陽村氏田家を中心的対象として、農民層分解の形態を「土地所有別構成と経営（耕作）規模別構成との綜合」（山崎『地主制成立期の農業構造』一七頁）によって把握しようとしたものであり、以下のような主張がなされている。

十八世紀中葉を起点とする農民層分解の進展の結果、幕末維新期には、二～五町（二〇～五〇石）を所有する富農経営の幅広い展開に代表されるところの小ブルジョア経済制度と、他方少数ながら形成されはじめた一〇町前後所有の寄生地主層に代表されるところの寄生地主制度との二つの経済制度が併存して展開するに至っており、まだいずれの傾向が決定的であるともいい得ない段階にあった。富農がその所有地の大部分（三町前後）において雇用労働を用いて棉・米などを自作するのに対して、寄生地主層は所有地の大部分を貸し付け、自己の存立基盤を小作地に置いていた。こうした上層農民の二様の存在形態に対応して、下層農民は、一方では年雇・日雇の放出源泉として存在するとともに、同時に零細小作農としても存在していた。すなわち、ブルジョア的農民層分解と、地主・小作関係の展開とが、上層農民においても下層農民においても結合して進展していたのであり、そのもとでは、封建的抑圧の打破が全農民の一致した要求となっていた。

ただし、文化・文政期には労賃・肥料の騰貴により自作経営は不安定となり、さらに幕末に近づくにしたがって、労賃はむしろ相対的に減少したことによって、肥料代高騰が経営難の決定的要因となっていった。そして天保期以降、とくに安政期（一八五四〜一八六〇年）以降富農経営の自作規模縮小がはじまり、幕末期に向かって富農層の自作地縮小と小作地依存の傾向が次第に強まっていったのであった。その結果、明治二十年代に至ると、小ブルジョア制度と地主制度との併存状態が終焉し、前者が崩壊して後者が確立することになった。これに対応して広汎に没落した中・貧農層は、明治三十年代に至ってはじめて一部分は脱農化するとともに、大部分は中農的自小作・小作農として再編成された。

さらに、山崎は、「江戸後期における農村経済の発展と農民層分解」（『岩波講座日本歴史一二　近世四』岩波書店、一九六三年所収）において、前著で得られた結果を全国的な視野のもとに位置づけ、質地地主制的分解とブルジョア的分解という農民層分解の二つの型を提示している。ブルジョア的分解については前述のとおりであるが、質地地主制的分解については次のように述べている。

関東・東山・北陸・山陰・北九州地方などにみられる質地地主制的分解にあっては、大多数の農民はせいぜい単純再生産をなしうるにすぎず、富裕化し経営を拡大する可能性はほとんどないばかりでなく、貨幣経済に巻き込まれていることによって絶えず没落の危機に瀕していた。一般農民層はただ窮乏化の一途あるのみであり、諸種の特権・商業高利貸資本機能・農産物加工工程の独占等をもつ一部の豪農のみが、一般農民層の窮乏の上に聳立《しょうりつ》することになった。

山崎が、畿内において小ブルジョア経済制度と寄生地主制度が対抗関係にあるとしつつも、両者を全くの分離・対立としては捉えていないことには注意すべきである。ただし、全国的にみて、質地地主の広汎な存在は事実としても、その内実を山崎のように豪農の聳立と一般農民層の窮乏化と捉えることには疑問があるが、この点は畿内村落論と離れるので詳述は避ける(12)。また、山崎は、一年季奉公人・日割奉公人を近代的賃労働であるとするが、それは小経営の一側面にすぎないこともおさえておく必要があろう。

なお、佐々木潤之介は、山崎の農民層分解論を優れた業績として評価しつつも、山崎説は採らず、豪農―半プロ分解という単一の分解の型を提唱した。佐々木の説は著名なものであり、私もすでに私見を述べたことがあるので(13)、ここでは深く立ち入らない。

11　竹安繁治の説

竹安繁治は、近世土地所有史において顕著な業績を残しているが、本章に関わっては以下の点が重要である。まず、『近世小作料の構造』（御茶の水書房、一九六八年）においては、次のように述べている。

①小作料の決定は、地主・小作人間の相対によって、「村極」として村単位で行なわれるのが一般的である。凶作時における小作料の減免もほぼ一村全体として行なわれた。減免交渉は、下作人惣代が地主と直接行なうこともあれば、村役人や寺などに依頼することもあり、小作料減免の決定が村役人の公式の業務化している場合もあった。

②地主側が年によって手作地を変更することは、手作経営の必要のみに由来するものではなく、それによって耕地の実態把握と宛米の適正化を図ったものである。

地主は、貸付地の維持・管理に強い関心をもっており、保有地の貸付は明らかに経営として意識されていた。それに対して、小作人層の小作料減免闘争も熾烈に行なわれた。

③連年の減免闘争によって小作人のとり分は増加し、余業収入も含めると、小作人経営には上昇の可能性が存在した。上昇の可能性は中農層の経営にもみられた。

さらに、『近世畿内農業の構造』（御茶の水書房、一九六九年）においては、地主富農層は、幕末期から明治十年代まで、いくらか縮小傾向を示しつつも、富農的手作経営の規模を維持していたこと、一方で、地主・小作関係や利貸経営の進展、寄生地主化の傾向もみられるが、その原因としては、限界経営規模（三町程度）や収益比較を通じてする経営者的考慮にもとづくところが大きかったこと、などが指摘されている。

いずれも重要な点であり、竹安の業績は今日の段階であらためて全面的に振り返る価値のあるものといえよう。

12　谷山正道の説

以上の諸研究は、主に一九六〇年代までになされたものであり、その後、研究は停滞傾向にあったが、一九九〇年代以降注目すべき研究が現れている。その一つが、谷山正道『近世民衆運動の展開』（高科書店、一九九四年）であり、そこでは以下のような主張がなされている。

①村役人層が、村方小前層との対立を深めながらも幕藩領主権力と対抗する側面を有し、改良主義的・漸進主義的性質を有しつつも、変革主体の一翼を構成していた点を正当に評価すべきである。

②文政期以降の東播五郡惣代庄屋集会においては、集会に集まった惣代庄屋らは、小前層の脱農化を封じ込めて農

業労働力を確保しようとする、村役人層＝地主・富農層の階層的利害にもとづく動きもみせたが、他方、彼ら自身がなお小商品生産者としての性格を有しており、地域住民の利害を代表して特権的問屋に激しく対抗した。こうした二面性は、彼らの存在形態に規定されたものであった。

③この二面性は、文化・文政期大和の「国訴」においても見出せる。村役人層に対する安米売要求・救恤要求や小作騒動などの小前層の闘争を下から激しく受けながら、幕末にかけて村役人層は広域的訴願闘争をくり返し展開したのであり、農民闘争は重層的構造を有していた。こうした構造は明治初年に至っても変わらず、「御一新」を契機とする小前層の闘争のさらなる高揚を背景に、村役人層主導の広域訴願も活発さを増すに至った。副次的矛盾の激化が基本的矛盾を深化させていたのである。

私は、以上の谷山の見解に基本的に賛成である。そのうえで、本章では、豪農経営と村落共同体の検討にもとづき、さらに論点を深めたい。

13　谷本雅之の説

近年の研究できわめて重要なのは、谷本雅之の仕事である。谷本は『日本における在来的経済発展と織物業』（名古屋大学出版会、一九九八年）において、次のように述べている。

織物の生産活動の主たる担い手は、幕末から明治期にかけて、一貫して小農家族であった。幕末期の「先進地」とされる宇多大津村においても、紡糸工程、織布工程ともに、その中心は農家世帯が担っていた。農業と織物業の結びつきを、織物生産者の特色として指摘できる。両者の関係としては、織物業は、農業経営を第一義とし、基本的にそれとの関係において支出される労働力の今一つの就業機会として、農家世帯に組み込まれていたと考えられるのであり（副業的就業構造）、その目指すものは農家世帯そのものの維持であった。織物業などの「家内工業」への就業は、ほかの「余業」と並んで、より効率的な世帯内労働力の配分と動員をめざす農家世帯自身の再生産「戦略」の一環と捉えられるのである。また、宇多大津村や下石津村の無作・零細経営層においては、農業経営への指向が存在していた。

したがって、和泉農村における綿業について、いわゆる「マニュファクチュア」経営の展開や「賃労働者」の析出を軸として論じるのは不適切である。宇多大津村の場合でも、農家世帯は、余業・賃稼ぎを組み込むことで、農家世帯としての存続・展開を図っていた。和泉農村が「先進的」であるとすれば、それはこのような非農業就業の機会が豊富であったことに求められる。なお、問屋制家内工業形態は幕末においては一般的ではなく、その普及は一八八〇年代のことであった。

さらに、谷本は、『在来的経済発展』とその制度的基盤」（近世史サマーフォーラム二〇〇四実行委員会編『近世史サマーフォーラム二〇〇四の記録』二〇〇五年所収）において、和泉国宇多大津村などの事例から次のようにいう。

①「総じていえば、農家は、こうした余業、非農業的な営みにいったん従事しだすと、だんだん余業側に傾斜していくというわけではなくて、むしろ非農業的な営みを内包することによって農家経営そのものを維持していくことが、小農の行動の特徴として読みとれる」（同九頁）。

「いわば農工分離という形ではなく、農家内に工業を組み込むという形で、小農は市場経済へ対応していたとみることができると思うわけです。従来の研究では、これを問屋制のもとでの賃労働者（『事実上の賃労働者』論）として捉えてきたわけですが、私はこれを賃労働者ではなく、小農という観点から見ていきたいと思います」（同九頁）[14]。

②「『無耕作』層というのは、賃労働者として成立したというよりは、具体的にいえば、寡婦が多い、すなわち成人女性一人の世界であるから、もう農業がやれないという形で無耕作になっていると考えた方がいい」（同八頁）。

「『無耕作』層が、これまで言われてきたような賃労働者ではないことは指摘しておきたい、無耕作がすぐに脱農につながるのではなく、そこには小農回帰という道もあり得ることも考えるべき」である（同一七頁―これは討論での発言）。

③豪農などの資産家の「投資行動というのは、単なる純粋な経済活動なのではなく、政治的・社会的な活動という要素も含む行動であったと考えられます。したがって、投資行動がうまれる動機というのは、純経済的な問題だけではなく、『地域社会』自体が動機としてそこにあると考えられる」（同一三頁）。

「近世社会固有の達成とは、『小農』経営の形成であり、実態的な基盤をもった『地域社会』の形成であったと考えます」（同一三頁）。

以上の谷本の主張には傾聴すべき点が多いが、とりわけ、織物業の発展や「無耕作」層の発生の意義を、賃労働者層の形成という文脈ではなく、小農経営の強靱な生命力と市場経済への柔軟な対応力に着目することによって理解しようとしている点は重要である。本章では、こうした視点に、さらに村落共同体の問題を組み込むことによって、谷本の説を継承・発展させることを目指したい。

二　岡村と岡田家に関する先行研究

1　津田秀夫・菅野則子の研究

津田秀夫は、岡田家文書のなかに、「文政六未年　摂州・河州・泉州国訴一件　岡田伊左衛門」と記された史料を発見し、そこから畿内農村の百姓たちによる広域訴願闘争を「国訴」と命名した（津田「封建社会崩壊期における農民闘争の一類型について」『歴史学研究』一六八号、一九五四年、のち同『近世民衆運動の研究』三省堂、一九七九年に収録）。

また、津田は、「幕末・維新期の農村構造」（『日本歴史』二九〇号、一九七二年、のち同『幕末社会の研究』柏書房、一九七七年に収録）において、明治四年（一八七一）の岡村戸籍の詳細な分析から、同村の構成員の存在形態を復元している。

菅野則子は、「封建制解体期畿内農村の構造」（同『村と改革』三省堂、一九九二年所収）において、岡村の村落構造について基本的な解明を行なったうえで、次のように述べている。

①天保末年以降の農民層分解は、大規模地主の停滞ないし安定性の動揺→中小地主による小作関係の再編→小高持層の減少＝無高借家層の増大というかたちで進行した。

②岡村では、地主層が一貫して比較的大規模な手作経営を営んでおり、天保末年以降は手作経営と地主・小作関係とを併せもつ中小地主が増加した。そのため、奉公人雇傭の機会が拡大したが、雇傭関係は不安定なものであった。

③農民層分解は地主・小作関係を展開させた。そのもとで、下層農民たちは、奉公による給銀によって、その生産諸条件、とりわけ土地のとり戻しを一貫して求めていた。このことは、下層農民の自立的小生産への回帰の要求を示している。

④無高層の過半は小作人としての安定的な位置を与えられていなかった。彼らの多くは、奉公人として労働力を販売したり、諸余業を営みつつ、なお農業経営とは不即不離の状態におかれており、いわゆる半プロレタリアとしての性格をもつものであった。

2　佐々木潤之介の研究

佐々木潤之介は、『幕末社会の展開』（岩波書店、一九九三年）第二章において、岡田家を畿内棉作地帯における豪農の典型的事例で、村役人層、領主や代官などの支配機構と強い結びつきをもつものと位置づけ、以下のように述べている。

兵農分離のもとでは、支配体制確定のためには社会的権力が不可欠であるが、幕藩制的社会権力の典型は村役人・村方地主である。近世後期には、豪農の村落的規模を越えた活動が新たな地域を形成するようになる。地域とは、人々の基本的な再生産に不可欠の経済的関係を基礎においた地縁的区域、あるいは旧来の権力の枠を越えて地域的相互関係が展開していく地縁的結合であり、文化の固有性においても特徴づけられる。

岡田家における地域的相互関係は、商品生産への吸着・作徳小作関係・雇傭労働の三要因で形成されるが、同家の手作経営規模は二町歩程度であり、雇傭労働を通じての地域との関係は大きな拡がりをもつとはいえない。商品生産支配と地主・小作関係とは、金融関係という点で共通しており、商品生産への吸着は、村々の豪農たちへの金融による間接的吸着が主であった。

十八世紀半ば以降の金融活動は長期的にみれば順調に展開し、弘化期には堺商人との関係が深められた。安政・慶応期の金融には、高利貸金融の枠では捉えきれない側面、すなわち利子取得を目的としない金融としての年賦銀や多額の貸金棄却・低利子率・商業活動への恒常的金融・銀行類似活動（預金金融）といった特徴がみられ、これらが地域住民の生存条件ともいうべき関係をつくりだしていた。米価の安定が岡田家の経済活動・金融活動にとって必要な条件となっており、同家の金融活動は「高利貸商人の範疇から一歩すすみでているとしかいえない」（同二四一頁）。

村外の小作関係においては、小作管理機構の整備や高率の作徳免除が行なわれた。隣村大井村の小作地には、支配人・小作人物代がおかれ、地主の小作人支配の要になっていた。「免」は大井村村役人、地主＝支配人、小作人物代の詮議によって決められ、そこでは地主の高利貸的恣意は大きく制約されていた（同二七〇～二七一頁）。そこには、岡田家を中核とした新たな経済的関係の展開と、同家の新たな社会的地域権力としての成長がみられる。

岡田家の手作経営にも新しい論理がみられた。すなわち、安政四年（一八五七）初見の「手作」入米概念は生産活動を利貸の論理で捉える概念であったが、単なる高利貸的観念とは違って、生産活動を相対化し、経済の論理で捉えきろうとする一種の経営合理主義にもとづいていた。そして、明治三年に至って、投資とそれにもとづく損益の論理で経営全体を把握するという方法が確定したが、これが経営観念における岡田家の寄生地主化の始点であった。

以上のことは、「幕末期、豪農がその生産者的発展と地主的発展との岐路にあり、そのために苦慮したことを示す重要な史実」であり、「高利貸しの枠をこえた豪農的合理主義」の表現である。

幕末期の経営見直しは、経営の危機的状況の表れでもあった。金融面では、実質的な金融規模の縮小・個別貸の非円滑さ・領主貸の比重の大きさなどが問題であった。また、半プロ層を主体とする小作関係が、もはや幕藩制的社会権力や豪農的な対処では対応しきれない矛盾、本来的に「非和解的」関係として強まっていた。小作関係では、高率の免除分の容認や、臨時的ではあれ村役人と小作人・地主との折衝によって小作料の水準を決定するという事実など、利貸商人の本質である「恣意」性が大きく制約されつつあった。そこでは、幕藩制的社会権力から成長しつつあった豪農的社会権力としての岡田家が、「幕藩制性」から抜けだし、反幕藩制、反封建制の論理を身につけることができるかということが問題であった。

岡田家は国訴にも参加しており、客観的には、新しい社会体制への希求・熱望やそれにともなう行動が予測された。豪農たちはそのための基礎的条件を相当程度にまでつくりあげていた。しかし、彼らは変革主体たりえなかった。そこには、二つの重要な歴史的条件があった。

第一に、兵農分離制により、社会変動が政治過程に結びつく経路が、少なくとも体制的には断ち切られていた。

第二に、現実の幕藩制国家が、次の二点において、豪農たちにとって、決定的な桎梏とはなっていなかったということがある。①まず、宛高制年貢納入方式の特質がある。村外の小作地については郷蔵納付方式がとられ、村内の小作地については、一部の小作人の納入米がすべて岡田家の年貢・諸役に充当されていた。このような年貢納入方式は、小作人に対しては、領主と地主・豪農とが共生・協合関係にあるものとしてたちあらわれ、地主経営においては、年貢負担の重圧を間接的にすることとなった。②次に、幕藩制国家が十八世紀半ば以降、商品生産・商品経済の発展に対し、単純な封建反動的・弾圧的対処を排し、地主・小作関係との共生と、殖産・専売への志向とを内容とする新たな対応をしたということがある。

以上二つの歴史的条件により、豪農層にとって、幕末維新期においても、国家＝公は所与の条件であって、主体的に取り組むべき問題ではなかったのである。

岡田家は、現実の政治的社会的変動に対して、積極的な提案や対応はしなかった。しかし、それは、この維新変革の歴史過程のなかで、岡田家が無為に眠っていたことを示すのではなかった。「維新変革期に岡田家の到達した到達点がどのように歴史的な展開をみせ、歴史的意味をもつかは、そしてそれがどのように経済・経営の枠をこえて、政治・社会・国家の問題に展開するかということをさぐることは、わが国の近代の基底を知るうえで、大きな意味をもつであろう」（同二八八〜二八九頁）。

このような佐々木の説は本章の重要な前提となるものであるが、以下のようにいくつかの点で疑問もある。

第一は、幕末期に新たな関係が生まれるという理解についてである。佐々木は、前期的高利貸資本・村方地主から、地域住民の成り立ちに配慮する新しい地域的社会権力へと脱皮しつつある岡田家というイメージを描いている。しかし、村落共同体に依拠して生産・生活を守る小前百姓と、彼らへの配慮を融通などによって示す地主・豪農たちというあり方は豪農の新生面を示すものではなく、それこそが近世社会の本来的なあり方なのではないか。

第二点。佐々木が、経営帳簿から岡田家の経営論理や政治的行動の根拠を抽出しようとする方法は秀逸であるが、そこから「幕末期、豪農がその生産者的発展と地主的発展との岐路にあり、そのために苦慮したことを示す重要な史実」、「高利貸しの枠をこえた豪農的合理主義」といった評価を導き出すことははたして妥当であろうか。

第三に、同書ではいくつもの新しい論点が出されているものの、基本的には佐々木説の従来の枠組みが堅持されている（豪農―半プロ間の非和解的対立など）ために、新しい論点が十分生かされていないという難点がある。別言すれば、佐々木がいうところの岡田家の「新しさ」の内容が不明確で、近代への展望が開けないということである。

本章では、こうした点を意識しつつ、検討を行なっていきたい。

三　畿内の村から近世村落史研究を拡げる

1　岡村とはどのような村か

ここでは、以下の行論の前提として、岡村（図3参照）の概況を述べておきたい。

岡村は、河内国丹南郡に属し、宝暦八年（一七五八）の村高六七三石（耕地面積約七一町）、ほかに山年貢高一石があり、その後明和六年（一七六九）の新田開発で耕地が増加したため、「天保郷帳」、「旧高旧領取調帳」では七三九石余であった。村の中央を、大坂・堺や大和方面に通じる大坂道と長尾街道が通っており、道沿いに集落が形成されていた。村の南部には、仲哀天皇陵とされるミサンザイ古墳（「陵山」）がある。支配は、近世初頭は幕府領、元和九年（一六二三）から宝暦八年まで丹南藩高木氏領、同年から幕府領、安永七年（一七七八）から常陸国笠間藩領（大坂城代役知）、寛政二年（一七九〇）から幕府領となる。寛政十年から天保十年（一八三九）まで高槻藩預地となり、天保十一年以降幕府領となって幕末に至る。明治二十二年に長野村、同二十九年から藤井寺村の大字となった。

村は、南町（株）・北町（株）・新町の三町からなり、元禄三年（一六九〇）の家数は、南町八一、北町二一、新町五〇、計一五二軒で、うち高持一一四軒、無高三八軒であった。明和三年（一七六六）には、本村（南町・北町）の

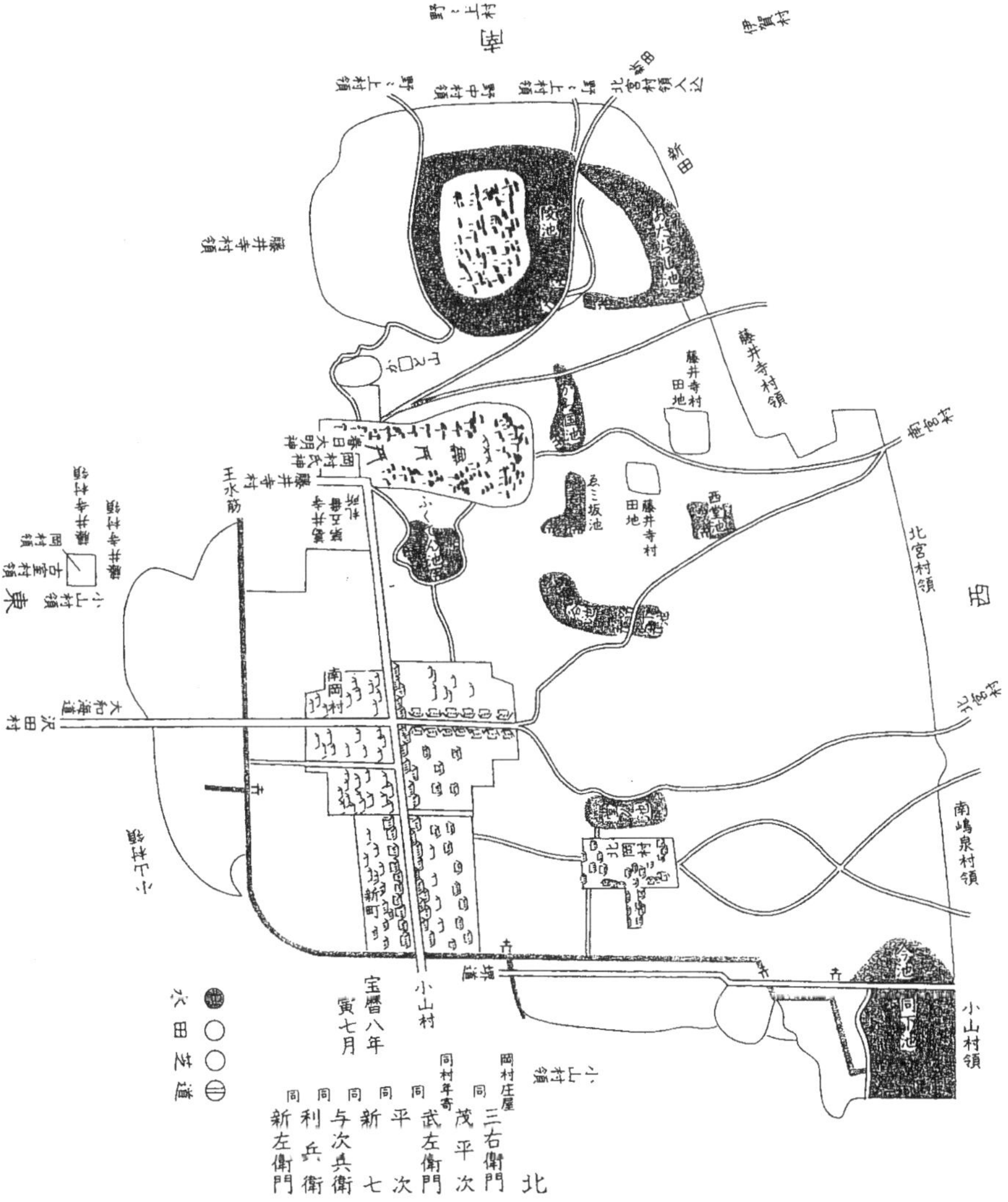

図３　岡村絵図（『藤井寺市史』第10巻史料編８上、164～165頁より転載）

家数一三六軒、人数六〇〇人、新町の家数六一軒、人数二九三人であり、明治九年（一八七六）の人口八一八人、明治二十二年には反別八八町余、人口七八八人であった。なお、無高は、慶応元年（一八六六）には一九七軒中一二一軒（六一・四％）に激増している。

同村は畿内棉作地帯に属し、寛政頃には二〇町一反余、田を含めた全耕地の四割近くに棉が作付されていた。[15] 菜種も、文政十二年（一八二九）に八七石余、天保三年に一〇三石余作られていた。

灌漑施設としては、石川から取水した王水樋《おうずいひ》（王水井路）という用水路と、ミサンザイ古墳の周濠である「陵池」などの溜池、さらに二八五（元禄三年の数値）に及ぶ野井戸があった。

商工業者は、宝暦八年に二五種、五〇人、慶応三年（一八六七）に八種、五七人いた。綿業の展開を反映して、宝暦八年には紺屋・綿屋・毛綿屋などの綿業関係者が八軒、慶応三年には木綿仲買が一〇軒あった。安政四年（一八五七）には、岡村で二人の木綿商人が、河内国丹北郡若林村池田家に、あわせて三一疋の綿布を販売している。

また、天保十三年三軒、慶応三年二軒、明治四年三軒の米穀小売商（搗米屋）がおり、街道沿いということもあって、宝暦八年には湯屋・居酒屋（腰掛け茶屋）各二軒、馬持三軒があった。

神社は春日社（現辛国《からくに》神社）、寺院は浄土真宗本願寺派光乗寺などがあった。

このように、岡村では、棉栽培などの商品作物生産や、綿糸・綿布生産に代表される農村工業が発展し、自給自足的農業からの脱却が進んでいた。農業生産力においては、近世後期の日本における最先進地帯といってよい。商品・貨幣経済が浸透し、農業と工業との結合が進展していた。また、街道沿いの村ならではの諸営業が存在し、農業以外の諸営業に従事する人々も多かった。工業・商業・運輸業などへの傾斜、都市化の進行、外部世界との人的交流などが顕著にみられたのである。従来の畿内村落史研究では、もっぱらこうした「先進的」側面に注目してきた。

しかし、岡村を考えるとき、同村は農業生産を基軸とした共同体社会であったという、今一つの側面にも留意しなければならない。米のみならず棉作にも用水は不可欠であり、商業的農業であろうと、農業である以上はそこに用水利用をめぐる共同性が存在したのである。岡村ではその水源を、「王水樋」とよばれる用水路や、「陵池」など村内の各所に散在する溜池に求めていた。井戸だけではとうてい足りなかったのである。「王水樋」の利用に関しては、岡村は誉田・道明寺・古室・沢田・林・藤井寺・小山の各村とともに王水樋組合を形成していた。

岡村の内部においても配水のルールは定まっていた。棉作は稲棉輪換作のかたちで行なわれ、村内耕地のどの部分を棉作付地にするかということは毎年村人同士の相談によって決められていたと思われる。商品生産としての棉作も村による規制のもとで営まれていたのである。古島敏雄以来いわれてきた「水と山の共同体」としての性格は、たとえ村規制の程度は相対的に弱くとも、岡村にも当てはまる。岡村（あるいは村内の各町）も生産面での共同性によって結びついた村落共同体であるといってよく、この面を見落としてはならない。

以上をまとめると、近世後期の岡村は、都市化しつつある村落共同体だということになる。岡村は、近世の村についてよくイメージされるような自給自足的かつ閉鎖的な社会ではなかったが、しかしなお農業を基幹産業とし、生産・生活のためには村としてのまとまりが不可欠であるような社会だったのであり、村人の多くも農業とそれ以外の諸営業とを兼営していたのである。

2　岡田家とはどのような家か

岡田家は十八世紀初頭に成立した家であり、十八世紀前半には農業経営（手作経営、小作地経営）、商業経営（種粕・干鰯などの肥料や実棉・繰綿の販売）、金融業（無担保大口貸付と質屋業）を営んでいた。十八世紀後半には商業経営を縮小して、小作地経営と金融業を拡大していき、十八世紀末には岡村の庄屋に就任した。

十九世紀前半には一〇〇石前後を所持し、小作地経営と金融業を二本柱としており、複数の帳簿を用いた小作地管理システムが整備されていた。岡田家当主には、多数の小作人を統括する経営者としての資質が求められたのである。ただし、同時に、幕末維新期まで全所持地の一〇％程度（一、二町程度）の自作地経営を維持し続けた点にも注意しなければならない。手作地では、家族と奉公人の労働により農業が営まれていた。

次に金融業についてみると、その貸付先は周辺村々から京都・大坂・堺などに至る広範囲に及んでいた。同家の金融には、近隣・遠隔地の豪農・豪商、領主との間で行なう無担保・高額の金融と、自村・近隣の中・下層農民との間で行なう有担保（土地・動産）・少額の金融との二つのあり方が併存していた。

前者は、豪農・豪商層に経営資金を短期的に融資し、早く回転させて高利潤をあげるというものであり、そこでは手形による決済が多用されたり、大坂の両替商に余った資金を預けて銀行のように利用するなど、進んだかたちの金融関係が展開していた。広域的な金融ネットワークが形成され、安定的な金融ルールが存在していたのである。

他方、後者の少額金融では、岡田家が借り手の状況を勘案して、返済の猶予、年賦返済への切替、利率の引き下げなどの臨機の措置をとっていた。こうしたあり方は近世的な特色であり、明治二十七年に開業した岡田銀行（岡田家の個人銀行）においてはこうした融通的色彩は払拭されていた。

以上のことは、岡田家の金融が、利殖の手段と地域住民の生活成り立ちを支える融通との二側面を有しており、岡田家が利潤を追求する経営者と地域住民に配慮する地方名望家という二つの顔をもっていたことを示している。換言すれば、岡田家は、地主経営（小作地経営）と金融業を二大主柱として、近世後期から近代にかけて経営を発展させていった豪農・地方名望家であるということになる。同家は、明確な経営戦略をもちつつ、地域住民の生活成り立ちへの配慮も怠らなかったのである。

3　以上の事実は従来の研究史に何を投げかけるか

本項では、以上の岡村と岡田家についての事実が、従来の研究史に対して何を提起し、どのように近世村落史研究を拡げることにつながるかを、①豪農経営と近代への移行、②下層民の存在形態と都市―農村関係という二つの面から考えてみたい。

（1）　豪農経営と近代への移行　　ここでは、山崎隆三の所説を手がかりにして、豪農経営とその近代への移行の問題を考えるなかから、近代史研究との対話の糸口を探ってみたい。

山崎隆三『地主制成立期の農業構造』（青木書店、一九六一年）は、摂津国武庫郡西昆陽村氏田家を中心的対象として、農民層分解の形態を「土地所有別構成と経営（耕作）規模別構成との綜合」（同一七頁）によって把握しようとしたものであり、その主張は第一節でみたとおりである。

山崎の説は、今日に至るまで多くの研究者の支持を得ている。たとえば、藪田貫はその著書『国訴と百姓一揆の研究』（校倉書房、一九九二年）で山崎説の支持を明言しているし、井上勝生は『日本の歴史一八　開国と幕末変革』（講談社、二〇〇二年）において、「（山崎の―引用者註）氏田家に関する経営分析は、悲惨な『惨苦の茅屋』という江戸後期百姓のイメージを変えた記念碑的研究である。当時は近年と違って、『野蛮な圧政』論に対する正面からの批判はまれだったことを思うと、画期的なものである」（同三四～三五頁）と高く評価している。

山崎隆三の議論についての私見は以下のとおりである。

①山崎は、小ブルジョア経済制度と寄生地主制度とは相対立する制度であり、富農と寄生地主というかたちで、それぞれを担う主体が分離していると理解する。前者から後者への移行を論じる場合でも、両者を対立物と捉える理解が前提となっている。これは、一面では正しい。しかし、岡田家の事例からは、畿内において、小ブルジョア経済制度と寄生地主制度とが、一面で対抗しつつも、同一経営内に併存し続けていたという実態がみえてくる。小ブ

ルジョア経済制度と寄生地主制度の対立面にのみ目を向けていると、富農経営において小作地がもった意味、「寄生地主」における手作地の意味が解けないのである。手作地と小作地の併存状態を、豪農の経営戦略と小農（共同体）の規制の両側面から検討することが必要であろう。

②山崎説では、富農のみに注目が集まりがちだが、質地地主制的分解についても再検討する必要がある。山崎が、質地地主制的分解を、一方における豪農の聳立と、他方における一般農民層の窮乏化と捉えるのは一面的ではないか。これでは村落像がミゼラブルすぎるのである。

他方、佐々木潤之介は、山崎のいう富農を豪農の一つのあり方として捉えている。佐々木の豪農論は、近年あまり評価されることがないが、私は佐々木の豪農の経済的性格規定（佐々木『世直し』岩波書店、一九七九年、一六頁）についてはあらためて再評価すべきではないかと考える。ただし、佐々木説にも難点はあり、それはこれまで私自身も指摘してきたところである（渡辺尚志『近世村落の特質と展開』校倉書房、一九九八年など）。

佐々木は、岡田家の経営について次のように述べている（佐々木『幕末社会の展開』岩波書店、一九九三年）。岡田家の安政・慶応期の金融には、高利貸金融の枠では捉えきれない側面、すなわち利子取得を目的としない金融としての年賦銀や多額の貸金棄却・低利子率・商業活動への恒常的金融・銀行類似活動（預金金融）といった特徴がみられ、これらが地域住民の生存条件ともいうべき関係をつくりだしていた。こうした同家の金融活動は「高利貸商人の範疇から一歩すすみでているとしかいえない」。また、村外での小作関係においては、小作管理機構の整備や高率の作徳免除が行なわれていた。隣村大井村の小作地には、支配人・小作人物代がおかれ、地主の小作人支配の要になっていた。小作料率は大井村村役人、地主・支配人、小作人物代の詮議によって決められ、そこでは地主の高利貸的恣意は大きく制約されていた。そこには、岡田家を中核とした新たな経済的関係の展開と、同家の新たな地域的社会権力としての成長がみられる、と。

私も、以上の事実認識においては、佐々木とほぼ一致している。だが、幕末期に、近世的なあり方とは異なる新たな関係が生まれてくるという佐々木の理解には問題がある。佐々木は、前期的高利貸資本・村方地主から、地域住民の成り立ちに配慮する新しい地域的社会権力へと脱皮しつつある岡田家というイメージを描いている。しかし、村落共同体に依拠して生産・生活を守り発展させる小前百姓と、彼らへの配慮を融通などによって示す地主・豪農というあり方は、豪農の新生面を示すものではなく、それこそが近世社会の本来的なあり方なのではないか。村落共同体に依拠して、近世的なあるべき姿をとることを岡田家に要求する小前層と、そうしたあり方の変容過程としての近代転換期という視角が必要なのではなかろうか。佐々木の豪農についての経済的規定をふまえつつ、その社会的役割についての評価を一八〇度転換させることによって、近代転換期の村落社会を見通せるように思う。

（2）　下層民の存在形態と都市―農村関係　　ここでは、村落史研究から都市―農村関係へと視野を拡げる道を探ってみたい。

この問題に関して、まず津田秀夫の議論を参照しよう。津田は、『近世民衆運動の研究』（三省堂、一九七九年）において、幕末段階の和泉国北部では、農村に滞留せしめられた無産者層のうち、農業およびその他の産業へ賃労働者として吸収されることでしか生活の手段をもたない者がかなり存在しているが、これを半プロと区別して前期プロと呼ぶとする。

また、『幕末社会の研究』（柏書房、一九七七年）では、岡村の分析も行ないつつ、幕末・維新期の畿内農村に滞留せしめられた過剰労働力を、農業経営から離れられない半プロ層として把握することは誤りであること、小商人・職人・賃稼ぎ人のように、農業経営とは何の関わりももたない層が存在すること、幕末期にはこうした層（原生プロ層）が階層として成立していたことなどを主張している。

こうした津田の前期プロ・原生プロ論は、小前層のもつ多様な側面のなかから、その一面のみを抽出したものであり、重要な指摘ではあるが、それだけでは小前層や村の総体的な評価とはなっていないと考える。津田の岡村についての研究も、明治四年の戸籍の分析が中心であり、明治四年という一時点を切り取っての詳細な検討としては貴重だが、その前後の時期の分析も加えて、より長い時間幅のなかで考察する必要があろう。

次に、吉田伸之の「日用」や「都市性」をめぐる議論をみてみよう。吉田は、『近世都市社会の身分構造』（東京大学出版会、一九九八年）第七章において、次のようにいう。

「農村部において、非・農耕的労働力は、もっぱら夫役＝無償の労働奉仕として権力に搾取されたが、年期奉公人の一般的成立の下で、百姓身分にありながら日用としての労働力販売を『一時的にとる地位・状態』とする部分が形成されてゆく。こうした存在にとって、その労働力販売は、自己の小経営にとっての不可欠な補完物であり（準『日用』的貧農層）、また労働力販売を専業とする部分も生まれた（在村型『日用』層）（プロレタリア的要素の都市から農村への転移・浸潤）」。

「近世中後期にいたると、部分的に賃労働の萌芽があらわれた。これは第一に、都市の『日用』層が内在的に形成したものである。（中略）また、第二に、農村地域の商品生産の展開や小ブルジョア的経営の形成の下においてである。かくて、日本近世におけるプロレタリア的要素は両義的な性格を部分的に帯びる新たな段階に移行することになったのである（プロレタリア的要素の両義化）」。

また、吉田は、「社会的権力論ノート」（久留島浩・吉田伸之編『近世の社会的権力』山川出版社、一九九六年所収）では、以下のように述べている。

十八世紀における「『日用』的要素とは、主要には直接生産者としての条件を半ば喪失した貧農層であり、これに在村の労働力販売者層＝『日用』層を副次的要素として加えたものであった。豪農＝商人の簇生と『日用』的要素の定在化という二つの事態は、商人資本と労働力の二つの局面から都市的要素＝都市性が在地社会へと深く浸透＝普及しつつあることを示す」。

十九世紀以降になると、「『日用』的要素は、（中略）全体としては村社会をこえて在地社会における民衆世界を形成し、社会的権力γ（＝豪農—引用者註）や村々連合＝組合村と激しく対立する位置に定位する。そしてそのなかに社会的権威（社会的権力γや村々連合への対抗的ヘゲモニー）を部分的にうみ出しつつ第三極を形成する」。

さらに、吉田『巨大城下町江戸の分節構造』（山川出版社、一九九九年）終章では、「〈分業〉をより広義に捉えた場合、在地社会に実現されてゆく封建的土地所有—たとえば、在地支配に伴う行政・裁判システムや搾取機構、暴力装置、農業生産に対する勧農—そのもののうちに、あるいは農耕からの精神生活の分離に伴う在地社会の宗教的要素、また大規模土木工事や戦争に随伴して在地社会から析出されるところの『労働者』や兵、これら諸々の諸要素をも都市的要素—以下、都市性とよぶ—のうちに含めて考えうることになるのではないか」とされ、「政治、暴力、精神生活、資本、商業等々の都市性」ともいわれている。同様に、吉田『伝統都市・江戸』（東京大学出版会、二〇一二年）序章では、「政治・軍事・交通・宗教・学問・芸術などにわたる多種多様な都市性＝都市的要素」と述べられている。

以上概観したような吉田伸之の「日用」論・「都市性」論は、都市—農村関係を考えるうえで重要な議論である。ただ、都市性の定義については、多様な意見がありうるであろう。政治、暴力、精神生活などを、都市性としてくくってよいのかという問題である。これらは、村にも本来的に存在する要素ではないのか。

また、都市性が都市から農村に転移・浸潤するという理解は、都市史研究者としての吉田の立場からは当然の議論であり、その面からすれば正しい。ただし、村落史研究者としては、農村の主体的・内在的展開という視角から、これを咀嚼する必要があろう。豪農や小前層が都市性の浸透をどのように主体的に受け止めたかという、村人の立場からの追究が求められているのであり、都市性のストレートな浸透という見方ではなく、村における所与の条件が都市性の浸透と切り結んで、どのような特徴的な現象形態を生んだかという点を明らかにすることが重要であろう。

　この点に関わって、谷本雅之の主張にふれておきたい。第一節でみた谷本の主張には傾聴すべき点が多いが、とりわけ、織物業の発展や「無耕作」層の発生の意義を、賃労働者層の形成という文脈ではなく、小農経営の強靱な生命力と市場経済への柔軟な対応力に着目することによって理解しようとしている点は重要である。

　ここで、小松賢司の研究（「幕末期岡田家の地主小作関係と村落」、前掲『畿内の豪農経営と地域社会』所収）によりつつ、岡村の場合をみると、岡村の下層民の多くは、ある時点では農業に携わっていないこともあったが、農業から完全に遊離してしまったわけではなかった。すなわち、下層民が「脱農」化しているのは一時的な仮の姿であり、彼らは条件さえあればすぐに小作を再開するし、意識の面でも常に小農回帰を志向していたといえる。下層民は、自家の状況とそれをとりまく経済的条件とを勘案しつつ、自家にもっとも適したかたちで農業とそれ以外の諸営業とをくみあわせていたのである。こうした「脱農層」を時の流れのなかに置いてみれば、それは小農との間を絶えず還流している存在であり、小農が一時的にとる状態であるということができる。岡村では、慶応二年に小作騒動が起きるが、そこでは無高・小高の小作人層が集団で村役人に対して小作料減免を要求している。小作人たちは、村の枠組みに依拠して、自らの生活と生産を守ろうとしていた。幕末期の岡村における小前層の焦点的課題は、賃上げ要求ではなく小作料減免要求だったのである。

　岡村の分析から導かれたこうした理解は谷本雅之のそれと共通しているが、私は、この問題を、谷本のいう小農の経営戦略という観点に加えて、村落共同体の小農経営保護機能という視角からも検討すべきであると考えている。

　また、吉田の議論との関連では、私は、吉田のいう準「日用」的貧農層は小農（小経営）との同質性・共通性が大きく、その本質は村落共同体の一員としての小農であったと理解している。小農の主体的経営戦略の一環として、「日用」稼ぎを一つの選択肢としたという視点が必要であろう。私は、「日用」的側面は、小農の複合的経営の、重要ではあるが、あくまでその一側面であると考える。小農が農業にも片方の軸足を置いている以上、彼らが共同体に依拠して自己の生活と生産を守ろうとしたのは当然であった。とすれば、吉田の、「日用」的要素と小農共同体とを峻別し、十九世紀には「日用」的要素が小農共同体（ひいては組合村）と激しく対立する第三極を形成するという評価は再検討が必要だと考える。

私は、谷本の議論に村落共同体論をくみこむことにより、村落史研究者の立場から都市―農村関係論に視野を拡げ発言していくことが可能になるのではないかと考えている。それがひいては、村落史研究を近世史研究全体へと拡げていくことにつながるのではなかろうか。

（3）岡田家の村における政治的位置　次に、岡田家の岡村における政治的位置をみるために、岡田家文書中の「書附留」類から、同村における政治的事件について瞥見しておこう。

まず、寛政九年（一七九七）には、新町の百姓杢右衛門ほか二六人が、北株庄屋林左衛門を、小入用・臨時入用の割り方に不正があるとして、角倉一学代官所に訴えている。ちなみに、寛政九年は、岡田家が岡村南株の庄屋になった年でもある。

文化九年（一八一二）十月には、新たに定助が新町を含む北株の庄屋になったが、新町の百姓たちが不帰依を申し立てたため、以後五年間は、南株の庄屋（岡田）伊左衛門・年寄新七が新町の支配をすることとされた。

次に、天保二年（一八三一）九月には、伊左衛門株（南株）の百姓（惣代与左衛門・茂右衛門・伝右衛門・徳兵衛）が、同株の年寄専右衛門・百姓代ら七人を高槻藩役所に訴え出た。岡村では、年寄・三方（北・南・新町）百姓代らが毎年夫米代銀を高割で徴収しており、庄屋はそこに関与していなかった。ところが、天保元年十二月の勘定の際に過徴収があったことに端を発して、小前百姓たちが過去二十年分の勘定のやり直しと過徴収分の返還を要求したのである。しかし、この時は村役人側に組織的かつ意図的な不正はなかったようである。また、北株は、南株の小前たちには同調していない。この一件は、支配を同じくする河内国讃良郡八番村庄屋八郎兵衛が扱いに入り、年寄・百姓代がそれまでの「不埒之取計」を改心し、以後は「役義実体」に務めることを約して内済となったという。ただし、これは小前側のいい分であり、別の史料では天保三年六月に高槻藩の裁許が下されたともいう。なお、専右衛門はその後も年寄を勤続している。

さらに、天保五年八月、弥三左衛門株（北株）の百姓たちが、弥三左衛門の王水樋用水（岡村が利用している用水）の引きとり方に不当なとり計らいがあるとして、不帰依の旨を高槻藩役所に訴え出た。この一件は、同年九月、高槻藩により弥三左衛門の退役と伊左衛門の北株庄屋兼帯が命じられて決着した。その後、天保十四年には、庄屋伊左衛門が退役し、その子が伊左衛門を襲名、庄屋を襲役した。

弘化三年（一八四六）、岡村の仁兵衛が、自分の収穫米の品質が不良だったため、隣村（私領）の年貢米地払い分を購入して、庄屋伊左衛門・年寄藤左衛門らの許可も得たうえで上納米（「大坂御膳米」）にあてた。ところが、米量・俵装などに不備があり、村役人もそれを見落としていたため、問題となった。当時、幕府は年貢の米納を強制していたが、それがここにも影を落としている。

弘化五年三月には、岡村の小前百姓たち（惣代茂八・兵左衛門）が、年寄専右衛門・嘉右衛門（いずれも南株）を谷町代官所に訴え出ようとした。訴えの内容は以下のとおりである。

専右衛門ら二人の年寄は毎年の夫代勘定で不正をはたらいている。天保二年に一度争論になったが、その後も不正行為はなくならなかった。そこで、弘化四年八月に、小前が庄屋伊左衛門に訴え出た。伊左衛門が勘定を取り調べたところ、「不当之勘定取込筋」が多数発見された。そのうち弘化二年までの「取込銀」九四〇匁は、小前たちが専右衛門らから受けとって百姓一同に割り返した。しかし、弘化三年分の勘定にも問題があり、これも伊左衛門が調べることになったが、いまだにその結果は示されていない。専右衛門らが年寄を務めていては村が平和に治まらないので、両人を退役させてほしい、と。

これが実際に願い出られたかどうか、またその結果などは残念ながら不明である。

さらに、慶応三年（一八六七）には、前年の凶作で諸物価とりわけ米価が高騰したため、小作人たちが集会をもち小作料減免を要求する村方騒動が起こった。この騒動に参加した八九人の小作人のうち、二石以下層・無高層が大部分を占めていた。この騒動に関わっては、小作料が村によって統一的に決められていたこと、小作人側も「町剣」という村八分的な制裁を背景にもつことで結束を維持していたこと、地主・小作関係を律する規定書が村役人にあてて出されていること、などが注目できる。すなわち、当時の地主・小作関係は、地主と小作人との純粋に私的な関係ではなく、村やその中の町（北・南・新町）といった共同体的枠組みを通して実現されていた。

以上みたところからわかるように、岡村では十九世紀に幾度か村方騒動が起こっているが、それらはいずれも庄屋としての岡田家を対象としたものではなかった。岡村の年貢・夫銀（夫米代銀）等の算用が、北・南両株の年寄・百姓代らによって行なわれていたため、算用に問題が生じた際、その責任が直接岡田家に及ぶことはなかったのである。岡田家は、株ごとの算用を統括する位置におり、その点では小前層との村政における関係には間接的な側面があった。岡田家の村運営における位置については、以上のようにまとめることができよう。

おわりに

以上、近世村落史研究の拡げ方について、（1）中間層のみならず、下層民へも視野を拡げること、（2）それを通じて、都市―農村関係へも問題を拡げ、近世の全体像へとつなげていくこと、（3）近代的資本―賃労働関係の成立史（前史）としてではなく、「村落共同体と小農・豪農経営」の問題を基軸に、商品経済への主体的対応とその過程での村社会の変容という視角から、近代史研究との対話を行ない、近代へと視野を拡げていくことの三点にわたって述べてきた。

私は、近世的・近代的、ブルジョア的・地主的、プロレタリア・小作人といった諸概念を過度に対立的・対比的に捉えたり、それらのうちの一方だけをとり出して評価することなく、それらが具体的な個別経営や村社会のなかで不可分に併存しつつある構造をおさえ、その全体構造が徐々に変容していく過程をトータルに把握すべきであると考えるものである。

最後に、若干の点について、補足的に述べておきたい。

本章は、商品・貨幣経済の進展と、百姓の多様な生業への関わりの深化に注目しつつも、それを過大評価せず、村と農業の役割を重視するという立場をとっている。天保期などいくつかの画期をもつ村落構造の変動―土地所有分解の進展・「都市化」の進行・非農業的生業の展開など―がみられるが、それを決定的・根本的な質的変化であるとは評価していないのである。この点に関して、いくつかの事実を付け加えておこう。

①嘉永七（＝安政元、一八五四）年八月に、年番百姓代の伊右衛門・又兵衛・九兵衛・茂右衛門が、百姓たちを代表して信楽代官所に次のように訴え出た。

北株年寄藤左衛門は「油稼」をしており、近頃は「油方物代」などと称している。そして、菜種売買に関して、野々上村百姓を相手取り訴訟を起こしたが、この件について野々上村から岡村に抗議がきている。岡村では、野々上村の余水を岡村の溜池に引き入れて用水に用いてきたが、野々上村との関係が悪化しては用水の利用に支障が生じる。そこで、藤左衛門を罷免してほしい、と。

藤左衛門はこれに反発したが、庄屋伊左衛門や年寄たちは百姓代たちの主張を支持している。結局、代官所は藤左衛門を休役とし、安政二年三月には彼の子藤兵衛に跡役を命じた。ここから商品作物生産に関わって成長してきた商人と、農業に経営の基盤を置く村人たちとの対立が生じていたこと、商業活動の発展は村による規制の下にあったことが指摘できる。また、藤左衛門の罷免を求めたのは、溜池灌漑への依存度が高い南株の百姓たちが中心だったようである（岡田家文書A―三―九、嘉永三年九月「村方書附留」、同A―三―一一、安政二年一月「村方書附留」）。

②遅くとも幕末期には、南株の内部が東西南北の四町にわかれ、各町に年行司が一人ずつ置かれていた。文久二年（一八六二）閏八月には、若者たちが、領主の禁令や村役人のいいつけに背いて「だんじり」を担ぎ出して騒ぐという事件があったが、このとき村役人と若者の間のパイプ役となったのが各町の年行司であった。また、慶応元年（一八六五）からは、年行司に加えて、各町に肝煎が置かれることになった。こうした村政機構上の変化は、岡村における住民構成の多様化と町の実体化に対応したものであった可能性がある。

ただし、明治十五年（一八八二）五月に、当時の戸長岡田伊十郎によって作成された「河内国丹南郡岡村誌」には、戸数二〇四戸、男性人口三八八人、女性人口四三〇人、計八一八人のうち、耕作を営む者一九四戸、木綿売買を業とする者五戸、紡織をなす女性一二〇人と記されているように、明治期においても農業が岡村の基幹産業であった。

明治十四年に岡村で小作騒動が起こり、小作側は、小作料を一反について一石だけ納入し、残りは五か年賦で納めたいと主張した。地主側は不満であったが、結局その線で押し切られた。村人たちは、幕末以来、地主・小作関係―広い意味での農業問題―に重大な関心を抱き続けていたのである。

註

（1）なお、同書「あとがき」には、「私の今の気持には、いささかも畿内の先進性を否定する考はない。摂津型的展開か、寄生地主の展開かというオルタネーティブとしては私は寄生地主を考えない」と記されている。これについて、丹羽邦男は、古島は商品生産の発展のうえに寄生地主の形成を考えていたのであり、商品生産が挫折して寄生地主が出てくるとは考えていなかったこと、寄生地主の急速な形成は畿内の先進性の表示に他ならず、「摂津型」の発展が早期の地主的土地所有の拡大を生んだというかたちで、戸谷敏之の「摂津型」経営論（戸谷敏之『近世農業経営史論』日本評論社、一九四九年）を受け止めようとしていたことを指摘している（丹羽「解説」、『古島敏雄著作集第八巻　地主制史研究』東京大学出版会、一九八三年所収）。

また、古島は天保期には自作経営が小作地所有より有利ななかで、地主が貸銀業へ転化しつつ地主化の度を強めていくと述べており（前掲『古島敏雄著作集第八巻　地主制史研究』第四章）、自作経営の有利性を認めたうえで、地主化の要因を考えているのである。なお、上層農民の利貸経営の側面を追究した研究として、福山昭『近世農村金融の構造』（雄山閣出版、一九七五年）がある。

（2）　この点については、福島雅蔵『幕藩制の地域支配と在地構造』（柏書房、一九八七年）第二部第五章においても、同様の指摘がなされている。

（3）　古島敏雄は、この点に関して次のように述べている。棉作生産の不安定性が前貸資金の借入を必然化し、金融活動の結果地主的土地所有が成長する。土地を集積した地主は、労働体系の変革、新労働組織の発生がないため、自作地を拡大することが困難であり、よって地主・小作関係を拡大していく。その基礎には、錯圃制を介して、水利用の制約を受けているために、大経営の有利性を確保し得ないという当時の生産力水準の問題があった。前掲古島敏雄註（1）書第六章参照。

（4）　この点については、塩野芳夫『近世畿内の社会と宗教』（和泉書院、一九九五年）第一〇章にも指摘がある。

（5）　近世以降の畿内棉作の盛衰については諸説ある。

武部善人は、『河内木綿史』（吉川弘文館、一九八一年）において、「近世における摂河泉の綿作は、元禄・宝永ころ、すでに一つの頂点に達し、宝暦・天保とさらに上昇し、以後地域的に消長をみせながら、幕末・明治期と漸次衰退して行くものとみられる」（同一六頁）と述べた。しかし、明治初年においても棉作・綿織はなお重要な地位を占めていたことも指摘し、決定的な衰退は明治二十年代の終わりから三十年代の前半にかけてであるという。また、近世の河内木綿は、自家産原綿による手紡・手織の農家余業、農家の一貫作業にもとづく農家家内工業、手工業であったとも述べられている。

酒井一は、「畿内綿作の諸問題」（『ヒストリア』三一号、一九六一年）において、幕末から明治初年にかけての棉作の推移をみると、畑方棉作に関してはいささかも変化せず、田方棉作については半田農法地帯は畑方と同じ傾向をたどり、輪作農法地帯が脱落していったといえると主張して畿内棉作衰退論への疑問を呈し、一見衰退とみえた事態は、実は棉作地帯の集中化現象であったとする。また、棉作の発展を担ったのは上層農民であったという。

今井修平は、「近世後期河内における木綿流通の展開」（脇田修編『近世大坂地域の史的分析』御茶の水書房、一九八〇年所収）で、①近世後期には、大坂経済が停滞傾向にあるにもかかわらず、河内の在方においては木綿販売量が著しく増大していること、②南河内の木綿商人は近世後期に増加しており、それは南河内農村において、農民の貨幣獲得手段としての綿織物生産が、中河内より遅れて幕末期に発展していたことを示すこと、③「綿作が停滞するといわれる近世後期においては、木綿布の流通が発達し、河内の各地域で若干の差はあるが、全般的に木綿布の販売量が急増していること。それはとりもなおさず農村加工業としての木綿織が広範囲に展開していることを意味し、農民の商品生産はむしろ分業の深化の形で前進している」（同二九一頁）ことなどを主張している。

さらに、井奥成彦は、『一九世紀日本の商品生産と流通』（日本経済評論社、二〇〇六年）第三章において、山城国相楽郡西法花野村浅田家を対象に、近世南山城における棉作は、面積的には十七世紀後期から十八世紀前期にかけて縮小するが、その後は横ばいであり、集約農業の発展にともなう反収の増加を考慮すると、生産量的には必ずしも衰退したとはいえないこと、こうした状況は開港後も続き、棉作は明治中期までは少なくとも決定的に衰えることはなかったことなどを述べている。

（6）　この点に関して、安岡重明『日本封建経済政策史論』増補版（晃洋書房、一九八五年）第一章第一節では、全国各地域が、棉作国あるいは木綿輸出国としてのしあがり、畿内と木綿販売市場を争うようになったことが、畿内棉作の衰退ないし停滞の原因であるとする。

（7）　葉山禎作『近世農業発展の生産力分析』（御茶の水書房、一九六九年）では、農業用井戸に関して次のように述べる。井戸の新規掘削は井戸周辺の地下水位を低下させ、近傍に存在する既存用水施設の機能を低下させることになるため、新規掘削は村全体の統制下に置かれていた。そのため、井戸数の固定化現象がみられた。また、田方棉作に対する井戸灌漑の役割は補助水の給源という範囲にとどまり、井戸灌漑それ自体が独自の自己完結的な灌漑方法とはなりえない。したがって、棉作付地も従来の共同的な用水利用関係のなかに位置づけられる。

（8）　小林茂『近世農村経済史の研究』（未来社、一九六三年）では、河内国丹南郡小平尾村などでは、村民のうち約三〇％の零細農民が棉作をしていなかったが、それよりやや上位の貧農層は小規模ながらもそれ相応に棉作をしていたとされている。

(9)　山崎隆三は、『地主制成立期の農業構造』（青木書店、一九六一年）において、文化期から幕末にかけて地主取り分は増加しておらず、地主・小作関係は不安定であったと述べている（一九四頁）。

(10)　無耕作層の増加に関して、本城正徳『幕藩制社会の展開と米穀市場』（大阪大学出版会、一九九四年）では次のように指摘されている。

近世中後期の畿内農村における飯米需要構造においては、①農業部門における非米作商品生産の展開にもとづくところの生産者農民（棉作農民・青物作農民）とその家族による飯米購入と、②農民層分解と社会的分業の進展にもとづき全面的あるいは部分的に非農業者化した下層農民とその家族による飯米購入という二類型が存在した。そして、十八世紀末～十九世紀初期ころを画期として、第一類型から第二類型への主要類型の転換がみられた。また、遅くとも十八世紀以降の畿内幕領においては、主に非合法的行為として、しかも非米作商品生産発展を原動力とした農民側の日常的な剰余獲得運動として、他国米買納が展開していた。

(11)　猪飼隆明は、「維新期における農民の闘争」（『日本史研究』一三四号、一九七三年）において、次のように述べている。摂津国高槻藩領村々では、維新期の村方騒動において藩権力・寄生地主層と対立しているのは小商品生産者（小農）であり、小作貧農・半プロ層の要求は小商品生産者の要求のうちに包摂されている（小作貧農・半プロ層の動きは副次的矛盾を形成するにとどまる）。こうしたあり方は、自由民権期においても共通している。そして、小農層は、小商品生産の自由な発展のために、村の自治の拡大を求めている、と。

ここでも、村方騒動の中心的勢力は、貧農・半プロ層ではなく、小農だとされているのである。

(12)　大口勇次郎は、『幕末農村構造の展開』（名著刊行会、二〇〇四年）において、畿内農村に多数存在する無高層は、関東農村の一石以下の最下層農民と同様の存在であり、両地域の分解度は近似したものであること、よって、山崎隆三の主張するブルジョア的分解は、質地地主・小作関係との間に質的な差を認められないことを主張している。

(13)　渡辺尚志「今、佐々木潤之介氏の幕末維新論とどう向き合うか」（『人民の歴史学』一六四号、二〇〇五年、のち同『村からみた近世』校倉書房、二〇一〇年に再録）。

(14)　前掲葉山禎作註（7）書では、誉田村における無耕作層のうち、約半数は正常な労働能力をもたぬものであり、残りの約半数は生産活動と直接的な関連のない余業に従事していること、七反以下耕作層は全戸数の約七割を占め、耕地の約三分の二を耕作していること、彼らは零細な農業経営（自小作）を営みつつ、雑多な農外諸営業に従事していることなどが指摘されている。

(15)　岡村における棉作比率について若干の数値をあげるならば、宝暦十年（一七六〇）には、稲が石高比で五三・七%、面積比で五一・七%、棉が石高比四四・八%、面積比四六・二%、雑事作が石高比一・五%、面積比二・〇%、天保十三年（一八四二）には、稲が石高比で五四・一%、面積比で四九・七%、棉が石高比四二・四%、面積比四六・六%、雑事作が石高比二・六%、面積比三・七%、嘉永六年（一八五三）には、面積比で稲六九・六%、棉二八・八%、雑事作一・六%、明治二年には、稲が石高比七五・四%、面積比七一・五%、棉が石高比二二・八%、面積比二五・二%、雑事作が石高比一・八%、面積比三・三%であった。天保末年から嘉永期の間に、棉作率が大きく低下していることがわかる。十九世紀における棉作率の低下については、従来から指摘されてきたところである。また、菜種は、享和元年（一八〇一）に九〇石四斗、天保十一年に一一九石五斗余の土地に作付されていた。

終章

本書は、近世・近代転換期（幕末維新期）における村と地域社会の変容過程を、豪農・地方名望家に焦点をあわせて、かつ国家・地方権力との関係をも視野に入れて検討したものである。終章では、まず本書全体の論述の前提となる百姓の「家」の成立時期について私見を述べ、次に本論における検討結果をまとめておきたい。第一節は、本書全体の論旨とはややずれるが、私の村落論の基礎にある考え方をご理解いただきたく、あえて記すことにした。

一　百姓の「家」の一般的成立時期について

本書では、全体を通して、百姓の「家」（以下、カッコは省略）と村について論じてきた。私は、百姓の家の一般的成立については、すでに、「一五～一七世紀、あるいは一八世紀にまで至る長期の期間にわたって、地域により階層によって一様ではない緩急さまざまな変化が進行し、種々の画期が存在する」(1)と述べており、この見解は今も基本的には変わっていない。

ただし、これは私のオリジナルな主張ではなく、先学の研究を総合するとそのように判断できるということである。そこで、あらためて、私が依拠する諸氏の研究を提示しておきたい。

1　家の成立と人口・相続

大竹秀男は、近畿地方を対象に、十七世紀後半から十八世紀初頭に、小農自立を前提に小農の家が広範に成立したことを明らかにした(2)。

大藤修は、出羽国村山地方の分析から、同地では十八世紀中・後期に家意識が一般化したことを明らかにし、そこに家の一般的成立をみた(3)。

妻鹿淳子は、岡山藩領の事例から、中下層の庶民層において家意識が広範に成立したのは文化・文政期頃だと述べている(4)。

近年の研究をみても、平井晶子の陸奥国安達郡仁井田村の分析によれば、同村における家の確立時期は十九世紀初頭であった(5)。十九世紀初頭に家の一般的成立をみた地域もあったのである。

森本一彦は、庶民層の家は中世段階では一般的に成立しておらず、近世中・後期に広範に成立していったとの立場から、半檀家の歴史的意義を考察し、独自の視点で近世家成立説を補強している(6)。

私の見解は、こうした諸氏の研究に依拠したものである。また、歴史人口学において、十七世紀における人口の大幅増が指摘されていることも、私の見解を支えるものである。

これに対して、坂田聡は、「歴史人口学の所説は、そもそも確たる人口統計の存在しない中世末～近世初頭の人口を、断片的で信憑性も低いデータを用いて過少に見積もり、逆に、十七世紀段階における開発の進展による生産力の増大を、かなり過大に評価することによって導き出されたものであり、それ自体、推測の域をあまり出ていない」と批判している(7)。

中世末から近世初頭にかけて人口統計が存在しないのは当然ながら、歴史人口学の研究者たちは、それをさまざまな方法でカバーしつつ、可能な限り蓋然性の高い推計値を提示しようと努力してきたのであり、それを具体的な根拠をあげることなく、「推測の域をあまり出ていない」と切り捨てることには賛成できない。推計ではあっても、学問的根拠のある推計値なのである。坂田が、歴史人口学では、中世末～近世初頭の人口を過少に見積もり、逆に、十七世紀段階における開発の進展による生産力の増大を、かなり過大に評価しているというのであれば、そのように判断する学問的根拠を明示すべきであろう。

速水融は一六〇〇年の全国人口を九八〇万人から一二〇〇万人と推計し[8]、藤野正三郎は一九七三万人[9]、鬼頭宏は一四〇〇～一六〇〇万人程度と推計している[10]。論者によって幅があるものの、十七世紀に人口の大幅増を認める点では共通しており、私にとってはそうした大きな傾向が認められれば十分なのである。

また、坂田は、私が「一七世紀には土地の分割相続が支配的で、分家に対する土地分与率は一般に高く、均等分割に近い例も見られたが、それが次第に単独相続に移行していった」、「大幅な分地をともなう分家創出は、『家』の継承者に一括相続させるべき家産が未確立であることを意味する。家産の一体性を有する『家』が成立していないのである[11]」と述べたことをとらえて、「分家の創出＝単独相続の未確立＝家産の未確立＝家の未成立という等式は、成り立たないといわざるをえない[12]」と批判している。

しかし、坂田は、私が分家一般ではなく、「均等分割に近い」、「大幅な分地をともなう分家創出」をとくに問題にしていることを見落としている。

この点に関して、大藤修は、大竹秀男の見解を受けて、出羽国村山地方では十八世紀後半に分割相続から単独相続へと移行したことを述べたうえで、「近世後期にも分地事例はみられるが、それは、本家当主が自分一代で取得した土地を分与したものか、あるいは分家人が自力で取得した土地であって、分割相続とは無関係であった」と述べており[13]、私はこうした大藤・大竹の見解に依拠している。

すなわち、家産観念成立以前の大幅な分地をともなう分割相続と、家産観念成立以後の本家の家産を確保したうえでの分家創出とは性格が異なっており、前者が家の未成立を示しているのに対して、後者は家の成立を前提としているのである。そして、前者は十七世紀には広範にみられるが、十八世紀以降は減少していく(14)。ここに、私は、家の一般的成立の一つの表れをみるのである。

十七世紀における均分相続の具体例をあげておこう。福田アジオは、武蔵国久良岐郡永田村で、天正十九年（一五九一）の検地帳に登録された三〇軒ほどの家が、田畑・屋敷をほぼ均等に分割することにより、十七世紀末には六〇軒余の家数となったことを明らかにしている。こうした相続形態のもとでは、本家・分家関係は発生していない。福田は、武蔵国多摩郡連光寺村についても、同様の歴史過程を詳細に論証している(15)。

山崎圭は、信濃国佐久郡五郎兵衛新田村の事例から、十七世紀から十八世紀前半にかけて、均分相続かそれに近い形態の分割相続が広く行なわれたことを明らかにしている(16)。これは新田村の事例だが、十七世紀に多数の新田村が成立したことに鑑みれば、この事例を例外視することはできない。

なお、分割相続と並んで、十七世紀における家成立のいま一つのコースである譜代下人の自立については、小農自立論のなかで多数の研究蓄積があるが、ここでは沼田誠の研究をあげておく。沼田は、摂津国武庫郡下瓦林村で寛文十年（一六七〇）に起こった、庄屋とその譜代下人との争論の分析を通じて、十七世紀後半における小農的家の一般的形成の動きを具体的に明らかにしている(17)。

2　開発・集落移動・先祖祭祀

私が、戦国・近世初頭段階では、全国的にみていまだ小百姓の家が一般的には成立していないと考える理由の一つに、当該期における人々の流動性の高さがある。

戦国期の武蔵国では、百姓の欠落が頻発していた。そして、欠落する小百姓を積極的に受け入れて、開発労働力として利用しようとする村々も存在した。こうした動向の広範な存在は、土地と安定的な関係を結んだ小百姓の家が、いまだ一般的には確立していないことを示している[18]。

戦国期においては、村請を行なう村は成立しつつあったものの、飢饉・災害・戦乱の影響などにより、村の社会構造が流動的かつ不安定であった地域が広範に存在していた。当時の百姓は他村に移住することによって、移住先での経営確立を目指しており、耕地は荒れ地化と再開発をくり返しつつ、しだいに固定的な耕作者を得て安定していったのである。

そのようすを、田中達也が、武蔵国榛沢郡荒川郷（近世には荒川村）について具体的に明らかにしている[19]。荒川郷は、荒川と只沢という二つの集落からなっていた。十六世紀には、持田四郎左衛門という人物が村外から荒川集落に移住し、集落の百姓らを主導しつつ郷内の開発を推進した。持田は、宿や新屋敷の設置をともなう開発を進め、開発の進展とともに郷内の社会秩序の頂点に立つことになった。また、開発の進展は、旧集落の拡散や、未墾地開発の拠点としての新集落の形成という、集落形態の変化をともなった。

近世初期においても開発は継続し、その過程で分割相続により新しい家が簇生して、同族組織（イッケ）や地縁組織（クルワ）が形成されていった。こうしたありようは、北条氏の領国において広く認められる。また、田中は、越後国においても同様の動向がみられることを実証している。

こうした動向は、考古学的知見によっても裏付けられている。渋江芳浩は、武蔵国多摩地域では、十六世紀なかばまでにおける集落・居館の廃絶と、十六世紀後半における水田の再開発という現象が広範にみられることを明らかにしている[20]。

私の関東周辺における史料調査の経験でも、戦国期には北条氏の家臣で、北条氏の滅亡後に土着して村の草分けとなったなどという文書所蔵者のお宅が少なくない。そして、これが単なる伝承ではなく、文書によって裏付けられる家も多いのである。村の草分け百姓でさえ戦国末になってようやく村に定着するのであるから、ましてや一般の小百姓が戦国期にすでに安定的な家を形成していたとは考えられない。

全国的にみると、十七世紀に入っても、「走り」（欠落）はおさまっていない。関東については、和泉清司の研究がある。(21)

西に目を転じると、慶長〜寛永期の豊前・豊後国（小倉藩細川氏領）でも「走り」が頻発していた。それが、十七世紀後半になると「走り」は減少し、それにともなって、開放的な村から閉鎖的な村へと村の性格が傾向的に変化していった。(22)

友部謙一は、戦国末期の社会は「非定着性」「流動化」が顕著であり、「定着化」がほぼ完了したのは、畿内では一六〇〇年以前、中部・西国では一六三〇〜一六四〇年代、東国では一六六〇年代頃だと考えている。(23)定着後一定期間を経て家意識が形成されるのであるから、友部の研究からも、家の一般的形成は十七世紀後半以降だといえる。

こうした実態をふまえて、中世史・戦国史研究者のなかにも、戦国期には庶民の家が一般的には成立していなかったとする研究者は少なくない。(24)黒田・稲葉・長谷川の議論で重要なのは、戦国期は戦乱・災害・飢饉の頻発により、民衆にとってきわめて過酷な時期だったという歴史認識である。戦争と平和、自然環境や災害、生存の危機といった、現代的意義を有する問題群を背景に、家の問題を論じている点は重要である。生存さえ必ずしも保証されないという状況下では、小百姓の家が一般的に成立するのは困難であり、社会が一応の安定をみた十七世紀後半以降に家が一般的に成立してくるという歴史理解は妥当なものだと考える。(25)

また、私は、註（1）拙著において、坂田聡への批判として、家名以外に、家産・先祖祭祀（家墓・過去帳などの作成、仏壇の設置など）といったほかの指標をも考慮し、また近畿地方以外の各地についての実証も必要であることを指摘した。坂田は註（7）著書ではこの点に答えていないが、ここであらためて若干付言しておきたい。

先祖祭祀について、早く竹田聴洲は、「今日都鄙一般寺院の墓地にある檀家の墓碑・位牌堂や檀家の仏壇にある位牌・過去帳・回向帳類の法名記載は殆んどすべて徳川時代、それも初期のものは少なく、元禄頃以後のが圧倒的に多い」、「あたかもこの時期が幕藩体制と檀家制、従ってまた農庶の『家』の確立期であったことをその面から暗示しているのであるらしい」と述べていた(26)。

近年でも、畿内の墓石調査から、十七世紀半ばから十八世紀初頭にかけて、墓石の建立が急増していることが明らかにされている(27)。この時期に、家墓が一般的に成立してきたのである。また、出羽国村山郡において墓碑建立慣行が一般化したのは、十八世紀中期から後半であった(28)。こうした面からみても、戦国期に家の一般的成立を認めることはできない。

私は、本節冒頭の引用にあるように、早いところでは、十六世紀までに家の一般的成立をみた地域があることを認めている。畿内近国には、そうした地域が相対的に多かったと思われる。しかし、それ以外の列島上の広範な地域―畿内近国のかなりの部分をも含む―においては、戦国期段階では、いまだ小百姓の家が一般的には成立していないことは、ここにあげた諸氏の研究から明らかだと思われる。全国的に小百姓の家が広範に成立するには、十七世紀後半前後を一つの画期としつつも、さらに十九世紀初頭に至る長い時間が必要だったのである(29)。

二　本書の総括

1　第一章について

次に、本論における検討結果から得られた結論を述べておきたい。

第一章では、武蔵国大里郡大麻生村と古沢家をとりあげて、次の点を指摘した（第一章「おわりに」をも参照）。

①古沢花三郎は、用水問題に関して、一般の村人や近隣の村、そして県や国との間に立って、困難な対応を迫られていた。花三郎の権力への依存傾向は矛盾なき依存ではなく、県や国に対する葛藤をはらんだものだったのである。そして、花三郎が葛藤の解決方法として選択したのが、戸長辞職と郡・県の役職への就職であったと考えられる（渡辺尚志編著『近代移行期の名望家と地域・国家』（名著出版、二〇〇六年）第一部第四章、終章参照）。本章は、明治期に頻繁におこる戸長辞職という事態の背景にいかなる事情が存在したのかを、具体的に明らかにしたものである。②花三郎は、県に対して村の利害を主張する際に、自らが学習した欧米思想を武器として活用した。ここには、欧米思想を村・地域の利益のために用いる一つのあり方が示されている。欧米思想を学んだ地方名望家は、それを国民国家形成の方向にのみ用いるのではなく、村・地域の伝統的利益擁護のためにも活用した。ここに、近世・近代転換期における、国民国家に回収されるだけではない、異なる可能性の一つを見出せるとともに、「伝統」と「近代」との関わり方の一例をみることができよう。古沢花三郎が、国・県への依存傾向をもちつつも、用水問題では県と対立し独自の理論構築を行なった事例からは、こうしたことが指摘できよう。

本章は、国民国家論を意識しつつ、近世・近代転換期における多様な可能性を、村・地域に視点を据えて具体的に追究したものである。その際、地方名望家をはじめ、地域に生きた人々の視座に立つことを心がけた。

また、本章では、村・地域内にある矛盾・対立と、それを解消するための共同・共生関係構築に向けての模索のありように注目した。さらに、村・地域と他地域・県・国との関係にも留意した。矛盾があるから解決のための努力が生まれ、歴史が展開する。一応の解決の先には、また新たな矛盾が生じる。反発と依存が併存している場合もある。社会的矛盾は、歴史展開の起動力であるといえる。

2　第二章について

次に、第二章で主張したかった点を簡潔に述べておこう。

山口左七郎と相模国の自由民権運動について、これまでもっともまとまった研究を行なっているのは大畑哲である（第二章「はじめに」参照）。第二章は大畑の仕事に大きく依拠しているが、他方左七郎に迫る際の視角を異にしているところもある。大畑は、自由民権運動研究の一環として左七郎と湘南社を分析しているため、左七郎はもっぱら民権家として扱われている。私も、左七郎の民権家としての側面を重視してはいるが、それは彼の全人格・全生涯のなかでみれば、あくまで一つの側面、一時期の活動であったと考える。したがって、左七郎という一人の人間に分析の焦点を絞るなら、彼のもつ他の側面や、民権期前後の時期の活動についても目配りして、彼を全人的に捉えることが求められよう。本章では、左七郎の農業経営者・村運営の責任者などとしての側面にも光を当て、民権期に至る時期―近世との関わり―についても考えてみようとした。

第二章での主張は、以下のようにまとめられる。

①近代成立期の村や地域を考える際には、豪農・地方名望家や一般民衆の意識と行動に即して検討する必要がある。本章では、残された史料の性格にも規定されて、左七郎の意識と行動を中心的に分析し、彼が激動の時代にいかにして成長していったのかを明らかにしようとした。村や地域で重きをなした豪農・名望家の主体形成過程を跡づけることなしには、村落論・地域社会論は無味乾燥かつ俯瞰的なものに終始してしまうであろう。

しかし、逆に、主体論だけでも不十分なことは明白である。左七郎の意識・思想は、山口家の経営や村・地域の政治的・経済的状況、彼をとりまくさまざまな社会関係などに深いところで規定されていたのであるから、それらとの相互関係を重視しなければならない。左七郎は、村や地域におけるもろもろの関係性の網の目のなかに生き、一方では諸関係を束ねる役割を果たしつつ、他方でそれらに拘束される存在でもあった。本章では、村方騒動・小作騒動や地租改正時における民衆の対応などに注目して、一般民衆の意識と行動の独自性・主体性と、それが山口家に与えた影響力とを重視した。さらに国・県・裁判所の政策・判断にも留意して、〈国・県・裁判所〉・〈豪農・名望家〉・一般民衆の相互関係のなかで、村・地域の変動を把握しようとした。

②明治元〜二十年前後の村・地域を理解するには、近世からの連続性・規定性に留意する必要がある。当該期には、七郎右衛門一件（第二章第一節3）や、質地請戻し一件（第二章第三節9）など、近世的慣行に根ざした民衆の動きがあり、それに対応して山口家も経営上さまざまな配慮を行なっていた（第二章第三節9）。地租改正の実施過程においても、水路敷の所有権をめぐって同様のありようを見出すことができる。他方、黄金井伝四郎との訴訟においては、左七郎が近世以来の慣行として疑うことなく行なった里長加印の意味が、ドライな「近代的」形式主義の立場に立つ黄金井の出訴によって鋭く問われたのであった。

こうしたなかで、左七郎の摂取した近代的学問・知識は、そのままのかたちで現実の村・地域運営に適用することはできず、また明治政府の新政策も左七郎ら中間層というフィルターを通すことで微妙にニュアンスを変えることなしには実現不可能であった。

ただ、ここで一つ断っておきたいのは、近世からの規定性を重視すべきだというとき、私は近世―とりわけ近世民衆―をけっして停滞的なものとは考えていないということである。幕末期の村方騒動・小作騒動をみればわかるように、近世の民衆は行動を通じて、村運営への参加権を拡大し、生活基盤の安定化に努めていた。村や地域は一面で変わりつつあったのである。ただし、その変化の速度と方向性は、明治政府や名望家たちのめざすそれとはズレており、そこに矛盾や葛藤が必然的に生起した。こうした変化しつつある側面をも含めて、近世・近代転換期の十全な理解のためには近世（とくに幕末期）からの流れをおさえることが不可欠だと考える。いいかえれば、十九世紀を近世・近代の枠にとらわれずに、世紀を通して理解すべきだということである。

③本章では、左七郎の思想と行動を考える際、自由民権家・報徳運動家といった外在的な枠組みを用いていない。それにとらわれて、彼のもつ多様な側面や変化の軌跡を見失うことを恐れたからである。たとえば、彼の摂取した近代思想・知識は、民権運動につながるとともに、外国語習得によるコミュニケーション手段の豊富化、小麦の受粉実験にみられる実証的・科学的方法態度など豊かな可能性を内包していた。とくに、農業に関しては、明治初年における村・地域への養蚕業導入に果たした主導的役割ともあわせて、左七郎が当該期の地域経済の発展に意を用いていたことを示していよう。

左七郎は、自由民権運動のはじまる前から、また報徳社などを結成することなく、自己の成長と家・村・地域の安定・発展のために、日々考え努力していた。その過程で報徳思想にふれ（渡辺尚志編著『地方名望家・山口左七郎の明治維新』（大学教育出版、二〇〇三年）終章参照）民権運動と出会ったということであろう。あくまで、左七郎と家・村・地域の動向を中心に置き、その主体的な営みとの関わりにおいて全国的な拡がりをもった思想・運動についても考えていきたい。

④本章では、近世・近代転換期を「近代化」過程として一色に描くことをしていない。今日、環境破壊をはじめ近代化の負の側面がさまざまに露呈している以上、近世・近代転換期における多様な可能性を発掘することこそが求められていると考えるからである。そうしたときに、上からと下からという複数の近代化路線を想定するにせよ、近代化という尺度のみを用いて歴史を測ることは生産的とはいえまい。

実際、左七郎は近代思想を貪欲に学び、明治政府の近代化政策を地域において実施しつつも、他方で近世以来の民間慣行にも配慮した家経営や村・地域運営を行なっていたのであり、後者の側面を民衆の圧力によりやむなくとった妥協策とのみ評価することはできない。

さらに、一般民衆は、無年季的質地請戻し慣行などの近世的諸慣行によって、自らの経営を維持しようとしていた。彼らは、村落共同体に依拠し、村自体をより民主的で暮らしやすいものに変えていく運動を通じて、近代化という枠には収まりきらない─下からの近代化といってよい側面をも含むが─別の共同・連帯にもとづく発展の可能性を模索していたと考えられるのである。(30)

こうした地方名望家や民衆の多様な営みをまずは直視し、そこにはらまれた豊かな可能性を余さずすくいあげる努力を通じてこそ、今日の現実を少しずつでも変えていくための思考の拠点を確保できるのではなかろうか。

3　第三章について

続いて、第三章において述べた点を従来の研究史との関連で敷衍しておこう。

第一に、農民層分解に関して。これについては、山崎隆三の「二つの分解の型」論(31)と佐々木潤之介の豪農─半プロ分解論(32)を対置させて研究史整理がなされることが多いが、第三章第一節でみたように、これまでもそうした整理に収まらない多様な議論がなされてきた。なかでも、早く今井林太郎・八木哲浩(33)が、上層農民においては、手作経営と小作地経営の併存が広くみられることを指摘し、ブルジョア的発展か寄生地主化かという二者択一的な問題の立て方をしていない点は重要である。岡田家でも、十八世紀以来、常に所持地の八、九割程度を小作に出す一方、一定規模の手作地を維持して商品作物栽培を行なっていた。同家は、経営内の比重からいえば、富農というよりも地主的性格が強いが、その経営は周辺地域における一定の小ブルジョア的発展の基盤のうえに成立していたのであり、地主制的分解の産物ではない。したがって、岡田家のような存在を例外として排除することなく畿内村落論を構築するには、佐々木潤之介の豪農論を批判的に発展させることが有効なのではなかろうか。手作（富農経営）・小作地経営・金融・商業・農産加工業など多様な諸営業のいくつかを兼営する上層農民を広く豪農範疇としておさえたうえで、個々の経営がそのうちのどれに比重を置いているかによって、豪農のなかの類型化を図ることが有効であるように思われる。

もっとも、私は、佐々木の豪農論を全面的に支持しているわけではない。これまでの私は、村落共同体との関係如何によって豪農の類型化を試みることで佐々木批判を行なってきたのであり[34]、現在でもそれは有効だと考えている。しかし、それはあくまで類型化の一つのやり方であり、さらに多様な基準にもとづいて類型化を行ない、それらを相互にクロスさせて、立体的で豊かな豪農イメージを作りあげる必要があろう。

第二に、村落下層民の存在形態について。従来の研究においては、史料上の制約もあって、下層民の存在形態についてはあまり解明が進んでいない。ただし、プロレタリアート発生史の視角から一定の研究蓄積はあり、佐々木潤之介の半プロ論[35]、津田秀夫の前期プロ（原生プロ）論[36]、吉田伸之の「日用」層論[37]などの重要な理論的提起も存在する。これらの議論は、いずれも半プロ・前期プロ・「日用」層などを小農とは区別された一つの階層と捉えているが、その点は再検討する必要がある。ある一時点をとれば、確かに村人の一定部分は全くあるいはほとんど農業経営に従事しておらず、その意味では「脱農層」といってもよい。村によっては、それが全村民の三割かそれ以上に達することもある。しかし、以下の二点は指摘しておきたい。

一つは、「脱農層」のうちのかなりの部分は、成年労働力の不足などの理由により、農業に従事したくてもできない状況におかれているということである。寡婦と幼い子どものみの世帯などが、このケースに該当する。こうした世帯には、農業に従事できる条件はなく、確かに脱農層と呼ぶにふさわしい。しかし、こうした世帯は村全体からみると限られた一部にすぎず、村政に与える影響も少ない。また、こうした世帯をもって、近代プロレタリアートにつながるものと評価することもできないのである。これら脱農層を過大評価することなく、逆に無視するのでもなく、適切に位置づけていくことが必要であろう。

もう一つは、それとは異なるタイプの小前層の評価についてである。こちらのタイプは、農業経営が絶対的に不可能だというわけではないが、ある時点では農業に携わっていないというものである。この場合には、小前層が「脱農」化しているのは一時的な仮の姿であり、彼らは条件さえあればすぐに小作を再開するし、意識の面でも常に農業への回帰を志向していたといえる。小前層は、自家の状況とそれをとりまく経済的条件とを勘案しつつ、自家にもっとも適したかたちで農業とそれ以外の諸営業とを組みあわせ、自家の有する労働力資源を有効に配分していたのである。こうした「脱農層」を時の流れのなかに置いてみれば、それは「小農」との間を絶えず還流している存在であり、広義の小農範疇が一時的にとる状態であるということができる(38)。この層が村内において一定の比重を占めるようになることは重要だが、彼らは流動的な存在であるが故に、「脱農」の側面において、層として結集し固有の要求を提出するには至っていなかった（もちろん例外はある）。こうした理解は谷本雅之(39)のそれと同様であるが、第三章ではそれを小農の経営戦略という観点に加えて、村落共同体による小農保護機能という視角からも追究しようとしたのである。小農は、共同体に依拠して土地を確保し、農業を継続・発展させようとする志向と、農業とそれ以外の生業との組みあわせ方と相互の比重を柔軟に変化させていく経済（経営）感覚とをあわせもっていたのである。

以上の二点から、私は、佐々木・津田・吉田らの下層民論を評価しつつも、全面的には賛同できないのである。

第三に、村落共同体論について。畿内は商品・貨幣経済が高度に発展していたこともあって、近世後期から幕末には村落共同体の解体が大きく進んでいたと評価されてきた。また、小百姓のためには、共同体は早く解体されるべきものとも考えられてきた。しかし、幕末の南河内においても、小百姓の生産・生活を維持するために、共同体が一定の積極的役割を果たしていた。畿内では、無年季的質地請戻し慣行の存在が希薄であり(40)、小作人においても小作地との固定的・永続的な結びつきは強くはなかった。無高層が多いことも畿内村落の特徴である。これらの点から、一見すると、小百姓と土地とのつながりは弱く、村落共同体結合も弱体化しているようにみえる。それは、一面では事実なのだが、他方で、共同体は、構成員の年貢米納入を一元的に管理し、村外地主の小作地経営や金融活動を規制する力を有していた。小作料や奉公人給金は村で基準が決められ、小作人たちは村の枠組みに依拠して小作騒動を闘った。

畿内において巨大地主の成長がみられないのは、共同体の抵抗の強さにもよるのである。しだいに生産面での結合を緩やかなものにし、生活面での結合に比重を移しつつも―すなわち、共同体としては弛緩・変容しつつも―幕末に至るまで、村は生産共同体として重要な役割を保ち続けていたといえる。だからこそ、村の主導権をめぐって、村方騒動が闘われたのである。本章は、この点での従来の評価の転換を図ったものである。[41]

以上が、本書の各章において私が主張したかった主要な論点である。本書は、これらの諸点において、現在の豪農・地方名望家論、村落論、幕末維新期論に対して、若干の新たな論点を提起しえたのではないかと考える。

註

(1) 渡辺尚志『近世の村落と地域社会』(塙書房、二〇〇七年、二六頁)。なお、日本列島内にも、近世を通じて家の成立をみなかった鹿児島地方のような地域が存在したことにも留意する必要がある。坂根嘉弘『家と村　日本伝統社会と経済発展』(農山漁村文化協会、二〇一一年)参照。
(2) 大竹秀男『封建社会の農民家族(改訂版)』(創文社、一九八二年)。
(3) 大藤修『近世農民と家・村・国家』(吉川弘文館、一九九六年)。
(4) 妻鹿淳子『犯科帳のなかの女たち』(平凡社、一九九五年)。
(5) 平井晶子『日本の家族とライフコース』(ミネルヴァ書房、二〇〇八年)。
(6) 森本一彦『先祖祭祀と家の確立』(ミネルヴァ書房、二〇〇六年)。
(7) 坂田聡『家と村社会の成立』(高志書院、二〇一一年)三一頁。
(8) 速水融『日本経済史への視角』(東洋経済新報社、一九六八年)など。
(9) 藤野正三郎「農業建設投資活動と経済成長・景気循環：一六〇〇年―一八六八年」(『経済学季報』四九巻二号、一九九九年)。
(10) 鬼頭宏『人口からみた日本の歴史』(講談社、二〇〇〇年)、同『日本の歴史一九　文明としての江戸システム』(講談社、

二〇〇二年)、同『図説　人口で見る日本史』(PHP研究所、二〇〇七年)。
(11) 前掲渡辺尚志註(1)書一一頁。
(12) 前掲坂田聡註(7)書三一頁。
(13) 前掲大藤修註(3)書二四〇頁。
(14) 大藤は、「均分相続ないしそれに近い形の相続は、近世前期においては各地で比較的よくみられる現象である」と述べている。前掲大藤修註(3)著書二八四頁。
(15) 福田アジオ『近世村落と現代民俗』(吉川弘文館、二〇〇二年)。
(16) 山崎圭『近世幕領地域社会の研究』(校倉書房、二〇〇五年)。なお、均分相続の事例については、田中達也『中近世移行期における東国村落の開発と社会』(古今書院、二〇一一年)をも参照。
(17) 沼田誠『家と村の歴史的位相』(日本経済評論社、二〇〇一年)。なお、戸石七生「百姓株式と村落の共済機能の起源」(『共済総合研究』六七号、二〇一三年)は、研究史を博捜するなかで坂田聡説を批判している。
(18) 池上裕子『戦国時代社会構造の研究』(校倉書房、一九九九年)、稲葉継陽『戦国時代の荘園制と村落』(校倉書房、一九九八年)、則竹雄一『戦国大名領国の権力構造』(吉川弘文館、二〇〇五年)。
(19) 前掲田中達也註(16)書。
(20) 渋江芳浩「多摩と江戸の村落景観」(小野正敏ほか編『中世はどう変わったか』高志書院、二〇一〇年所収)。原田信男編『地域開発と村落景観の歴史的展開』(思文閣出版、二〇一一年)をも参照されたい。
(21) 和泉清司「近世初期関東における新田開発と地域民衆」(地方史研究協議会編『「開発」と地域民衆』雄山閣、一九九一年所収)。
(22) 宮崎克則『大名権力と走り者の研究』(校倉書房、一九九五年)、同『逃げる百姓、追う大名』(中央公論新社、二〇〇二年)。
(23) 友部謙一『前工業化期日本の農家経済』(有斐閣、二〇〇七年)。
(24) 黒田基樹『中近世移行期の大名権力と村落』(校倉書房、二〇〇三年)、稲葉継陽『日本近世社会形成史論』(校倉書房、二〇〇九年)、長谷川裕子「十五~十七世紀における村の構造と領主権力」(『歴史学研究』八八五号、二〇一一年)など。

(25) こうした見方は、藤木久志の一連の研究に明確に表れている。ここでは、藤木「海村の退転」(池上裕子編『中近世移行期の土豪と村落』岩田書院、二〇〇五年)をあげておこう。同論文で、藤木が、「このような厳しい現実(自然災害や苛酷な生業環境による退転や欠落の頻発―引用者註)に目を向けず、安穏無事な歴史像を前提にして、個々の史実の単純な分析だけに没頭し続けることに、いま私はあらためて厳しい自己批判を強いられている」と述べていることの意味は重い。

(26) 竹田聴洲『祖先崇拝』(平楽寺書店、一九五七年)一九六頁。

(27) 木下光生「近世の葬送と墓制」(勝田至編『日本葬制史』吉川弘文館、二〇一二年所収)。関東については、長佐古真也「発掘調査事例に探る多摩地域の近世墓制」(『多摩のあゆみ』一一七号、二〇〇五年)が、十七世紀中・後期における家墓の浸透について述べている。

(28) 前掲大藤修註(3)書。

(29) 薗部寿樹は、私が、渡辺「中世・近世移行期村落史研究の到達点と課題」(『日本史研究』五八五号、二〇一一年)において、「戦国期には、物村が全国的に成立した」、「物村のメルクマールは、何よりもそれが村請や訴訟などにおいて領主や近隣村々に広く認知された法的・政治的主体たるところに求められる」(同一一四頁)と述べたことに対して、「このような認識は一体どのような史料的根拠からでてくるのか、とても不思議に思われる」、「村落史研究上の認識としては乱暴に過ぎよう」などと批判している(薗部『中世村落と名主座の研究』高志書院、二〇一一年、五五五・五五六頁)。私の主張は多くの先行研究に学んだものであり、それらの諸研究については、渡辺『近世の村落と地域社会』(塙書房、二〇〇七年)に掲げてある旨を明記しているところである(同一一三頁)。

中世・近世移行期村落論に大きな影響を与えている勝俣鎮夫の村町制論や、藤木久志の「自力の村」論は、いずれも地域限定の議論ではない。中世・近世移行期には、全国的に村のありようが大きく変化したことを重視しているのである。そして、私は、勝俣や藤木が、村町制の成立とか「自力の村」の展開と表現するところの、こうした全国におよぶ変化の大波を、「法的・政治的主体としての物村の成立」と表現したのである。

さらに、池上裕子は、「多様な活動と形態とによって、一定の自治と自立を獲得し、法的主体として機能していることをもって、広く物村を認定すべきである」(池上『戦国時代社会構造の研究』校倉書房、一九九九年、四〇七頁)と述べている。私は、以上のような研究動向、とりわけ直接には池上裕子の議論に学んでいるのである。私は、この間、中世史・戦国史研究者に主導されつつ進展してきた中世・近世移行期村落論の動向に学び、近世史研究者の側からそれを真摯に受け止めようとして、前述のような立論をしているのであり、それを「乱暴な認識」などとする薗部の批判はまったくあたっていない。

付言すれば、私は、①戦国期に、全国すべての村が一斉に惣村となったわけではないこと、②中世・近世移行期の各地における惣村の形成過程と、その内部構造の個別的検討が重要であること、③同じく惣村とはいっても、たとえば畿内と関東では、その内部構造に大きな相違があることなどについてもすでに指摘している。私は、前掲論文以外にも、多くの著書・編著・論文において、中世・近世移行期村落論について論じているのであり、私を批判するなら、それらにおける私の主張を全体として正確に理解したうえで批判すべきである。

(30)　この点については、渡辺尚志『近世村落の特質と展開』（校倉書房、一九九八年）、同『豪農・村落共同体と地域社会』（柏書房、二〇〇七年）をも参照されたい。

(31)　山崎隆三「江戸後期における農村経済の発展と農民層分解」（『岩波講座日本歴史一二近世四』岩波書店、一九六三年所収）。

(32)　佐々木潤之介『幕末社会論』（塙書房、一九六九年）。

(33)　今井林太郎・八木哲浩『封建社会の農村構造』（有斐閣、一九五五年）。

(34)　前掲渡辺尚志註（30）『近世村落の特質と展開』。

(35)　前掲佐々木潤之介註（32）書。

(36)　津田秀夫『幕末社会の研究』（柏書房、一九七七年）、同『近世民衆運動の研究』（三省堂、一九七九年）。

(37)　吉田伸之「社会的権力論ノート」（久留島浩・吉田伸之編『近世の社会的権力』山川出版社、一九九六年所収）。

(38)　以上の点については、小松賢司「幕末期岡田家の地主小作関係と村落」（渡辺尚志編『畿内の豪農経営と地域社会』思文閣出版、二〇〇八年所収）において詳しく論じられている。

なお、かつて私は、「地域社会の関係構造と段階的特質」（『一橋大学研究年報　社会学研究』三九号、二〇〇一年、のち加筆修正のうえ前掲渡辺註（1）書に収録）において「脱農層」という表現を用いたが、それはあくまである一時点をとった場合に農業に従事していないという意味であり、長い時間幅のなかで一貫して農業に従事していないということではない。そのことは、私が、「岡村の下層民が一路脱農化に向かったわけではない」（同一九七頁）、「小前・貧農層は脱農化の方向性を示しつつ」あったが、「そうした動きは直線的には進行せず、幕末段階においては、村人の多くが程度の差はあれ、農業経営に従事」していた（同二〇七頁）、などと述べていることから明らかである。私の考えは、①ある時点において、一定数の農業に従事していない層が存在すること、②この層は、その内部において不断に構成員を交替させつつも、常に一定の比重をもって存在していたこと、③その数は長期的にみると増加傾向にあるが、それは個々の経営にとって脱農化が不可逆的な趨勢であることを意味しないこと、④この層を包摂しうる条件をもっていたことが、南河内を含む畿内村落の一特質であること、これらのいずれをも重視したいということである。

（39）　谷本雅之『日本における在来的経済発展と織物業』（名古屋大学出版会、一九九八年）、同「『在来的経済発展』とその制度的基盤」（近世史サマーフォーラム二〇〇四実行委員会編『近世史サマーフォーラム二〇〇四の記録』二〇〇五年所収）。

（40）　白川部達夫『日本近世の村と百姓的世界』（校倉書房、一九九四年）。

（41）　これらの点に関しては、前掲渡辺尚志註（38）編書所収の諸論文を参照されたい。植村正治は、前掲渡辺註（38）編書の書評（『経営史学』四五巻三号、二〇一〇年）において、幕末期の畿内で「共同体規制の影響は大きいとは考えられ」ず（同六八頁）、共同体規制の存在を示す史料は「特殊な状況の下で作成されたものであろう」と述べている。しかし、共同体規制の存在を示す史料は、同書で多数提示しているように、決して特殊なものではない。

私は、畿内における共同体規制の存在を一面的に強調しているわけではない。従来の畿内についての通説的理解が、①畿内は経済的な最先進地帯である、②そのため、幕末には村落共同体はほぼ解体していた、③したがって、近代への移行はスムーズに行なわれた、といったものだったのに対して（植村氏も同様の認識だと思われる）、私は、①については承認しつつ、②と③を再検討したのである。そして、経済発展によっても、共同体は固有の意義を完全に失うことはなく、幕末期の畿内は、近代につながる経済発展と近世的な共同体規制や社会・経済慣行とが併存・拮抗しており、したがって明治期に入って後者がさらなる弛緩もしくは解体を遂げると、それにともなって豪農経営にも大きな転換が生じたと主張したのである。すなわち、近世から近代への移行・転換の歴史過程を、単純な直線的発展ではなく、連続と転換の両面から把握しようと試みたのである。その際、共同体規制がしだいに弛緩していく傾向にあったことと、畿内における共同体規制が全国的にみると相対的に弱いものであったことは前提としておさえており、したがって共同体規制の一面的強調ではない。この点で、植村の批判はあたっていない。

あとがき

本書は、私の第六論文集であり、村と地域社会の視点から近世・近代転換期（幕末維新期）の意味を考えようとしたものである。以下、本書各章の成立事情について述べておきたい。

序章は、渡辺尚志編著『近代移行期の名望家と地域・国家』（名著出版、二〇〇六年）の序章と第一部第一章第三節を合わせて再構成したものである。ここでは、国民国家論（国民国家批判論）を中心に研究史を整理したが、国民国家論に対しては、近年も、宮地正人『通史の方法』（名著刊行会、二〇一〇年）、安在邦夫『自由民権運動史への招待』（吉田書店、二〇一二年）において批判がなされている（安在著書については、金井隆典氏の書評「自由民権運動を描くということ」『自由民権』二六号、二〇一三年、をも参照されたい）。私は、これらの議論から多くを学んだが、各氏とも村と地域社会に焦点を合わせて論を展開しているわけではないので、序章ではふれなかった。

第一章は、前掲『近代移行期の名望家と地域・国家』の第一部第一章第四節と第一部第七章を合わせて再構成したものであり、丑木幸男・舟橋明宏・松沢裕作・山崎圭各氏との共同研究の成果である。

第二章は、渡辺尚志編著『地方名望家・山口左七郎の明治維新』（大学教育出版、二〇〇三年）の序章、第一章、補論を合わせて再構成したものであり、龍澤潤・山口匡一・藤原五三雄各氏との共同研究の成果である。山口匡一氏は山口家文書の所蔵者でもあり、文書の閲覧にあたっては多大な便宜を図っていただいた。なお、第二章第二節、第三節は、渡辺尚志「明治初年の青年・山口左七郎」（『自由民権』二三号、二〇一〇年）の内容をも加えている。また、山口左七郎については、渡辺尚志『東西豪農の明治維新』（塙書房、二〇〇九年）をも参照されたい。

第三章の「はじめに」、第一節、第二節は、渡辺尚志編著『畿内の豪農経営と地域社会』（思文閣出版、二〇〇八年）の序章をもとに再構成したものであり、天野彩・荒武賢一朗・小田真裕・小酒井大悟・小松賢司・常松隆嗣・野本禎司・福澤徹三各氏との共同研究の成果である。福澤氏は、共同研究の成果をさらに発展させて、福澤徹三『一九世紀の豪農・名望家と地域社会』（思文閣出版、二〇一二年）として刊行している。

第三章第三節と「おわりに」は、渡辺尚志「近世村落史研究を拡げる」（『白山史学』四三号、二〇〇七年）をもとに再構成した。また、第三章の作成にあたっては、岡田家のご当主岡田績氏にたいへんお世話になった。

第三章については、研究史整理に比して、実証部分が手薄いと感じた読者もおられるであろう。それは、岡田家と岡村および周辺地域に関しては、前掲『畿内の豪農経営と地域社会』の各章で論じられており、私自身も渡辺尚志『豪農・村落共同体と地域社会』（柏書房、二〇〇七年）第四章、第五章、および『藤井寺市史』第二巻通史編二近世（藤井寺市、二〇〇二年）「Ⅳ　近世のふじいでらの出来ごと　第二章　水をめぐる村むらの結びつき」（渡辺尚志執筆）ですでに実証的に論じているからであり、これらを合わせて参照していただければ幸いである。

終章第一節は新稿である。第二節は、前掲渡辺尚志編著『近代移行期の名望家と地域・国家』終章、同『地方名望家・山口左七郎の明治維新』終章、同『畿内の豪農経営と地域社会』終章、をもとに再構成したものである。読者の皆様には、これらの論文集も、ぜひ合わせてご参照いただきたい。

以上述べたように、本書の各章はいずれも共同研究の成果であり、そこにおける相互討論なしには成稿しえなかった。共同研究者各位にはあらためて深甚の謝意を表したい。

また、本書の作成にあたっては、同成社の山田隆氏にたいへんお世話になった。索引の作成は、金澤真嗣氏に協力していただいた。ここに記して厚くお礼申し上げたい。

二〇一三年一一月

渡辺尚志

索　引

あ行

か行

さ行

た行

な行

は行

ま行

や・ら・わ行

幕末維新期《ばくまついしんき》の名望家《めいぼうか》と地域社会《ちいきしゃかい》

■著者略歴■
渡辺尚志（わたなべ　たかし）
1957年　東京都に生まれる
1988年　東京大学大学院人文科学研究科博士課程単位取得退学
同　年　国文学研究資料館助手
1993年　一橋大学社会学部助教授
現　在　一橋大学大学院社会学研究科教授、博士（文学）
主要著書
『近世の豪農と村落共同体』（東京大学出版会、1994年）、『近世村落の特質と展開』（校倉書房、1998年）、『豪農・村落共同体と地域社会』（柏書房、2007年）、『惣百姓と近世村落』（岩田書院、2007年）、『近世の村落と地域社会』（塙書房、2007年）、『村からみた近世』（校倉書房、2010年）。

2014年2月5日発行

著　者　渡辺尚志
発行者　山脇洋亮
印　刷　亜細亜印刷㈱
製　本　協栄製本㈱

発行所　東京都千代田区飯田橋4-4-8
（〒102-0072）東京中央ビル　㈱同成社
TEL 03-3239-1467　振替 00140-0-20618

©Watanabe Takashi 2014. Printed in Japan

ISBN 978-4-88621-657-1 C3021